논 픽션. 가슴 뭉쿨한
중풍 극복 스토리

감옥이 천국입니다
— 가난이 중풍을 낫게 하였다 —

조 연 조 지음

한국사진문화원

감옥이 천국입디다

1판 1쇄 인쇄 2026. 3. 17
2판 1쇄 발행 2026. 3. 27

값 17,800원

저자 조연조
펴낸이 조연조
편집 하늘디자인(조영만)
교정 류보은 (행정학박사)
발행 한국사진문화원
인쇄 씨엔제이 대표 조계완

판권소유

등록일 : 1984년 11월 22일
등록번호 : 5-491
주소 : 서울특별시 용산구 이태원로29 전쟁기념관 440호
전화 : 02-2266-4848, 02-2277-8787
E-mail : jyj4848@hanmail.net

잘못된 책은 구입처에서 바꾸어 드립니다.

영화, 법창을 울린 옥이 최무룡 문 희

♪ 감옥이 천국입니다

머 리 말

햇빛이 과일에 영양분을 저장하듯이...

사람이 한 평생을 살면서 아무 대과없이 산다는 것은 참으로 복받은 삶이라고 봅니다.
어느 날 갑자기 잠을자고 일어나 보니 내 몸을 내 마음대로 움직일 수가 없을 때의 상실감이란 이루 말로 표현키 어려웠습니다.

그리고 나에게는 이 세상에서 가장 가깝고 사랑하는 가족들에게 버림을 받은 처지로, 경제력이 전혀없는 상태에서 일부 노숙을 하며 투병 생활을 하며 살아 간다는 것은 절망뿐이었습니다.

병원에서 입원 보증인과 병원비 걱정으로 삶을 포기하고 싶었지면, 내 몸을 내 마음대로 움질일 수가 없어, 어쩔 수가 없었습니다.
청소년 시절에 새경으로 쌀 세가마니를 받고 머슴살이를 하였습니다. 또래들은 공부할 때, 나는 살기위해 지게지고 일을 해야 했습니다.

그런데, 햇빛이 과일에 영양분을 저장 하듯이 그 힘들게 머슴 살던 일들이 내 머리에 저장되어 그 경험을 바탕으로 지금 껏 투병(뇌경색) 생활을 해 왔습니다.

사람이 살다가 어느 날 갑자기 중풍이라는 병에 걸려서, 포기하지 않고 노력하니 모든 것들이 바람앞에 구름처럼 지나 갔습니다. 거듭 말하지만, 병은 기필코 낫는다는 확고한 신념이 중요 하다고 봅니다.

지금 돌이켜 생각해 보면, 추운 겨울에 지하도에서 아픈 몸으로 한대 잠을 잔다는 것은 죽으리만치 싫었습니다.
끝으로 물심 양면으로 도와 주시고 기도해 주신 이일로 장로님과 류보은 목사님께 내 마음을 다해 감사를 드립니다.
그리고 이 책이 나오도록 협조해 주신 모든분께 감사드리는 바입니다.

    2026년   글쓴이 조 연 조

보성강에 비 내리다 | 8

정든 개와의 아쉬운 이별 | 33

잠시 검문 있겠습니다 | 40

감옥이 천국입디다 | 46

달래고개 | 67

바리담의 당나귀 | 81

나는 울고 말았지요 | 88

가난이 중풍을 낫게 하였다 | 100

그 사람을 가졌는가? | 133

앞으로 남자 구실을 하면 만나요 | 146

카드 이용한도 | 158

가족들이 버린 사람 | 168

남의 속도 모르고 | 181

쨍하고 해뜰 날 돌아온단다 | 187

과부 땡빚을 얻다 | 205

나를 울린 한국영화 80년 | 233

가까운 사람일 수록 돈 거래는 금물? | 243

빚도 재산이다 | 252

만공스님 | 263

못 생긴 나무가 산을 지킨다 | 277

동생 비오는데 왜 여기 서 있어 | 290

병영 잡감 | 304

머슴이란? | 325

머슴살이 | 332

식자우환 | 348

에필로그 | 368

초가집草家과 벼밭_김운기 作

엄마소와 아기 소

징검다리~지금은 윗쪽에 주암댐이 막아져 있다. 수몰이 되어서 볼 수 없음.

보성강에 비 내리다

산 그늘이 더위에 지친 농부들에게 그늘진 땅을 주듯이, 자식들에겐 아버지의 그늘보다 큰 사랑의 그늘은 없을 것이다.
나는 어느 날 갑자기 아버지가 공산당들에게 죽임을 당하시고, 어머니는 남편을 잃은 그 충격 때문에 화병으로 세상을 떠나시어 졸지에 고아가 된 내 어린 시절의 삶은 참으로 처절했다.
부모님이 돌아가신 다음 3남매는 7살 때의 어린 시절 큰집에서 살다가 학교도 보내주지 않아서 하루는 큰집으로 외할머님이 찾아오셨다.
4살 먹은 여동생은 겨울에 못 먹고 옷을 입지 않아 추운 밤에 덕석〈벼나 기타 곡물을 말리는 멍석〉속에

맑은 물이 흐르는 보성강

들어가 추위에 떨고 자다가 얼어 죽고 말았다.

그 동생을 생각하면 지금도 표현키 어려운 슬픔이 가슴을 때리고 저민다.
큰집에 있는 것이 싫어서 외할머니를 따라 갈려고 마음먹고 있었는데, 외할머니가 나 몰래 가셔버렸다.
대충 할머니가 가시는 길을 추적해 가서 할머니를 만났었다.
나를 본 할머니는 나를 붙잡고 울면서 큰집으로 가라고 하신다.
가지 않겠다고 버티니 할 수 없이 데리고 가셨다.
외갓집은 대지주셨는데, 무등산 부근 반란군들에게 무자비하게 초토화가 되다시피 하여 그곳에 살 수가 없었다.
광주에 경찰관과 결혼을 한 이모가 한 분 계신데, 이모부가 나를 광주 학동에 있는 무등육아원이라는 곳에 넣어 주셨다.
미국에서 원조를 풍족하게 해주어 먹고 입고 자고 하는 것은 매우 좋았다.
큰집에 살던 것에 비하면 지상낙원이었다.
원장 선생님은 정순모 목사님으로 육영 사업을 양심적으로 하신 분이셨다.

그 당시 육영 사업을 한 사람들 대부분이 원조 물자를 고아들에게 줄 것을 착복해 자기들 배만 불렸다.

버들개지

그런데 정원장님은 개인적으로 착복을 않고 돈이 여유가 생기면 주변에 논 밭을 구입해 원생들을 노동을 시켜서 자급자족에 많은 노력을 하신 훌륭한 분이셨다.

시간이 있을 때는 원 사무실 앞 마루에 우리들을 앉혀놓고 성경 말씀이나 찬송가를 가르쳐 주셨다. 원장님이 가르쳐 주신 찬송가 중 지금까지 기억나는 것은 "예수 사랑 하심은 거룩하신 말일세/ 우리들은 약하나/ 예수 권세 많도다/ 날 사랑하심 날 사랑하심 성경에 쓰셨네"의 찬송가와 그 외 많은 찬송가들이 지금 껏 기억에 남아 있다.
아침에 일어나면 예배를 드리고 밤이면 인원 점검의 점호가 있었다.
  그리고 규율이 엄격했다. 나는 형들이 한글을 가르쳐 주어 틈만 나면

보성강 〈석곡면과 목사동 2교〉

도서관에 가서 닥치는 대로 책을 읽었다.
특히 소파 방정환 선생이 지은 동화들은 거의 읽었었다.
그리고 신학기에 초등학교에 입학을 시켜 주었다.

 그리고 주일 날은 교회에서 예배를 보고 전도를 하게 했다.
년 말에는 주일학교에서 전도를 많이한 원생들에게 상을 주었다.
지금껏 어린 시절의 좋은 기억은 크리스마스에 연극과 갖가지 행사도 했으며, 특히 이브에는 일 년 동안 사용할 생필품들〈과자와 장난감 그리고 치약 치솔 등 필요한 많은 상품들 〉을 상자에 담아서 선물로 주었다.
일년 중 크리스마스는 그야말로 축제 날이었다.
밤에는 축하 예배를 보고 여러 가지 오락들을 하기도 했다.
그리고 광주여고와 전남여고 누나들이 연극도 했다.
주일 날은 원에서 철저하게 주일학교 반사 선생님들이 각기 자기들의 맡은 바 임무를 교육 시켰었다.
원장님을 아버지라 부르고 원장 부인을 어머니라고 불렀으며 엄격하면서도 사랑으로 훈육하며 키워 주셨다.
육아원이 광주의 젖줄 같은 무등산 밑에 있었다.
우리들은 가을이면 무등산에 올라가 열매들을 따 먹고 놀기도 했다.
간혹 형들과 함께 땔감도 해 오기도 했다.

원장 선생님이 무등산 밑 논과 밭을 구입 하셔서 우리들의 먹을 것들을 일부 자급자족 하기도 하였다.
특히 식사 때는 영양식으로 밥 위에 미국 등에서 보내온 영양식으로 우유가리나 버터 등을 올려 주었다.

정순모 목사님은 그야말로 몸소 하나님의 사랑을 실천하신 분이셨다.
당시 사회사업을 한다고 구호품이 나오면 개인적으로 착복하거나 팔아서 자기 가족들의 배만 채우고 잘먹고 잘살았지, 원생들에겐 구호품들을 일부만, 주고 겨우 굶어 죽지 않을 정도였다.
정순모 목사님은 자기의 사리사욕을 채우지 않으시고 오직 예수 정신으로 우리들을 기르시고 교육 시키셨다.
당시는 한국전쟁이 막 끝날 때여서 국가의 경제가 어렵기 그지없는 시기라 웬만한 집 자녀들은 학교에 가기란 어려웠었다.
그럴 때지만, 우리들은 의무적으로 학교에 갈 수 있었다.
미국이나 호주 등 외국 단체들에서 우리 원생 한 명 한 명씩에게 양부모를 맺어주어 지원을 해주었던 것이다.
지금 생각해 보면 참으로 고마운 사람들이었다.
자기만 잘하면 고등학교까지는 다닐 수 있었다.
전쟁 직후라 학교 시설들이 빈약하기 그지없었다.
일학년을 임시로 예배당에서 수업을 받았다.
선생님은 언제나 흰 저고리에 검정 치마를 입으시고 뾰쪽 구두를 신으신 단아한 정옥희 여선생님이셨다.
지금껏 그 여선생님이 기억에 남아 있음을 어이하랴!
2학년 때는 김일지 담임 선생님이셨다.
교실이 부족해서 무등산 밑 야산 제각에서와 야외 잔디 밭에서 수업을 받았다.

특히 김선생님은 틈만나면 "가을이라 가을바람 솔솔 불어오니/ 푸른잎은 붉은치마 갈아 입고서/ 남쪽나라 찾아가는 제비 불러 모아/ 봄이 오면 다시 오라 부탁 하노라" 는 동요를 가르쳐 주시고 잘 부르셨던 기억들이 지금까지 남아 있다.

나는 6, 25전쟁으로 부모를 잃고 큰집에서 살다가, 광주 육아원에서 공부 잘하고 있었는데, 숙부님이 나를 데리러 오셨다.

그때는 어렸고 또 숙부님이 가자고 하시는데 멋도 모르고 따라갔었다. 숙부님은 선입견으로 육아원이라는 곳은 모든 면에서 불실한 줄을 알고 나를 데려 가셨던 것이다.

그런데 불행하게도 숙부님이 하시던 사업이 실패를 하셔서 하는 수 없이 어릴 때 있었던 큰집에를 다시 가서 살게 되었다.

안동 삼밭~봉나뭇과의 한해살이 풀 줄기 높이 1~3m줄기 껍질은 섬유의 원료로 삼배, 어망, 포대, 밧줄 등에 씀 (대마, 마, 화마 잎을 발가락 사이에 묶어 놓고 잠을 자고 일어나면 꼬둑꼬둑하게 마른다) 〈홍성광 작〉

나는 그때부터 갖가지 어려움이 점철되기 시작했다.

운명이 기구한 것인지 어쩐지, 큰 집에는 큰 아버님이 돌아가셔서 큰집의 주권은 형수가 갖고 계셨다.
자기 자식들만 학교를 보내주지 나는 완전히 꼴머슴처럼 일을 부려 먹었다.
그리고 큰 머슴이 있었는데 완전히 나를 종으로 알고 심부름들을 시켰었다.

제비 가족들의 대화, 순천 낙안민속촌

재래종 감 순천 주암

머슴들을 세명을 겪었는데, 한분만 나를 불쌍히 여겨서 산에 나무를 가면 먼저 나무를 해서 짊어지고 먼저 내려가 따뜻한 양지바른 곳에 있게 했다.

식사 때 밥을 한 상에서 먹었는데, 언제나 형수가 밥을 부족 하게 주었다.
그런데 큰 머슴은 자기도 밥이 부족 할 텐데, 한 술씩 떠서 나를 주셨다.
그때 그 밥이 왜 그렇게 맛이 있었던지 말로 다 할 수 없었다.
그리고 언제나 밥상에는 종재기에 간장이 있는 것을 먼저 조금 떠서 먹었는데, 지금 생각하면 상당히 과학적이으로 일리가 있다고 생각한다.

머슴 세 사람 중 둘은 시도 때도 없이 심부름을 시켰으며 잘못하면 개 패듯이 나를 두둘겨 팼다. 매 맞는 것이 몹시 못마땅하고 분했다.
그럴 때면 뒷동산 외진 곳에 올라가 부모님 생각을 하며 많이 울기도 했다.
그 아픈 삶의 기억들을 60평생 가슴에 담고 살아왔다.
등에 옹이가 박히도록 등짐 진 아픈 기억들을 지우려고 아니 그 삶에서 탈피 하려고 고삐 풀린 망아지처럼 이곳저곳을 돌아다니며 고단한 삶을 살아 왔다.
나이테를 감돌 듯 세월이 이만치 흐른 지금 고향에 와보니 세월의 흐름은 늘 같은데 나이에 따라 그 느낌은 달라지나 보다.
내 어린 시절엔 이른 봄이면 개천 바닥은 미쳐 녹지 않은 얼음 밑으로 물이 졸졸 소리 내어 흘렀다.
이른 봄이면, 개천가에는 버들강아지가 하얀 눈웃을칠때 그것을 한 움큼씩 따서 껌처럼 씹어 먹기도 했다.
여름이면 보리들이 베어진 논에 모내기를 하려고 이논 저논에서 물을 대느라 물이 말라 개천 바닥은 가끔씩은 성난 얼굴을 하고 있었다.
그럴 때면 아래 논과 윗 논들이 물 때문에 싸움들을 하기도 했다.
그러다가 비가 오면 언제 그랬느냐는 듯 그 속에 얼굴을 묻고 얼굴을 내

고향 앞산에 450 여년 된 이팝나무가 봄이면 풍성한 꽃이 피어 사진을 찍는 나를 반겼었는데, 어느 졸부가 자기집 정원수로 캐가 버렸다. 참으로 나쁜 인간이다.

놓기를 반복을 했다.
그리고 개천가에 핀 목백일 꽃이 세 번 피고 지고 하면, 어느덧 들에는 벼가 누렇게 익어가고 온 산천은 울긋불긋 한 계절이 된다.
나는 큰집에서 단지 부모가 없다는 이유로 꼴 머슴처럼 지게 지고 일하며 힘들게 살았다.
그때로부터 50여 년의 세월이 흐른 지금 이곳의 개천가에는 잡목들이 숲을 이루고 있다.

봄이면 제일 먼저 인사하던 버들개지〈버드나무의 꽃, 솜 비슷하며, 바람에 솜처럼 날려 흩어짐.일명 버들 강아지〉는 다른 풀들과 나무들에게 자리를 내주고 볼품없이 오종종한 모습으로 자리하고 있다.
친구 기현이와 친척 국현이 아제와 개천가에다가 텐트를 쳐 놓고 벅수로 물고기를 잡아서 감자와 풋고추를 밑에 깔고 애호박에 피라미와 다른 고기들을 끓여 먹고 있었다.
이때 소나기가 갑자기 와서 개천에서 물소리가 요란하고 나무 사이로 바람은 불고 새들은 울면서 이 나무 저 나무 위를 옮겨 다니고 있다.
잡목림 터널 사이로 보이는 고향 하늘을 바라보며 어린 시절 그 힘들었던 일들을 생각하며, 그래도 그때가 그리워져 감상에 젖어본다.
인간들은 그래서 젊어서는 희망에 살고 늙어서는 추억에 산다고 들 하나 보다.
그렇다면 나도 이제 인생의 석양길에 접어들고 있나 보다.
이곳에서 약 2km정도 가면 맑은 물이 흐르는 보성강이 있다.
지금은 주암댐이 막아져 광주와 이 근처의 상수원이 되고 있다.
내게는 비 내리는 보성강에서 어린 시절에 다슬기 잡던 아픈 기억이 세월이 흐른 지금도 표현키 어려운 감정이 내 가슴을 두드린다.

다슬기가 위와 간장에 좋다고 형수님이 그걸 잡아 오라고 해 마을 아낙들과 누나들을 따라갔었다.

사내아이는 나 혼자였다.

강가에서 흙먼지가 불어오면 강물에 잔물결이 일어 물밑이 아른거려 검정색을 띤 자갈돌과 다슬기가 혼동이 되어 잘 구별이 되지 않아 잡기가 힘들다.

큰일이다 비가 오니 마을 사람들은 다 가고 횅한 강에 나 혼자만이 남아 있다.

비는 계속 오고 해는 저물어 어둠이 깃들고 있는데, 다슬기를 많이 잡지를 못했다.

다슬기 버구니를 한쪽으로 기울어 보니 한 웅큼 쯤 된다.

담뱃잎을 따면, 니코틴 원액이 나와 살에 붙는다

비가 오고 날이 어두워지니 강물은 나를 나가라고 맑은 물이 누끄럼하게 변한다.
어찌해야 하나 강물은 자꾸 나가라고 불어나고 있는데, 다슬기를 많이 잡지 못했으니 큰집에 가면 형수님에게 꾸중 들을 일이 두렵다.
차라리 나 자신도 모르게 불어나는 물에 떠내려가 버렸으면 좋을듯싶은데, 그것이 내 뜻대로 되지를 않는다.

다슬기 잡느라 정신이 팔려있다가 어두워지는 강에 나 혼자 있으니 갑자기 무서움이 엄습한다.
큰집으로 혼자 갈 일이 걱정이다.
한 동 고개에는 원통하게 죽은 총각처녀 몽다리 귀신들이 비가 오려면 나온다는데, 그리고 한동길이 미끄러워 발이 진흙탕에 빠져 걷기가 무척 힘이 드는데, 매화정이에서는 도깨비들이 불을 켜고 다니며 사람을 만나면 씨름을 하자고 덤빈다는데, 다행히 가다가 우리 마을 사람이나 이웃 마을 사람들을 만나면 좋을텐데 말이다.
물에서 나오니, 강물에 오래 있으면, 발가락 사이에 잔모래가 들어가 발새가 물어 굉장히 쓰리고 아프다.
가다가 대마초 잎을 한 움큼 따 가지고 가야겠다.
그곳에 대마초 잎을 찢여서 발가락 사이에 넣고 실로 묶어 놓으면 처음은 발가락이 떨어질 듯이 아프다.
잠을 자고 나면 꼬들꼬들 굳는다.
아침에 꼴을 베면서 이슬이 신속으로 들어가면 또 쓰리고 아프다.
그리고 겨울이 와 신속으로 물이 들어가지 않으면 자연적으로 낫는다.
그때 불던 흙모래 바람은 이제는 아스팔트에 자리를 내주고 무심하게 벼잎들과 나뭇잎들을 흔들고 하늘의 구름과 함께 지나간다.

참 세월은 빠르다고 하더니 나도 이젠 그 아픈 세월을 뒤로하고 석양길에 접어들고 있나 보다.

조기현은 일가이면서 친구이다.

어릴적에 산에 나무하러 가면 나무는 하지 않고 여름이면 시원한 계곡에서 놀고 겨울이면 따뜻한 양지바른 곳에 앉아서 놀다가 빈 지게로 집에 가면, 자기 아벼지 한테 많이 맞기를 했다.

그리고 밥 굶기를 먹듯이 했다.

그런 그가 그때에는 이해가 되지 않았다.

남들처럼 열심히 일하면 밥도 굶지 않고 아버지한테 꾸중과 매를 맞지도 않을텐데 싶었다.

사실 어릴 때 일을 해본 사람들은 알겠지만, 왜 그렇게 일하기가 싫은지 모른다. 그래서 기현이 친구는 일을 하지 않아도 아버지한테 매를 맞고 꾸중을 들으면 그것으로 끝난다.

헬리오 트로프〈페루향수초〉

하지만 부모가 없는 나는 살기 위해서는 일을 해야만 했다.

만일 일을 안 하다가 큰집에서 □겨 나면 그 시절엔 갈 곳이 마땅히 없었다.

항상 □져나면 갈 곳이 없다는 불안한 마음을 가지고 있었다.

그래서 더운 여름에는 삼베옷을 입고 일하고 겨울이면 무명천에 검정물을 들여 큰어머님이 재봉틀로 지어주신 양복을 입고 일했다.

양복이란 지금 같은 양복이 아니라 서양 옷처럼 만든 작업복을 그렇게 불렸었다.

그런데 삼베옷은 요즈음 세탁기 탈수가 필요 없을 만큼 빨리 말랐다.

항상 아침 이슬이 내린 들녘에서 꼴을 베거나 논에서 일하고 산에서 풀이나 나무를 하다가 비를 맞아도 짐을 지고 산을 내려오면 산뜻하게 마른다.

우리 조상님들은 참으로 편리한 옷을 만들어 입었었다.

그리고 마포 바지에 방귀 바람 나가듯 한다는 속담이 있기도 했다.

보성강변 〈남양리〉

겨울에 입는 무명 배 옷은 보온 효과가 매우 탁월하다.

그 시절엔 웬만큼 잘 사는 집이 아니고는 속에 내복을 입는다는 것은 생각도 못 했다. .

나와 기현이는 내복을 입지 않아 산바람 들바람이 몸으로 사정없이 파고들었다. 기현이 친구는 덥고 추우면 그걸 피하려고 일을 하지 않고 개울가나 양지바른 곳에 앉아 있다가 빈 지게로 내려오곤 했다.

어릴 때 나는 어딜 가나 그 친구가 있으면 좋았다.
등치는 나보다 훨씬 컸고 우직스러웠으며, 무슨 일이 있어도 화내는 일이 없었다.
내가 꼴망태 메고 다니며 꼴을 베면 옆에서 나를 도와준다.
그리고 야산에서 감홍시나 알밤을 주우면, 자기가 먼저 먹지 않고 나에게 준다. 그리고 자기 집에서 고구마나 감자 보리 밀개떡을 찌면 자기 몫에서 하나를 호박 잎이나 토란잎 등에 싸가지고 와서 준다.
이런 고마운 친구와 헤어진 것은 나에게는 가슴 아픈 잊지 못할 사건 때문이었다.
8월 한가위에 마을 뒷동산 감나무에 조카가 올라가 놀다가 감나무 밑에

보성강 변(순천 주암면)

서 나를 포함해 동네 아이들이 놀고 있는데, 느닷없이 오줌 싼다 하며 일어서다가 감나무 가지가 썩음썩음해서 부러져 조카가 밑으로 떨어졌는데, 다행히 밑이 벼를 심은 물 논이었다.
나는 조카를 업고 큰집으로 달렸었다.
그걸 본 형수는 나를 개 잡듯이 닦달한다.
내가 조카를 데리고 가서 감나무에 오르게 해 떨어졌다는 식으로 꾸짖는다.
물론 다 큰 아들이 그렇게 된 것을 보고 많이 놀랐겠지만, 추석 명절 5일 동안 나만 보면 꾸짖는다.
그럴 때마다 무척 주변 사람들에게 챙피했다.
아침저녁으로 불안하게 보내고 8월 말이지만, 무척 더운 날이었다.
 여느 때처럼 오전에는 산에 가서 보리풀을 한 짐 해 오고 점심을 먹고 나니 형수님이 샛동굴 담배밭에 가서 담배 잎을 따라고 하신다.
담배 잎은 노릇노릇하고 독이 오른 잎만 따야 했다.
그런데 담배 잎 따는 것이 나를 무척 힘들게 했다.
왜냐하면 담뱃잎을 따면 니코틴 원료인 액체가 나온다.
이 액체가 손에 묻으면 찐득찐득해 마르면 손이나 얼굴에 시커멓게 달라붙는다.
날은 더워 땀이 얼굴과 온몸으로 흐를 때 그걸 손으로 닦아야 하는데 담배 찐 때 문에 옷소매로 닦을 수밖에 없었다.
그것은 처음 몇 번은 괜찮은데, 계속 닦으면 옷에 묻은 담배 찐이 얼굴에 묻어 무척 쓰리다.
오후 내내 담배잎을 따고 나면, 얼굴이 담배 찐 때 문에 보령 앞 바다 해수욕장에서 머드 팩을 바른 것 같았다.
담배 잎을 채취하면 전량 국가가 수매를 한다.

그러니 담뱃잎 품질에 따라서 등급이 매겨지고 그 등급에 따라 돈이 차등 지급된다.
샛동굴 밭은 기름져서 담배가 매우 잘 자랐다.
키가 작은 내가 담배밭에 들어가면 잘 보이질 않는다.
밭에 담뱃잎을 따러 갈 때 따는 방법을 가르쳐 주던가 어떻게 따느냐고 물었어야 했는데, 무조건 탐스러운 것을 따면 되는 줄 알고 탐스러운 것들을 땄다.
그런데 문제가 여기서 생겼다.
원래 담배잎은 대 밑에서부터 노릇노릇하게 독이 오른 것만 따야 하는데 그것을 모른 나는 무조건 탐스러운 것들을 땄던 것이다.
담배잎이 독이 오른 일등품이 되어야 하는데, 최 하등품이 될 뿐 아니라 지금처럼 비닐하우스가 있는 것도 아니어서 잎을 건조 시키려면 집 처마 밑이나 기타 비를 맞지 않는 곳에서 건조를 시켜야 하는데 그럴 곳이 마땅히 없어서 건조에 큰 어려운 문제가 생겼다.
비만 오려 하면 형수님은 못 살아 못 살아 하면서 온 동네 사람들이 다 들을 정도로 악을 쓰며 망할 놈의 인간이 시키지도 않았는데, 일년 담배 농사를 다 망쳐 놓았다고 나무란다.
나는 무척 분하고 억울했다. 담뱃잎을 따라고 하지도 않았는데 땃 다고 야단을 친다.
어린 나는 정말로 미치고 환장했다.
내가 미쳤다고 시키지도 않은 일을 그 고약한 찐 묻어 가면서 뙤약볕에서 그 짓을 했다는 말이 억울하고 분했다.
날마다 비만 오려면 나를 후라이팬에 들들 볶듯이 볶아 댔다.
이제 큰집에서 쫓겨 났구나 싶었다. 쫓겨 나면 어디로 갈까를 생각하니 기가 막혔다.

못 살아 못 살아하는 형수님을 피해 어두워지는 때에 빈터 밭으로 갔다. 배가 고파서 서천 할머니 밭 가 감나무 밑으로 가서 떨어진 풋감들을 주워 먹으며 허기를 달랬다.

그리고 밤늦게 도둑고양이처럼 사랑방으로 살살 들어가 정신 나간 여자처럼 천장을 쳐다보며, 쭈구리고 앉아 있으니 큰어머님이 밥을 가져다 주시면서 어찌 하다가 그랬느냐고 하시며 목이 메어 말을 못 하신다. 얼굴을 찡그리고 있으니 왜 그러느냐고 물으신다.

배가 고파서 밭 가에서 쌩감을 주워 먹었더니, 속이 대린다고 했더니 된장 물을 한사발 가져다 주신다.

큰어머님은 젊어서 남편을 잃고 혼자 사시면서 가정의 모든 일들을 며느리에게 일림 하시고 억센 며느리의 일상을 탓하지 않으시는 인자하신 분이셨다.

지난 추운 겨울에는 며느리 몰래 쌀 한 말을 주시면서 장에 가서 팔아서 내복 한 벌 사 입으라고 하셔서 그해 겨울은 따뜻하게 보낼 수 있었다.

담배 쩐이 옷과 손에 묻어 있어

아침, 저녁, 오전, 오후에 꼴이나 나무를 베고 하던 논 밭둑과 야산

♪ 감옥이 천국입디다

도 밥을 먹고 씻지도 않고 부모님 살아 계실 때 좋았던 일들을 생각하며 자고 일어나 보니 나보다 두 살 어린 사촌 동생이 형의 어려운 처지도 생각 않고 옆에서 잠을 자고 있었다.

나는 농사 지으면서 제일 힘든 일이 무엇이냐고 물으면 뜨거운 여름에 보리 타 맥 하는 것 다음으로 담뱃잎 따는 것이라고 말하고 싶다.

이튿날 큰집에서 쫓겨 나면 어디로든지 가려고 생각하고 있었다.

그러던 차 형수는 담뱃잎을 보자 상한 기분을 주체하지 못하고 주변이 떠들석 하게 소리를 지른다.

나는 더 이상 참을 수가 없었다.

나무하러 가려던 지게를 확 부셔 버리고 내가 이 집구석 아니면 못 사느냐고 지게를 놔두고 큰집을 뛰쳐나와 면 소재지를 향해 달리는데, 큰어머님이 내 이름을 부르시며 따라 오신다.

울면서 가는 조카를 보니 마음이 아프신가 보다.

면 소재지를 향해 차를 타러 가도 수중에 돈이 하나도 없으니 걱정스러웠다.

그 시절엔 시골에 당시 울력이라는 제도가 있었.

봄에 사방사업 즉 식목을 하는 울력을 하러 30리 밖 접치 재라는 곳에를 갔었다. 긴긴 봄날 하루 종일 나무를 심었다.

4월 초순이라 날씨가 살쌀 했다.

하루 종일 점심을 굶고 있으니 배가 뒤로 붙었다 할 정도가 될 만큼 배가 고팠다. 당시 울력은 노력 봉사였다.

면사무소에 근무 하시는 사촌형님이 사방사업 하는 걸 감시하러 오셨기에 점심을 못 먹었다고 했더니 일원을 주셨었다.

면 소재지 가게에서 눈 깔 사탕 두 개를 사서 친구 S와 오물 거리고 오니 배가 조금 덜 고푼 것 같았다.

엄연히 머슴 대신 울력을 가면 도시락을 쌓아 주어야 하고 만일 밥이 없으면 생고구마나 그것도 없으면 쌀이라도 한 줌 담아 주어야지 이도 저도 아니고 길고 긴 봄날에 쫄딱 굶으라고 하면 도대체 어쩌란 말인가? 형수님은 그런다손 치고 그렇게 인정이 많으신 큰 어머머님이 그러한 행동을 하신 것은 이해가 안 되었다.

 송이라는 친구는 나하고 나이가 같았다.

그런데 이 친구는 또래들에 비해 유난히 몸이 작았다.

4월 초라 날씨가 차가 왔다.

추위를 조금이라도 피해 보려고 하수구 안에 추위를 피해 있다가 산감한테 들켜서 이 조그만 한 자식이 울력을 나왔으면 열심히 나무를 심어야지 그렇지 않고 숨어 있다고 많이 안 죽을만치 얻어 맞았다.

순천 주암 광천교회 옆 별미정 식당에서 본 보성강의 해뜨는 광경(사진. 김종권 작)

한번은 또 마른 담배잎을 광주 부근 형수님 친정집에 가져다주라고 했다.

달랑 그곳에 갈 차비만 주었다.

사방 사업하고 오다가 사 먹은 눈깔 사탕이 너무나도 먹고 싶은 충동을 이기지 못하고 차비에서 덜어 사 먹고 말았다.

당시는 남자 차장이었다.

차비가 부족하다고 하니 돈이 부족한 거리만큼 차에서 내려주고 가버렸다.

8km를 걸어가야만 된다.

그런데 비가 온다.

담배잎이 비를 맞아 젖으면 상품 가치가 떨어진다.

그래서 담배 포대를 비가 맞지 않으려고 처마 밑에 있다가 비가 오지 않

보성강변에 풍성하게 피어있는 감자 꽃 석곡면

영화 서편제, 김명곤, 오정혜, 김규철의 진도 청산리에서

을 때 그 무거운 것을 등에 메고 가다가 비가 오면 처마 밑에서 비를 피하다 가야만 했다.
거의 새벽녘에 형수님 친정댁에 도착했다.
사돈 영감님이 비가 오는데 왔느냐는 말에 그동안 참고 왔던 것이 일시에 서름이 북받쳐 울음이 폭포수처럼 그칠 줄 모르고 나왔다.
저녁을 먹는둥 마는둥 하고 머슴방에 잠자리를 마련해 주어도 울음이 그칠 줄 모르고 나왔다.
큰집에 돌아와 시키는 일 하다가 담배잎 따는 사건으로 큰집을 도망쳐 나왔다. 그 시절에는 지금처럼 일자리가 많이 있지 않았다.
고모님이 중국집 배달 일을 하도록 알선해 주었다.
한 달 정도 배달일을 하다가 고아원 이종 사촌 형 친구를 만났다.
그 형이 사촌 형한테 네 동생이 중국집에서 심부름을 하고 있다는 말을 듣고 한걸음에 달려와서, 숙부를 따라가 공부를 잘하고 있는 줄 알았는데, 하며 많이 우셨다.

그리고 다시 육아원으로 가자고 했다.

육아원으로 가서 보니, 지난날 같이 공부하던 친구들은 학교생활들을 열심히 하고 있는데, 나는 숙부님 집 그리고 큰집에서 일 하느라 공부를 못해서 차이가 많이 생겼었다.

학교에를 갈 때가 아니어서 육아원에서 운영하는 도정공장에서 일을 하다가 신학기에 초등학교 6학년으로 편입을 시켜 주었다.

과거에 같이 공부하던 친구들은 나보다 2학년이 위가 되었다.

그러니까 3년 후배들과 같은 학년과 반이 되었다.

일 개월 정도 학교에를 다녔는데 다른 것은 참을 수가 있었는데, 성적이 형편 없이 떨어진 것은 참을 수가 없었다.

내 자랑 같아서 이 글을 쓰지 않으려 했는데, 설명상 쓸 수밖에 없음을 이해를 했으면 한다.

과거에 타의 추종을 불허할 정도로 공부를 특출하게 잘했다.

그래서 육아원 선생님들은 과거와 같이 공부를 잘할 줄 알아서 기대를 했는데 그것이 아니었다.

그리고 내 자신이 부끄럽고 자존심이 상하여 체면이 말이 아니었다.

학교를 안 다니고 일만하고 혼자 공부를 하니, 성적이 떨어지는 것은 너무도

강아지와 소녀

당연한 일이었다.

도저히 육아원에 있을 수가 없어서 다른 동생 한 명과 함께 육아원을 도망쳐 나와서 갈 때가 마땅치 않아 전에 있던 큰집엘 다시 갔다.

동생은 아들 없는 집에 양아들로 소개를 시켜 주고 나는 큰집에서 과거처럼 다시 꼴머슴 노릇을 또 해야 했다.

그동안 형님이 직장에서 횡령 사건으로 그 돈을 변제 하느라 가세가 많이 기울고 머슴도 없었다.

형수는 전처럼 또 도망을 갈 까바 함부로 못 살아 못살아를 하지 않아서 그런데로 지낼만 했다.

어느덧 세월은 흘러 꽃피고 새우는 늦봄에 고향에 왔는데 북풍한설 몰아치는 겨울이 오고 한 해가 또 저물고 새해가 되었다.

큰 집에 있어바야 새경을 받는 것도 아니고 청소년 시절에 허송 세월만 보낼 것 같아 어떻한 대책을 세워야만 했다.

우리 나이에 일자리가 지금처럼 많이 있는 것도 아니고 있는 자리란 학교 소사나 중국집 배달부 이발소 머리 감기 등 밖에 없었고 그것도 누군가가 소개를 해 주어야 하지 그렇지 않으면 마땅히 갈 곳이 없는 시절이었다.

그 시절 설을 지

초가집 마당에 개와 소년

나 열흘 정도 쉬고 각기 일자리들을 찾아갔다.

이웃에 사는 제종 형이 복다라는 곳에서 머슴살이를 해서 논을 사려고 새경 받은 것을 장려쌀로 놓고 있다고 하면서 나더러 머슴을 같이 살러 가자고 한다.

"장려쌀이란? 쌀 한 가마니를 다른 사람에게 주면 가을에 추수를 해서 반가마니를 더해서 한 가마니 반을 받는다" 그야말로 황금알을 낳는 것이다.

해마다 기하 급수적으로 불어나기 때문이다.

가만히 생각을 해 보니 십여 년만 머슴살이를 착실하게 하면 괜찮을 것 같았다.

그리고 큰 집에서 있어 바야 머슴처럼 일만하지 새경을 받는 것도 아니어서, 그래 안되면 막고 품자고 마음을 먹고 제종 형과 함께 복다란 곳으로 머슴살이를 하러 갔다.

하지만, 과연 그 힘들고 어려운 머슴살이를 할 수 있을까가 걱정이 되었다.

공무원을 하다가 건강상의 이유로 주암농공단지 구내식당을 운영하면서, 여가선용으로 다육식물 기르기를 하고 있다

필자가 아픈 몸으로 촬영을 다니다가 임진강가에 피어 있는 장미꽃을 발견해 촬영한 그 희열은 말로 표현키 어려웠다

정든 개와 아쉬운 이별

그런데 하루는 형수님이 무학이라는 마을에서 강아지 한 마리를 사 오셔서 그 개를 지극 정성으로 보살피며 키웠는데, 다른 개에 비해 형편없이 작았다. 한마디로 잡종견이어서 다 큰 개가 아주 작았다.
그렇지만 나는 참으로 신기하고 좋았다.
몸에는 하얀 바탕에 검은 바둑알처럼 반점이 있어서 옛날 5~60년대에 초등학교 교과서에 나오는 바둑아 이리와 나하고 놀자이다.
그래서 이름을 바둑이라 지었다.
그런 바둑이가 오히려 큰 개들보다 훨씬 좋았다.

산에 나무하러 갈 적에는 나를 따라다니니 훨씬 무서움이 덜하기도 하고 든든 했다.
이 녀석이 산에만 오르면 내 옆에 있지 않고 토끼를 쫓기도 하고 뱀과 싸우다 물려 얼굴이 퉁퉁 붓기도 했다.
내 옆에 있어야 하는데, 없으면 무서움이 엄습해 그럴 때마다 휘파람을 불면 잠깐 왔다가 별일도 없는데 불렀느냐는 식으로 또 제멋대로 산을 돌아다니곤 했다.
개를 데리고 다니면 내 옆에 있어야 하는데 그렇지 않고 이리저리 쏘다니 무섭기는 마찬가지였다.
그래서 여섯 살짜리 조카를 데리고 다녔다.
이 녀석은 간혹 힘들다고 하지만, 그 험한 산을 다닐 때마다 잘 따라다녔다.
산에 어린 조카와 바둑이를 데리고 다니면 무서움이 어느 정도 해소가 되었다.
인간의 마음은 참 알다가도 모를 일이다.
만일 짐승이나 귀신이 나타나면 어린 조카가 거추장스러울 텐데 말이다.
그런데 바둑이 귀를 보니 다른 개들은 귀가 거의가 위로 솟았는데 바둑이 귀는 아래로 처져 있었다.
어른들한테 물어보니 똥개여서 그렇다고 하며, 귀를 잘라 주면 귀가 위로 선다고 하였다. 그렇게 영리하고 쥐도 잘 잡는 바둑이를 똥개라고 하는 말이 듣기 싫어서 가위로 바둑이 귀를 잘랐더니, 아프다고 길길이 날뛴다. 어른들이 나를 놀리려고 한 말인데 그걸 몰랐던 것이다.
귀가 위로 섰다기보다는 잘려 나갔다는 표현이 맞는 말이다.
나는 산에 나무하러 갈 때나 들에 꼴 베러 다닐 때마다 바둑이를 분신처럼 데리고 다녔다.
그런데 동네 아이들이 똥개라고 놀렸던 것이 지금 와서 생각하니 일리가 있었다.
말하는 개의 귀를 자를 것이 아니라 밥을 주었어야 했다.
사람들도 밥을 제대로 못 먹던 시절 이여서 개에게 밥을 줄 수가 없었다.
집에서 아이들이 방에서 똥을 싸면 '워리, 워리' 하고 불러서 그것을 먹게 했다.

그리고 산에 가면 밥을 안 주니 자연히 마을 사람들이 나무하러 와 싸놓은 똥을 먹을 수밖에 없는데, 그것도 모르고 애들이 놀린다고 귀를 잘랐으니 지금 생각해도 참 어이없고 가슴 아픈 일이었다.
그리고 산이나 들에 나가 일할 때 도시락을 싸가지고 가서 밥을 먹으려고 하면 바둑이는 밥 먹는 내 모습을 쳐다보지 않고 자리를 피해 주었다.
자기 주인이 언제쯤 밥을 먹는다는 것을 반찬 냄새로 알면서도 자리를 피한 것은 '저 꼬마도 밥이 부족한데 나까지 옆에 있으면 안 되지' 하고 일부러 자리를 피한 것 같은 생각이 들었다.
마을에서 개들끼리 싸울 때 내가 바둑이 옆에 있으면 바둑이보다 몇 배

큰 황구라도 꼬리를 내리고 내 눈치를 살피며 피해 갔다.
바둑이한테 덤빈 개는 누구네 개라도 나한테 지게 작대기 세례를 받았기 때문이다. 그런데 하루는 이 바둑이 때문에 무척 많이 두들겨 맞은 일이 있었다.
아랫집에 능주 한해라는 친척분이 계셨다.
나를 보면 늘 마음 아파하시며 신던 양말도 벗어주시고 먹을 것이 있으면 꼭 나를 불러서 주는 인정이 많은 분이셨다.
이능주 한해께서 애지중지 기르던 개가 우리 바둑이를 물어서 상처를 냈기에 그 개를 때린다고 때린 것이 그만 잘못 때려 한쪽 다리를 부러뜨리고 말았다.
개가 부러진 다리를 들고 절뚝거리며 다니는 모습을 본 능주 한해는 마을에서 나 아니면 자기 개를 때릴 사람이 없다고 생각하고 나를 찾으려 다니셨다.
나는 지은 죄가 있어 숨어 다녔는데, 마을 앞길에서 꼴망태를 메고 가다가 딱 마주쳤다. 그래서 '안녕하세요?' 하니까 그 인정 많은 분이 원투 쓰리 펀치를 날리는데 나는 왜 맞는지 알기 때문에 아무말도 못하고

영화, 2층집 새댁, 김희갑, 황정순

흠씬 두들겨 맞았다.

그 뒤에 그 개는 다리가 낫지 않아 사람들 뱃속으로 들어가고 말았다.

하루는 작은집 누나가 나를 부르더니 '너, 저 바둑이 어디에 팔든지 잡아먹든지 해라. 하면서 빨리 작은집 고샅 앞으로 가보라고 했다.

괜히 누님이 내가 좋아하는 바둑이한테 심술을 부린다고 생각하고 고샅으로 갔다.

그랬더니 세상에 우리 마을, 남의 마을 할 것 없이 모든 수캐들이 모였는데 바둑이한테 구애를 해 그중 한 마리가 우리 바둑이 맘에 들었는지 서로 뒤돌아서서 엉덩이를 맞대고 있지 않는가 그걸 본 작은집 누님은 처녀로서 남세스러웠던 모양이었다.

그래서 내 허락도 없이 재미 보는

영화, 소애권, 강용석, 배수천

개를 사정없이 두들겨 팼지만, 둘이 엉덩이가 떨어지질 않았다.

결국 한 시간 후에 붙었던 엉덩이가 떨어졌다.

한때 개고기가 정력에 좋다고 많이들 먹었다.

아마 한 시간 정도를 서로 붙어서 떨어지지 않는 것을 보고 우리 남자들이 그렇게 해 보려고 그랬지 않나 싶다.

지금 생각해 보면 아무리 말 못 하는 짐승이라고 때렸다는 것은 큰 잘못이었다. 신이 허락한 유일한 동족 번식의 은혜인데 말이다.

그런데 말이 나온 김에 동물들의 붙고 붙는 장면을 서비스로 써 볼까 한다. 덩치가 큰 소는 자기들 본적지를 향해 몇 번 왔다 갔다 하면 끝이다.

등치에 비해 참 싱거운 도킹이다.

그런데 패니스가 꽈배기처럼 빌빌 꼬였다.

말은 흡사 사람처럼 그 짓을 해서 마을 어른들이 과부댁은 절대 접근을 금지 시켰다.

흡사 사람처럼 세월아 네월아 하며 피스톤질을 하기 때문에다 과부들이 보면 미치고 환장한단다..

그것을 본 과부댁은 저녁에 쎈타가 근질근질 해서 수절을 못 한다나 어쩐다나. 요즈음은 과부댁들이 '무슨 강아지 풀 뜯어 먹는 개소리를 하느냐 하면서 마음만 먹으면 언제라도 유부남, 총각들이 OK인데 웃기고 있네' 한다나 어쩐다나.

토끼와 닭은 하나 마나다.

그야말로 번갯불에 콩 볶아먹듯이 한다.

위에 올라가 몇 번 넣다 뺐다 하면 볼일이 끝난다. 돼지는 본능이 그렇게 강할까 싶다.

암컷 돼지는 한번 발정하면 자기들의 쫙 째지고 털난 곳이, 본적지가 팅팅 붓는다. 그래서 돼지우리

병든 몸으로 청계천에서 사색하는 필자

안을 악을 쓰며 돌아다닌다.
아무튼 발정을 진정시키는 방법은 서로 쫙 째지고 털난 곳을 눈도코도 없이 입으로만, 숨 쉬는 것과 서로 맞대주는 방법 그것뿐이다.
조금 리얼하게 쓰고 싶지만 청소년이 보면 곤란하니까 여기까지만 쓰겠으니 이해들 하시라.
이처럼 분신처럼 ep l고 다니던 정든 바둑이가 내 옆에 와 있으니 내 심정이 어떠했을지는 말도 못 한다.
이렇게 정든 바둑이가 지게를 때려 부수고 집을 나가는 내 뒤를 살살 따라온 것이다.
세상 천지에 신발에 들어간 흙 모래들을 털어 내려고 앉아 있는데, 정신 없이 집을 나온 내 옆에 바둑이가 와서 꼬리를 살랑거리며 서 있다니!
그리고 자기를 쳐다보니 그 작은 키로 앉아있는 내 얼굴을 핥는다.
나는 순간 바둑이를 끌어안고 울었다.
말 못 하는 짐승이지만, 그동안 정들었다고 멀리까지 따라왔구나 싶으니 말로 표현하기 어려운 감정이 엄습하여 두 번, 세 번 나를 울게 하였다.
갈 곳이 정해져 있는 것도 아니고 정처 없이 떠돌아야 하는 신세인데 도저히 개를 데리고 갈 수가 없었다.
나는 바둑이와 정을 떼고 헤어져야 했다.
집으로 가라고 위협해도 가는 시늉만 하다가 따라오곤 한다.
하는 수 없이 돌을 들고 맞지 않도록 개에게 돌 팔매질을 해댔다.
아무리 말 못 하는 짐승이지만 무지막지하게 행동을 한 그런 내가 얼마나 ㅇ=속했을지 생각하면 지금도 가슴이 아리다.
이렇게 고향을 떠나 객지 생활을 하다가 고향 친구를 몇 십 년 만에 만났으니 서로 얼마나 반갑고 좋았는지 모른다.

잠시 검문 있겠습니다

참으로 오랜만에 도심의 찌든 생활에서 벗어나 일가친척과 지인들을 만나고 즐겁게 일주일을 보냈다.
그리고 서울로 올라오는 길에 충남 서산에 책값 수금 할 것이 있어 그곳으로 가던 중 당진읍을 지나기 전 구룡 검문소 앞을 지나고 있었다.
이때 전경이 차를 세우더니 "잠시 검문이 있겠습니다" 한다.
그리고 차 주인이냐고 물어서 그렇다고 했더니 내가 기소 중지가 되어 있으니 당진 경찰서로 가자고 한다.
경찰서에 갔더니 간단한 조사를 하고 기소 중지를 해놓은 관할 경찰서에서 담당 형사가 나를 데리러 올 때까지 경찰서에서 기다려야 한다고 한다.
하루 저녁을 지나는데 전경들이 화장실까지 따라다니며 감시하는 것이 매우 기분 나쁘고 신경 쓰였지만, 죄짓고 잡혀 온 처지에 어쩔 수

영화 그 사랑 한이되어, 조용필, 유지인

가 없었다.

하룻밤을 경찰서 유치장 신세를 졌다.

다음 날 12시쯤 서울 주소지 관할 경찰서 담당 형사가 데리러 왔다.

그래서 10일 전 당신이 구두로 출석을 요구하기에 귀서 정보과장 L경정에게 자초지종을 말했더니, 부도 수표를 얼마나 회수 했느냐고 물었다.

부도가 난 지 이제 겨우 15일밖에 지나지 않아 전혀 회수하지 못하였는데, 앞으로 회수할 것이라고 말했다.

그러면 앞으로 경찰서에서 출석 요구서를 세 번 주소지로 보낼 터이니 그동안 수표를 회수할 수 있는데, 까지 회수하여 경찰서에서 출석하라는 날짜에 회수한 수표를 제출하면, 제출한 수표에 대해서는 공소권이 없어지니, 수표를 회수하기 위해

감홍시 위에 앉은 참새 3형제

노력하라고 했다.

그래서 시골에서 일주일을 쉬고 서울에 올라와 수표를 회수하려고 하는데, 출석 요구서 한번 보내지 않고 기소 중지를 해놨느냐"라고 항의했다.

얼굴에 기름기가 번들번들하고 유자 껍질처럼 땀구멍이 숭숭한 얼굴을 한 경찰관이 순간 당황하며 여름휴가를 가려고 편의상 기소 중지를 해 놓았다고 한다.

나는 순간 화가 머리끝까지 나 운전을 하기가 힘들어 길가에 차를 세우고 규정상 출석 요구를 세 번까지 하고 경찰서 출석에 응하지 않을 때 기소 중지해야 하는 규정을 어기고 단지 휴가를 가기 위해 남이야 죽든 살든, 그런 말도 안 되는 소리를 하느냐고 강력하게 항의했더니 그는 조금 의아한 표정을 지으며 한번 그렇게 된 것 어떻게 하겠느냐고 하면서 미안하게 되었다고 사과한다.

그래도 화가 풀리지 않아 돈 없고 빽없는 우리 같은 사람들은 규정도 무엇도 필요 없고 당신들 마음대로냐고 계속 흥분을 감추지 못하고 따지고 들었다.

그가 짜증스런 얼굴로 나를 쳐다보기에 더 기세등등하게 나 같은 사람한테 이렇게 할 때 힘없는 다른 사람들한테는 어떻게 하였겠느냐고 몰아붙였다.

경찰서에 오는 사람들은 공연히 주눅이 들어 자기에게 불이익을 당할까 봐 아무런 잘못도 없는데도 그렇게들 마음대로 하는 모양인데, 경찰서에 가서 정식으로 문제 삼겠다고 하면서 사람을 이렇게 비참하게 만들 수 있느냐고 운전대에 앉아서 계속 따지고 들었다.

이번에는 진솔한 태도로 잘못하였다고 거듭 사과한다.

사실 나 같은 사람은 경찰에게 조금도 위축될 필요가 없다. 부정수표 단속법 위반은 부도 난 수표를 회수하느냐 못하느냐에 따라 형량이 결정되기 때문이다. 그리고 국민은 누구나 억울하게 경찰관한테 부당한 대우를 받아야 할 이유도 없으며 부당한 행위를 당하고도 행여 불이익을 당할까 봐 자기 권리를 행사하지 못한다면 매우 유감스러운 일이다.

그리고 좋은 게 좋은 거라고 그대로 묵과하면 절대로 안 된다. 그 이유는 우리 모두의 권리 신장을 위해서다. 내가 경찰서에 가서 묵과하지 않겠다는 말이 다소 마음에 걸리는 듯 이번에는 자기와 내가 고향이 같다고 하면서 정적으로 접근한다.

그러한 모습이 일면 비굴해 보이기도 하고 한편으로는 자기에게 주어진 공권력을 마음대로 행사한 그를 보면서 지금은 민주화가 많이 되었다고 해도 이런데 과거에는 어떠하였을지 생각하며, 한바탕 형사와 실랑이를 하고 나니 다소 감정이 진정되었다.

차를 몰고 서울로 올라오면서 그 느글느글한 얼굴에 기름기 낀 형사 양반 도통 휴게소에서 식사하거나 커피를 마셔도 엄연히 국가가 준 출장비를 받아서 왔을 것이다. 그런데 자기가 처먹고도 돈 낼 줄을 모르고 돈 없어 부도 난 사람이 사주는 것을 고맙다는 말 한마디 없이 날름날름 받아 처먹기만 한다. 평생 얻어먹기만 하는 버릇이 몸에 배어서 그런 모양인지 모르는 일이다.

경찰서에 와서 하루 저녁을 자고 이튿날 그 기름기 좔좔 흐르는 담당 형사한테 조사를 받으면서 은행에 추심된 수표 금액을 확인해보니 도저히 구속을 피할 수가 없었다.

부도를 냈다 하여 무조건 구속하는 당하는 것은 아니다. 부도를 내는 사람에게 적용되는 법은 부정수표 단속법이다. 부정수표 단속법이란 내가 수표를 발행하고자 할 때에는 은행 계좌에 발행 금액만큼 돈을 예치해 놓고 발행해야 하는데, 우선 급하니 돈이 들어 올 것을 생각하고 수표를 발행하여 그 수표가 추심이 돌아왔을 때 결제가 되면 문제될 것이 없다. 하지만, 은행에 잔고가 없으면 부도 처리되면서 형사 처벌을 받게 되는 것이 근거 법률이다. 은행에 돈을 예치하고 수표를 발행해야 하는데 그렇지 않고 수표를 발행하였으니 거짓이다. 고로 사기죄에 해당한다.

부도 난 수표 금액의 많고 적음에 따라 구속 여부가 판가름 된다. 부도 내기 전 변호사와 검찰에 지인이 있어 얼마까지 부도를 내면 구속이 되고 안되고 알아본 결과 꼭 얼마라고 정해져 있는 것은 아니지만, 부도 금액의 70%까지 회수하든지 은행에 추심된 금액이 어느 선을 넘지 않아야 구속을 면할 수 있다고 했다.

그래서 평소 호형호제 하면서 매월 7,000~8,000만 원까지 수표를 월 3부 이자를 주고 할인하는 O사장을 찾아가 의논을 하였다.

"형님 매에는 장사 없다고 도저히 이자 때문에 견딜 수 없어 부도를 낼 수밖에 없습니다. 형님이 소지한 수표를 은행에 추심 하지 않으면 내가 구속을 면할 수 있다고 합니다. 책을 열심히 팔아서 빚을 갚겠습니다. 그러니 소지한 수표를 추심 하지 말아 주시면 고맙겠습니다.

그러자 O사장이 은행에 결제할 금액이 도대체 얼마이기에 그러느냐고 물었다. 2,000만 원 정도 된다고 했더니 그 돈을 대신 결제해주겠다고 한다. 아닙니다 "이번 한 번으로 끝나는 것이 아니지요". 앞으로 은행 수표를 막는 노예 같은 생활이 계속될 것이고 가면 갈수록 빚만 더 늘어나기 때문에 부도를 내는 것이 남에게 피해를 덜 주고 나 자신에게도 바람직스러운 일이겠습니다.

형님이 소지한 수표만 돌리지 않으면 구속은 면합니다.

그러면 이자 동결은 물론이고 매일 수표 막는

다육식물

일에서 벗어나 일을 열심히 해서 원금만이라도 갚을 수 있습니다.
"이렇게 설득하여 O사장은 수표를 돌리지 않기로 약속을 했다"
그런데 조사 받으면서 추심된 수표 금액을 확인해보니 O사장이 소지한 수표를 추심 한 것이 아닌가! 순간 당황했지만, 구속은 피할 수 없겠다고 생각하고 체념하니 오히려 마음은 편했다.
경찰서 유치장에서 5일 정도 있는데, 한 여인이 가족들이 면회만 오면 유치장 면회실이 떠나갈 듯이 울었다.
입회 경찰관이 울지 말라고 해도 친척이던 누가 면회만 오면 계속 매미처럼 울어댔었다.
전경어게 무슨 사연으로 저렇게 슬피 우느냐고 물었더니 그녀도 부정수표 단속법으로 경찰서에 들어왔다고 했다.
그런데 그녀가 우는 이유를 들어 보았더니 아무 관계도 없는 나도 화가 치밀어 올랐다. 그녀는 유치장에 갇혀 있어, 이러지도 저러지도 못하기 때문에 가족이나 친지가 면회를 오면 너무 억울해 울기만 했다.
경찰관들 역시 그녀의 딱한 사정에 동정하면서도 법을 위반했으므로 어쩔 수 없는 모양이었다. 그녀의 남편은 자영업을 하면서 은행에 당좌를 개설하 어음 수표를 발행하여 쓰다가 부도를 내서 징역을 살고 나왔다고 한다.
그리고 다시 사업을 시작하면서 자기 이름으로는 당좌 개설을 하지 못하기 때문에 부인 이름으로 당좌를 개설하여 계획적으로 어음 수표를 발행해 할인한 것은 물론이고 그 당좌 수표를 이용해 돈을 만들 수 있는 데까지 만들어 자기 회사 경리와 함께 중국으로 도망을 갔다는 것이다.
사랑하는 부모와 아내, 아들딸들을 남겨두고 자기의 향락을 위해 그런 행동을 했다는 얘기를 들으니 남자인 내가 부끄러웠다.

감옥이 천국입니다

사람이 죄를 지으면, 규정상 처음 경찰서에서 조사를 받고 10일 이내에 검찰로 송치가 된다.
구치소로 송치가 되면서, 여자는 여자끼리 남자는 남자들끼리 굴비 엮듯이 엮어서 간다.
그런데 경찰서에 들어온 범죄자는 여자보다는 남자가 훨씬 많았다.
남자 수형자는 10여 명인데 여자는 한 명이었다.
서울 구치소로 이송되어 갔다.
구치소에서 먼저 간단한 신체검사를 했는데, 앞으로 엎드리라고 하고 항문 속에 무슨 물건을 숨겼는지까지 조사를 하면서 들여다 보았다.

에비데란사 속 월세계〈月世界〉

무척 자존심이 상했다. 하지만 죄짓고 들어온 사람이 규정상 그렇게 한다는데 할 말이 없었다. 신체검사가 끝나고 식당으로 가서 저녁을 먹은 뒤 밥 그릇과 국그릇 한 개씩을 배정을 받아 신입방이라는 곳으로 입감이 되었다.
밖에서 구치소에 관한 험한 말들을 많이 들었던 터라 긴장이 많이 되었다.
그런데 듣기와는 다르게 서로 통성명을 하고 노래 한 자리와 무슨 죄를 짓고 들어 왔느냐는 것으로 신입식은 끝났다.
이튿날 직원이 면회를 왔기에 O사장에게 가서 돈 만 원짜리 한 장 못 준다고 전해라고 했더니 그 이튿날 O사장이 오전 일찍 면회를 왔기에 왜 수표를 돌리지 않기로 해놓고 돌렸느냐고 항의를하며, 약속을 어겼으니 돈을 갚지 못하겠다고 하며, 이곳에 들어오니 옷 주지 밥 주지 재워 주지 빚쟁이들한테 시달림 안 받지 그야말로 이곳이 천국이네요. 하며 염장을 질렀더니 동생 내 말좀 들어 보게 거 있지 않나 나한테 자주 오는 후배가 말이야 수표를 돌려놓아야 형사적으로 채권 확보가 된다고 해서 추심을 했다고 변명을 한다.

아무리 그렇드라도 수표를 돌리지 않기로 약속을 했으면 돌리지 않았어야지 약속을 지키지 않으셔서 구속이 됐지 않느냐고 재차 항의를 거세게 했다. 만일 O사장이 수표를 추심 하지 않했다면 구속이 안 되고 불구속으로 재판을 받을 수 있었다.
어음 수표가 부도가 나면 무조건 구속이 되는 것은 아니다.
즉 부도 금액에 따라 구속이 되고 안된다.
O사장이 내 수표를 팔천만 원 정도의 수표를 추심 했으니 그 금액에 따라 구속을 면할 수가 없었다.

지금은 수표 어음을 많이 발행들을 안 하는 추세이다.
지금부터 십여 년 전에는 당좌 거래를 많이들 했다.
즉 사업하는 사람들이 사업 자금이 부족하니 어음이나 수표를 발행들을 많이 했었다.
흔한 말로 우선 먹기는 곶감이 달고 언 발에 오줌 싸기이다.
즉 추운 날 추은 곳에서 임시방편으로 언발에 오줌을 싸면 따뜻 해진다.
그러나 잠시 후 언발은 더 추워진다는 것이다.
어음과 수표를 발행 할 때는 어음은 몇년 몇 월에 추심을 하라는 기일이 정해져 있지만. 수표는 기일이 없으므로 언제라도 추심을 하면 지불을 해야 한다.
다시 말하면 은행 계좌에 돈을 넣 놓고 수표를 발행 해야지 만일 돈을 예치하지 않고 수표를 발행해 부도가 나면 부정수표 단속법으로 처벌을 받게 된다.
계좌에 돈을 예치하고 수표를 발행 해야 하는데 그렇지 않으니 부정수표 단속법 사기죄에 해당되어 처벌을 받게된다.
구치소에 갇히게 되니 답답해 미치겠다.
O사장이 수표만 추심을 안 했어도 구속은 안 됐을텐데를 생각하니 화가 치밀어서 못 견디겠기에 O사장에게 화풀이를 했다.
내가 몇 년 동안 활인한 금액이 어마어마한데 그에 따라서 이자 또한 막대합니다.
즉 천만 원의 어음 활인을 3부로 선이자를 떼면 삼십만 원에 5개월짜리 어음이면 백 오십만 원 선이자를 떼고 지불을 받는다.
이자에 이자를 떼니 월 일억을 활인 받으면 이자가 삼 사백씩 지불된 셈이다.
O사장은 출판사를 상대해 어음 수표 할인을 해 막대한 부를 축적해 강

남에 소형 빌딩을 살 정도였다.
O사장은 막대한 이자 수입을 얻었을 뿐 아니라 약속을 어겼으니 그에 따른 책임도 지셔야 한다고 생각합니다.
이왕에 말이 나온 김에 한 말 더 드리면 사장님도 불법이라는 것 아시죠? 즉 단기 금융법 위반이라는 것 말입니다.

O사장은 단기 금융법이라는 것을 알고 있었다.
단기 금융법이라는 것은 허가를 받은 금융업자만이 어음 할인을 해야 하지 허가 없는 사람이 하는 것은 불법이다.
내 말을 알아듣고 짐짓 놀란 듯 했다.
O사장은 자내 처를 나한테 보내면 수표를 돌려 준다고 한다.
얼핏 들으면 병주고 약 주는 것 같지만, 이것은 완전히 병을 치료하는 약만 주는 격이다.
참고로 말하면 어음은 추심 기일이 3일이고 수표는 10일이다.
만일 지급 기일부터 추심을 하지 않으면 수표는 흠결 처리라고 하여 형사 처벌은 못하고 민사로만 권리를 행사할 수 있다.

그래서 O사장 후배가 수표를 기일 안에 추심 하라고 꼬드긴 것이다.
결과적으로는 나에게는 전화위

설탕보다 당도가 200배 높은 스테비아

복이 되었다.

왜냐하면, 은행에 추심된 수표를 발행인이 회수해 검사나 판사에게 제출하면 회수된 수표에 대해서는 공소권이 없어지므로 죄 또한 소멸되기 때문이다. 그리고 민사로만, 재판이 가능하다.

그야말로 도랑치고 가재 잡고 배 먹고 이 닦은 격이다.

구치소 들어간지 2개월 반 정도 지나서 징역 5개월 15일을 선고받았다.

사실 징역 5개월 15일은 형량으로는 가벼운 것이다.

추심된 수표를 회수를 거의 했지만, 조금 회수를 하지 못했던 것이다.

수표를 1,500만 원만 더 회수 했으면 1심에서 집행유예로 출감할 수 있었는데 출감을 못하고 2심 재판을 받고 출감을 할 수밖에 없었다.

추심된 수표 소지자들은 수표의 금액 중 일부라도 변재를 받고 수표를 주려한다.

민들레~민들레 씨는 바람에 날려서 싹을 틔운다

그런데 돈이 없어서 부도를 내지 돈 있는 사람이 왜 부도를 내겠는가?

수표 소지자한테 구치소에서 나가서 있는 책 팔아 빚을 갚을테니 수표를 돌려 주라고 하니 재판 시간이 다 되어서 수표를 돌려주어서 아내가 재판정에 제출 하려고 왔을 때 이미 재판이 끝나고 말았다.
면회 온 아내에게 수표를 하루 전에 회수를 해 가져와야지 이렇게 늦게 가지고 오면 어쩌냐고 화를 냈었지만, 아내가 늦게 회수를 하고 싶어서 그랬겠는가.
수표 소지자가 원하는 돈을 달라고 하니 늦을 수밖에 없는 노릇 이었다. 부도내고 감옥에 들어온 내가 잘못이지 아내가 무슨 잘못이 있어 화를 내는가 반성하는 순간 아내가 눈물을 흘리고 있는 것을 볼 때 한없이 불쌍하고 한편으로는 고맙고 미안했다.
그런데 인간의 감정은 참 묘한 것이다.
재판을 받으려고 법정에 나가면 수형인들이 대기하는 곳이 있다. 그곳에서 자기 순서가 되기를 기다리다가 재판이 빨리 끝나고 구치소로 돌아가기를 원한다.
흐르는 세월은 어찌하지 못해 한 여름에 이곳에 들어왔는데 어느덧 가을이 와 청계산 자락의 잡목림들이 울긋불긋 해지기 시작하고 구치소 앞 도로의 은행 잎들이 노랗게 조금씩 물들어가고 있을 때, 호송차를 타고 재판을 받으러 갈 때에 남태령 고갯길을 올라 갈때에 수형인들의 무거운 마음을 달래주기라도 하듯 호송차가 윙윙하고 소리내어 울면서 오른다.
서초동 큰 도로를 지날 때 호송차의 숭숭 뚫린 구멍 사이로 사람들이 바쁘게들 지나간다.
그 사람들이 무척 부럽다.
재판이 끝나고 구치소로 돌아오는 호송차 안에서 한바탕 웃음 바다가 되었다.
사연은 이렇다. 키가 작달막하고 얼굴이 예쁘장한 여자가 차에 같이 타고 있었다.

그녀는 환경이 꽤 유복한데 생리 때만 되면, 도벽이 발동해 백화점에서 도둑질을 하다 붙잡혔다.

재판 결과 정상을 참작해 가벼운 처벌을 받다 보니 전과가 누적되고 집행유예 기간이어서 이번에는 실형을 면키 어렵고 보호감호 처분까지 받아야 했다.

그러자 이 여자는 고의인지 아닌지는 모르지만, 정신 이상으로 재판정에서 판사나 검사 변호사를 보면 "오빠 오빠하고 손짓 발짓까지 하는가 하면 노래까지 부르기도 했다.

자연적으로 재판정은 웃음 바다가 되었고 재판이 엉망이 될 수밖에 없었다.

옆 좌석의 수형인과 이야기 한 것을 보니 고의적으로 정신 이상인 것처럼 쇼를 한 것처럼 보였다.

옆 사람이 재판 잘 받았느냐고 물으니 결과가 나와 바야 안다고 한 걸

영화, 아제 아제 바라아제의 다비식〈불교의 장례의식

보니 누범에 대한 형량을 줄이려고 쇼를 한 것이 분명해 보였다.
이튿날 점심을 먹고 나니 전방을 가라고 했다.
1심이 끝나고 2심을 받는 동안에 있는 감방이 바뀐다.

인간은 더불어 산다고 징역도 그렇다. 여럿이 한 방에 있으면 좋은 점이 많이 있다.
서로 이런저런 이야기도 하고 가족이나 친지가 면회를 와 먹을 것을 넣어주면 서로 나누어 먹고 책도 서로 돌려서 본다.
구치소 감방에서 2~3개월 정도 한방에서 생활을 하다가 전방을 하게 되면 서로 그동안 정들었다고 서운해 한다. 몸 건강하게 잘 있다가 형기를 마치고 서로 전화 연락을 해 만나기로 약속들을 한다.
그런데 출소 후 가르쳐준 연락처로 전화하면 90%는 연락이 안 되었다. 이유는 죄짓고 감옥에 들어온 사람들의 주거지가 안정이 되지 않아서 그렇지 않을까 생각 한다.
전방이 되어 새로운 사동으로 옮기는데 교도관과 같이 있는 사람이 어디서 많이 본듯 해 낯이 익어서 자세히 보니 한 때는 5공 정부에서 나는 새도 떨어뜨린다는 장세동씨였다.
교도관은 의자에 앉아서 있고 장씨는 맨땅에 앉아서 이야기 하고 있는 것을 보니 이 안에 들어오면 너나 나나 다 똑 같구나 싶었다.

감방에서는 "먹어 조진다"는 우수갯 소리가 있다.
오후가 되면 각 방에서 먹을 것들을 신청한다.
그러면 그 이튿날 신청한 물품들이 들어오면 수형인들은 각기 물품들을 나누어 먹으며 무료한 시간을 보낸다.
그런데 장세동씨의 주문 물품 목록들을 보니 오징어 주문이 눈에 자주

띠어서 한번은 오징어 다섯마리를 내 이름으로 주문해서 장씨 방에 넣어 주었다.
그랬더니 횡령죄로 들어온 사람이 그 사람이 오징어 살 돈이 없겠냐며 그것을 우리끼리 같이 나누어 먹으면 좋지 않겠느냐면서 불평을 한다.
순간 역시 횡령죄로 들어온 사람답다고 치부했다.
우리 인간들은 흔히 시간은 금이라고들 말한다.
그러나 감옥에서는 그 반대로 수형인들에겐 어울리지 않은 말이다.
특사나 다른 은전으로 줄소를 하지 않는 한 시간이 가야 출소를 할 수 있다. 그래서 장세동씨가 시간을 떼우는데 조금이라도 보탬이 되고 또 친척 형님의 지인이어서 그랬던 것인데, 내 진심도 모르고 오징어 사 먹을 돈이 없겠느냐고 불평을 개소리를 지껄인다.
구치소에서는 건강을 위해서 하루 30분 정도씩 건강을 다지기 위해 밖에서 운동을 한다.
날씨가 제법 쌀쌀한 때에 청계산 자락 잡목들이 곱게 물들어가고 있을 때, 따뜻한 담벼락 앞에 햇빛을 받으며 서 있었다.
조금 떨어진 곳에서 한 소년을 많은 수형인들이 에워싸고 소년의 이야기를 흥미 있게 듣고 있었다
호기심이 들어서 가까이 가서 들어 보니, 자기가 살인한 이야기를 조금의 죄의식도 없이 하고 있었다
그 소년의 말을 정리하면 이렇다

어떤 여자가 외제차를 타고 다니기에 돈이 많은 여자로 생각하고 너덧 명의 친구들이 야산으로 그녀를 납치해 가서 돈을 주지 않으면 땅에 생매장을 한다고 협박을 했단다
그런데 그 여자는 "설마 너희가 나를 죽이겠느냐?"는 태도를 취하며 담

배를 한 개피 달라고 해 피우는 여유까지 부리 드란다
그래서 옷을 홀라당 다 벗기고 청소년들이라 여자의 몸을 만지고 별짓을 다해도 돈이 없다고만 하지 돈을 준다고 하지 않아 흙구덩이를 파고 들어가게 한 다음 흙으로 밑에서부터 메워 나가도 돈을 준다고 하지 않을 뿐 아니라 흙을 목까지 덮었는데도 요지 부동이어서 그냥 매장해 버렸다 한다
사회 같으면 야 이놈들아 어디 그렇지만 그럴 수가 있느냐 할 수 있었지만, 그곳에서는 망신을 당할까 바 아무 소리도 못했다.

도대체 돈이 무엇이기에 돈을 주지 않는다고 하나뿐인 목숨을 빼앗을 수 있단 말인가?
비싼 외제차를 타고 다니니 돈이 많은 사람으로 표적이 된 사건이고 강남에서 유흥점을 운영한 여자로, 이 사건은 우리나라 도하 신문에 장식을 한 사건이다.

사람들은 살인범들은 별스런 사람이라고 생각하는 경우가 많지만, 그들도 우리와 똑같은 인간들이다.
구치소에서 지금은 어쩐지 모르지만, 그때는 일주일에 한 번씩 단체로 목욕을 한다.

영화, 13월의 연정 박근형, 이영옥

그런데 목욕을 할 때마다 등을 밀어주며 열심히 봉사하는 사람이 있었다.
 등을 밀어주는 것이 고마워 교도관에게 무슨 죄를 짓고 들어온 사람이냐고 물었다. 그 사람은 강원도 O시에서 공무원을 하던 사람이었다.
그의 마누라가 모 종교에 빠져서 남편과 자녀들을 돌보지 않았다고 한다. 남편이 폭력도 행사해 보고 달래 보기도 하며 정상적인 가정생활을 하길 바랬지만,
날이 갈수록 그 정도가 심해 정상적인 가정생활을 하기가 어려워 참다 못한 가정생활 파탄을 한 것에 대한 분노로 종교 집회를 하는 건물에 문을 잠그고 휘발유를 뿌리고 방화를 해 집회하던 신자들이 무려 15명의 아까운 목숨들이 희생되었다고 한다.
그는 지은 죄를 속죄라도 하는 듯 지극 정성으로 봉사를 했다.
이번에도 어느 살인범의 이야기인데 그의 행동이 하도 기이해 쓴다.

배, 사과와 더불어 과실의 세계를 풍미하고 수분과 당분이 풍부한 과실

옆 사동 감방에서 사탕을 뜨거운 물에 녹여서 창밖에 놓아두면 벌들이 사탕물을 먹으려고 날라오면 벌을 잡아 자기 좆에다 벌침을 쏘이면, 눈도 코도없는 좆이 팅팅 붓는다고 한다.
그 말이 호기심이 들어 왜 그것을 팅팅 붓게 만드냐고 물었다.
그랬더니 그의 대답은 자기는 벌침 때문에 감옥에 들어 왔다고 한

다.
그 남자 부인은 식당을 하면서 시어머니와 남매를 키우며 열심히 사는데 자기는 직업이 없이 백수로 놀면서 주변에서 한 백수가 비법을 전수해 주어서 끼리끼리 논다고 선수로 뛰다가 실수를 해 감옥에 들어왔다한다.
벌침으로 좆을 크게 한 다음 여자의 쫙 째지고 털난 곳에 집어넣어 주면 여자가 "아이고 날 잡아 잡수시오" 한다는 비법을 가르쳐 주어서 평소에 좋아하는 여자를 가르쳐 준대로 실습을 했더니 남편도 싫소 자식도 싫소 하며 죽자 살자 달라 붙드란다.
어짜ㅍ 백수 인생 벌침으로 여자들을 즐겁게 해주고 자기도 재미를 보면서 돈을 뜯어내기로 마음을 먹고 선수로 열심히 뛰기 시작했다.

평소에 만나던 유부녀 한 사람을 벌침 위력으로 있는 힘 없는 힘 다해서 즐겁게 해주고 난 다음 그 유부녀가 느닷없이 빌려 간 내 돈 내놓으라고 해서 언제 돈을 빌렸느냐고 하니, 지난번 준다고 빌려갔지 않았느냐고 하기에. 그것은 벌침의 봉사 한 대가가 아니냐고 했더니, 여자가 완전히 이성을 잃고 사기꾼으로 경찰에 고소한다는 말에 흥분을 주체하지 못하고 홧김에 여자에게 발길질을 한 것이 여관 벽에 머리가 부딛 쳐 죽고 말았다고 한다.
그렇다면, 밖에서는 선수로 뛰기 위해 벌침을 맞는다 하지만, 여기서는 써먹을 때가 없지 않느냐고 했더니 계속 연습을 해 놓아야 출감을 해 또 써먹을 것 아니냐고 했다. 개 버릇 못 준다더니 웃기는 인간이다.
살인범은 형량이 최하 20년 이상인 줄 알았는데 이 벌침은 3년 6개월을 받아서 곧 출소를 한단다.
아니 살인죄가 왜 그렇게 형량이 가볍냐고 물으니 살인에 고의성이 없

고 과실치사 죄는 형량이 가볍다고 한다. ㅣ
무슨 놈의 살인죄에 있어서 경중이 있단 말인가?
그러면 죽은 사람의 인권은 어디서 찾으란 말인가.
참으로 이해가 가지 않는 처사다.
지금도 벌침 인간의 이 한마디가 나를 미소 짓게 한다.
눈도코도 없이 입으로만 숨 쉬는 것으로 인간의 본적지를 휘젓고 나오면 뽕 소리를 낸다고 한단다.
생각하면 생각 할수록 참으로 웃기는 사람이라는 생각이 든다.
구치소에서 면회만큼 좋은것도 없다.
그런데 살인범들에겐 그 누구도 면회를 잘 오지 않는다.
벌침 인간에게는 면회 오는 사람이 거의 없다. 다만 면회 오는 사람은 그의 늙으신 어머님뿐이었다. 구치소 감방에서는 사회에서 있었던 이야기들로 시간을 보낸다.
K대 체육과를 나온 건장하고 잘생긴 범죄자 이야기다.
하루는 최라는 이 사람에게 후배들이 007가방에 돈을 넣어 가지고 찾아와서 강남의 거창한 사무실로 데리고 가더니 후배 패거리들이 사장 자리에 앉치더란다.

보성강변(곡성군 석곡면)

그리고 은행 계좌와 통장을 최의 이름으로 개설했다.
그리고 급여도 풍족하게 주면서 형님 형님 하며 따라다닌 것이 싫지 않았고, 그들이 주는 돈으로 10여 개월 잘 먹고 잘살았다
그런티 그들이 최를 소위 말해서 바지 사장으로 이용해 먹고 도망을 간 바람이 감옥에 들어온 것이다. 그야말로 최에게는 날벼락인 셈이다.
최는 사회에서 있었던 일들을 구수한 입담으로 얼마나 재미있게 이야기하는지 두 달 동안 흔한 말로 배꼽 빠지게 웃는 날이 많았다.
소위 말해서 방중술 〈남녀의 성교〉 여자들 배 위에서 사정을 자유 자재로 한다고 한다.
최는 서울의 모 로타리에서 주먹으로 주름을 잡으면서 그곳의 수퍼마켓 여주인을 알고 지내고 있었다고 한다. 그녀가 개띠여서 "누님누님"하다가 배 위로 올라가게 되었다고 한다.
그녀의 개띠 친구들이 매월 한 번씩 열 명이 모이는 계원들이 있었는데 마트 주인이 최라는 동생이 그것 하나는 끝내주는 동생이라고 선전을 해 놓아 이 개띠 누님 친구들이 한 번만 만나게 해 달라고 사정해 한 명씩 그녀들의 중앙청을 청소해 주다가 감옥에 들어온 바람에 세 명의 개띠 누님들의 쎈타 청소를 못해 주고 감옥에 들어 왔다고 하며 무척 아쉬워 했다.
최는 여자들과 만나서 식사하러 식당에 들어갈 때 여자가 입은 옷과 신발을 보고 여자의 집이 있는지, 아니면 전세 그리고 사글세 인지를 파악할 수 있다고 했다.
"여자들이 자기 집이면 어떻고 전세나 사월세 면 자내와 무슨 상관이 있는가?"하고 물었더니 그래야 본전을 뽑을 것 아니오 했다.
옷과 신발을 보고 모르겠으면 본격적으로 여자 배 위에서 물어 본다고 했다.

그런데 여기서 남자들이 한 번 생각 해 볼 일이 있다.
한 여인의 배 위에서 신나게 교합을 하다가 클라이멕스에서 사정을 할 듯 말 듯 애 간장을 녹이다가 남편 직업이 무엇이냐고 물었더니 "미장공 이여"하더란다.
또 한 여자에겐 돈 좀 있느냐고 물으니 "부동산에 묶였어" 하더란다.
생각해 보자고 하는것은 남편은 힘들게 남의 집수리 하느라 고생하는데, 여편네는 자기 중앙청 청소를 하면서 무슨 자랑이라고 미장공이여, 또 부동산에 묶였어 하느냔 말이다.

허브 꽃밭에서 휴식하는 여인

좋은 걸 어떡해 하면 내 딱히 할말 없지만, 그래도 속 알머리 없는 여편네들의 소행이 더티하다고 밖에 볼 수 없는 일이라고 본다.
아무튼 최는 다른 수형인들에게는 찍소리도 못하게 하면서 나한테는 손짓발짓 해 가면서 형님형님 하면서 웃겨서 징역살이가 조금 수월했다. 개띠 누님들 중 다음 써비스를 부탁하면서 백화점으로 데리고 가서 옷이나 구두 등을 사 준다고 한다. 한 여인이 사 준 외제 구두 고도방이라는 것을 신고 다녔는데, 그의 어머니가 뜨거운 물에 샤워를 해서 쭈구렁망탱이를 만들어서 못 신게 만들어 놓았다고 한다.

그 구두값이 자그만치 70만 원이라고 하니, 아무리 봉사를 잘해준다고 해도 놀랍기만 하다.

최와는 사회에 나와서도 서로 의기가 투합해서 자주 만났다.

대통령 선거 때 모 후보 지역 책임자로 있으면서 도와 달라고 했다.

그런데 최의 옆에는 그의 부인이 구치소 면회를 이틀거리 한 번씩 다녔었는데, 사회에 나와서도 옆에 붙어 다녔다. 그것은 혹시 방중술의 위력이 아닌가 다소 엉뚱한 생각을 해 본다.

또 한 사람 이야기를 쓰려한다.

"흔히 방 좁은 것은 살아도 속 좁은 사람과는 못 산다는 속담이 있다"

강남 경찰서에 같이 있다가 서울 구치소로 함께 송치된 수형인이 있었다.

O라는 수형인은 면회를 오는 사람이 아무도 없었다.

다만 면회 오는 사람은 그의 고등학생 아들만 면회를 오기에 가족이 없느냐고 물었었다.

그의 대답은 마누라는 젊은 사람과 배를 맞추다가 서로 좋아서 도망을 가서 행방 불명이 되어서 고등학생 아들과 같이 산다고 한다.

부모가 살았을 적에 상당히 유복해 공부를 해 대학교 교수를 하다가 부모님 돌아가신 후 을지로 6가에 빌딩이 하나 있는데 그 명의가 자기 이름으로 되어 있는데 두 누나들이 그걸 팔아서 재산 분할 문제로 다툼이 많았다.

하루는 휴일 아침부터 누나들이 와서 재산 문제로 다투다가 흉기로 겁만 주려고 했는데 놀라서 도망을 가다가 넘어져서 엉덩이 뼈가 많이 다쳐서 고소를 당해 폭행 죄로 감옥에 들어 왔다고 한다..
누나들과 재산 분배만 하면 고소를 취하해 주니까 그냥 출소를 할 수가 있는데 말이다.
O교수는 재산을 부모가 나한테 주었는데, 왜 분배 하느냐로 버티고 있었다. 재산 분배는 부모가 살아 생전에 분배를 해 주어야 하는데 엣날 사람들 중 간혹 아들에게 만 상속을 해주는 경우가 있었다.
O교수 입장에서는 엄연히 아버지가 자기에게 준 재산을 왜 나누냐이고 누나들 입장에서는 지금이 어느 때인데 혼자 독식을 하려느냐로 다툼이 있었다.
아들이 면회를 오면은 우유나 빵 등을 사 온다.
그런데 누나들은 백원짜리 요구르트 한 개도 사오지 않는다.
아들이 면회를 왔다가 가면 교수는 경찰서 유치장이 떠나갈 듯 "아들아 사랑한다"라고 외쳐대면 유치장 안이 한바탕 웃음바다가 된다.
경찰서 유치장에는 사식이라는 것이 있다.
돈이 없는 사람은 관에서 주는 관식을 먹고 돈이 여유가 있는 수형인은 사식을 사 먹는다.
사식이 관식보다 반찬이나 밥이 좋다. 관식 먹는 사람들과 사식 먹는 사람들이 인간적으로 서로 나누어 먹는다.
이 교수라는 작자는 아들이 면회를 와 먹을 것이나 사식을 넣어 주어도 나누어 먹을 줄 모르고 도치기처럼 자기만 혼자 쳐 먹는다.

그러면 나이 어린 잡범들은 좋게 볼리가 없고 아버지 같은 사람에게 인간적인 대우를 안 한다.
그리고 잘 다툰다. 경찰서에서는 일주일 정도 있다가 서로 헤어지면 되지만, 구치소에서는 2~3개월을 같이 있다가 서로 해어저야 한다.
하루는 운동 시간에 O교수를 만나서 서로 반갑게 인사를 하고 헤어져 감방으로 돌아오는데 웬 젊은 수형인이 저 또라이를 어떻게 아느냐고 묻는다.
구치소에 오기 전 경찰서에 같이 있었다고 말하고 왜 멀쩡한 사람을 또라이라고 하느냐고 물었다.
그는 말도 말라고 하며 말을 한다.
한방에서 그 교수만 밥을 따로 먹는다고 한다.
왜 그러느냐고 반문하니 반찬이 조금 색 다르거나 맛이 있으면 혼자 자기 앞에 가져다 놓고 먹고 자기 아들이 면회 와서 요구르트를 넣어 주면 혼자 먹다가 냉장고가 없으니 맛이 변하면 다른 사람의 우유나 다른 걸로 바꾸어 먹자고 하면 누가 좋아하겠느냐고 했다.
그러니 왕따를 시킨다고 말한다.
그리고 당시에는 구치소 화장실 변기가 재래식이여서 플라스틱이라 서서 소변을 보면 소변이 튀어서 옆에 묻으니 여자처럼 앉아서 볼일을 보라고 해도 말을 듣지 않고 꼭 서서 본다고 한다.
그러니 젊은 애들 누가 좋아하겠느냐고 하면서 교수라는 사람이 반푼이 같은 행동을 한다고 했다.

영화, 쏘만국경 김혜정, 이 향

제 버릇 개 못 준다더니 경찰서에서도 자기 누나들에게 재산을 안 주려고 하더니 이곳에 와서도 파렴치한 행동을 한다는 생각이 들었다.

앞에서 구치소에서 겪은 이야기들을 열거했다.
그리고 시간이 제일 잘 갈 때는 면회 시간이다.
죄를 짓고 감옥에 오는 사람들은 형기를 채워야만 나갈 수가 있다.
그러니 매일 먹고 자고 하면서 시간 가기만을 기다린다.
하루 중 면회를 가족이나 친지들이 오면 들어가고 나오고 하면 하루가 지나간다.
그런데 살인범들은 거의가 면회를 오지 않는다.
앞에서 말한 벌침도 면회를 마누라나 자식들이 오질 않은데 오직 늙고 노쇄한 그의 어머님만 면회를 왔다.
신이 인간을 위해 준비한 갑옷이 있다면 그것은 어머님의 사랑이라고 한다.
살인범에게 면회 올 사람은 특별한 경우를 제외하고는 어머니 말고 또 누가 있겠는가?
여기서 부언 하건데 죄짓고 감옥에 갈일은 절대 아니다.
하기야 누가 감옥을 가고 싶어 가겠는가?
어쩔 수 없이 불가피하게 가는 경우가 대부분일 것

영화, 영자의 전성시대 송재호, 연복순

64 | ♪감옥이 천국입니다

이다.
더러는 계획적으로 범죄를 저지르고 구치소에 들어가는 사람도 간혹 있다고 한다.
감옥에 들어가면 수형인들 사이에 떠도는 유행어가 많이 있다.
그런데 떠도는 말들 중 우수개 소리가 아닌 의미심장한 말, 즉 모든것을 함축하고 있는 말이 있다고 본다.
5 조지라는 말이 있다.
첫째 밖에 있는 가족은 옥바라지하느라고 팔아서 조지고, 둘째 형사는

영화.배만 나어면 사장이냐 김승호 도금봉

때려서 조지고, 셋째 검사는 불러서 조지고, 넷째 판사는 세워놓고 조지고, 다섯째 안에 있는 수형인들은 먹어서 조진다는 것이다.
민주화된 지금의 현실은 많이 개선이 되었다고 본다.
속담에 보기 싫은 사람 만나려 거던 술 장사를 하라고 한다.

하지만, 이 말은 옛말이고 보기 싫은 사람 보려거던 구치소엘 가라고 싶다.
눈만 뜨면 볼 수 있으니 말이다.
그걸 경험해본 사람은 내 말의 뜻을 이해하리라고 본다.
구치소나 교도소에 관해 쓴 글들이 많은데 논픽션을 쓴다고 하면서 더러는 지나치게 픽션화한 것들이 많이 있다. 물론 흥미를 가미하려고 한 것은 이해 못한 것은 아니다.
주어진 형기를 마치고 감옥을 출소하는 감정은 말로 표현키 어렵다.

그것은 체험해본 사람만이 아는 사실일 것이다.
징역 5개월 15일을 살고 서울 구치소를 나오니 가족들이 구치소 앞에 마중을 나와 있었다.
무슨 명예로운 일이라고 그져 고맙고 고마울 따름이다.

달래 고개

옛날 어느 시골에, 조실부모한 남매가 오손도손 살고 있었다.
남매는 마음씨 착하고 의좋기로 소문이 자자하여 마을 사람들은 칭찬을 아끼지 않았다. 그러나 착한 오라비는 나이가 많도록 부모님이 계시지 않아 결혼을 하지 못하고 있었다.
무더운 여름날 남매는 재 너머 밭으로 일하러 가서 땀을 흘리며 일하고 나서 집으로 점심을 먹으러 오다가 고개 마루에서 소낙비를 만났다.
갑자기 쏟아지는 바람에 비를 피할 곳이 없어 남매는 큰 나무 밑에서 서 있으니 비가 억수같이 퍼부어 입고 있던 옷이 다 젖고 말았다.

곡성, 기차마을 철길 옆 철쭉꽃

비를 맞은 남매의 모습이 말이 아니었다.
삼베〈삼 껍질을 벗겨 삼을 만들어 베를 짠 것〉 옷을 입었는데, 비에 젖은 옷이 살에 착 달라붙었다.

누이는 오라비에게 알몸을 다 드러내 보이는 것 같아 부끄러워 몸 둘 바를 몰랐다. 오라비는 누이 동생에게서 새로운 사실을 발견했다.
지금까지는 느끼지 못한 미묘한 감정이 들었다.
비에 젖은 살결과 연적처럼 둥글게 솟은 젖 망울을 보니 흥분이 되었다.
그러나 오라비는 흥분을 억누르지 않으면 안 되었다.
오던 비가 개어서 오라비는 동생에게 빨리 집으로 가서 밥 준비를 재촉했다.
동생은 오라비에게 자기 속살이 보이는 것이 부끄러워 길을 재촉하여

영화, 쌍벌한 윤정희 허장강

집으로 와 옷을 갈아입고 점심을 해놓고 오라비를 기다려도 오지 않아 이상한 생각이 들었다.
그래서 비를 피했던 고개 마루로 가보니 나무 밑에서 오라버니가 피투성이가 되어 죽어 있었다.
오라비는 누이동생을 집으로 보내놓고 잠시나마 육친에게 춘정을 느낀 것이 한 없이 부끄러웠다.

부끄럽고 죄스러운 마음에 자기 생식기를 돌로 찍고 자살해 버렸다.
이 도습을 본 누이동생은 "죽지말고 한 번 달래나 보지" 하면서 슬피 울었다고 한다.
이 사건이 일어난 뒤 마을 사람들은 이 고개를 "달래고개"라고 부르게 되었으며, 지금까지 슬픈 전설이 내려오고 있다고 한다.〈 이 이야기는 한국 민담에 나오는 이야기 이다〉
지금 와 생각해 보니 이 민담이 아니었으면 나는 이 세상을 안녕했을지도 도른다. 병든 몸을 이끌고 겨우 걸음걸이를 할 적에 부산에 책값 수금할 돈이 있어 그걸 수금해서 쓰려고 그곳에를 갔는데 수금을 못해서 지인들에게 내 어려운 처지를 말하고 돈을 조금씩 송금을 부탁해도 다들 ㅈ절을 하였다. 자존심이 상해 도저히 견딜 수가 없었다.
이렇게 비굴하게 사느니 차라리 이 세상을 안녕하는 것이 낫겠다고 생각을 했다.

그래서 신혼 시절에 갔던 태종대의 가파른 벼랑이 생각이 나서 한 번 더 가보고 싶었다. 그리고 그곳을 가보려고 가는 도중 부산〈동원버스 4744호 버스 기사 성종경〉에 자리가 없어서 서서 가다가 다리에 힘이 없으니까 버스가 앞으로 쏠림으로 버스 바닥에 넘어지고 말았다.

순간 거스름돈 나오는 곳에서 5cm만 앞으로 더 밀렸으면 머리가 깨졌을텐데, 그렇지 않은 것이 다행이라고 생각하며, 부끄러워 내리려는데, 운전수가 병원에 가자고 하기에 괜찮다고 하니 자기 차 번호와 전화번호를 적어 주면서 무슨 일 있으면 연락하라고 했다.
그러면서 내 전화번호를 자기 폰에 입력하고 떠났다.
참 인간의 감정이란 모를 일이다.

방금전까지 이 세상을 안녕 하려고 마음먹었는데, 넘어지면서 머리가 깨지지 않은 것이 다행이라 생각하는 순간 정신이 번쩍 들며 "달래고개" 민담이 생각이 났다.
그런데 여기서 한가지 딛고 넘어가야 할 것이 있다.
버스 안에 엄연히 장애인 지정석이 있는데 간혹 모른 척하며 자리를 비켜주지 않는다.
이 사회에서 우리 인간들은 건강한 사람과 장애인이 더불어 살아간다.
흔한 말로 어느 구름에 비 올지 모른다지 하잖은가.
오늘 건강하다가도 내일 어떻게 될지는 아무도 모른다.
지정된 장애인석을 비워 놓던지 앉았더라도 장애인에게 자리를 비켜주면 얼마나 좋을까 싶다.

차에서 내린 나는 우선 몇천 원 있는 돈으로 편의점에서 빵과 우유로 배고픔을 해결했다.
편의점 앞 의자에 앉아 있으면서 달래고개 민담이 생각이 나서 어디로 전화 할 까를 생각해 보면서 또 전화를 해서 거절을당하면 어떻게 하지, 하지만, 누이동생은 "한 번 달래나 보지" 그랬느냐고 했지 않을까 싶다.

내가 엉뚱한 다른 행동을 하면 주변에서 나한테 돈 송금을 부탁이나 해 보지 하는 사람도 있으면서 마음 아파할 사람이 있을 것이란 사람도 있을지도 모르는 일이란 생각이 들었다.
그래서 또 어디로 전화를 할 까 생각을 하고 있는데, 버쓰 기사 한테서 몸이 괜찮느냐고 전화가 왔다.
몸이 욱씬 거리는데 지금은 견딜만하지만, 저녁에 자고 일어나 바야 알

영화. 춘자의 사랑 이야기 최불암 안옥희

겠다그 하면서 엉겁결에 미안하지만, 돈 오만 원만 보내주면 고맙겠다고 했더니 자기는 지금 돈이 없으니, 점심 먹으러 집에 가 자기 마누라 한테 부치라고 한다고 한다.
다음에 안 사실이지만, 버쓰에서 사람이 넘어지면 기사의 책임이 있어 여러 가지 일들에 불이익을 받는다 한다.

그러나 나는 내 잘못이 많기 때문에 기사에게 부담을 주기 싫었다.
시골에 주유소를 하는 친척에게 부산에 와서 수금을 못해 경비가 없어

그러니 송금을 좀 부탁하고 서울 은행에 있는 조카에게 같은 부탁을 하고 편의점 평상에 누워 있다가 송금 확인을 해 보니 기사님 부인한테서 십만 원이 입금이 되었다.

오만 원만 넣 달라고 했는데, 고맙게도 더 넣어 주어서 기사에게 고맙다고 몇 번이고 감사 전화를 하고 영천 은혜사 법타 주지 스님을 잘 아는 터라 그곳에 가서 몸을 당분간 의탁하려고 갔었다.
주지 스님이 외국 출타 중이어서 그곳을 나와 영천 터미널 부근 여관비가 삼만 원인데 몸이 이래서 그러니 절반 값 만 오천 원에 하룻밤 재워 달라고 하니 이만 원을 달라고 해 만 오천 원밖에 없다고 하니 안 된다고 해 조금 허름한 여관에 가서 부탁을 하니 허락을 해 주었다.
하룻밤을 자고 나니 몸이 욱씬 거리고 걸음도 걷기 힘들었다.
부산 기사에게 전화를 해서 입원을 해야겠다고 해야 하나 말아야 하는 갈등이 생겼다.

어제 오만 원을 부탁했는데, 십만 원을 보낸 그의 인간성이 너무 고마워서 일주일 정도 지나면 괜찮겠지 하며 참기로 했다.
아침에 자고 일어나니 뇌경색으로 아픈데다 버쓰에서 넘어진 후유증으로 걸음걸이가 어려우며 무슨 놈의 인생이 이렇게까지 되었는가를 곱씹으며 은행에 가서 확인해 보니 주유소 아제와 은행 조카 한테서 삼십만 원과 이십만 원이 각각 입금 되어 있었다.
어제는 세 사람에게서 거절을 당했는데, 오늘은 두 사람한테 거절을 당하지 않았다.
만일 어제의 비굴한 입장을 참지 못하고 다른 생각을 했더라면 돈을 입금해준 사람들의 심정은 어떻했을까? 부탁이나 한번 해 보지 그랬느냐고 했을 것이다.
지금 생각해 보면 볼 수록 가슴이 멍멍해 지기만 한다.
"달래고개의 교훈이 나를 살렸다"

만일 내가 불귀의 객이 되었으면 송금을 부탁이나 해 보지 할 사람도 더러 있었을 것이며, 송금을 좀 해 줄 것을 그랬다고 안타까워 할 사람도 있을 것이다.
하지만, 버쓰 지난 뒤에 손 들어 바야 소용없는 일이다.
그 슬픈 남매의 이야기 달래그개가 나를 살렸다.
한 번 달래나 보지라는 말이 오늘따라 나를 울린다.

영화, 속 두 아들 신성일 문 히 윤정희

기획실 사무실에서 먹고 자고 하며 지내니 몸도 많이 좋아지고 있었다.
그런데 정들자 이별이라고 기획실 송 사장 부부가 인천에서 다른 사업을 하기 위해 사무실을 정리 하겠다고 한다.
그래서 충무로에서 사진 작업을 하는 선배에게 같이 좀 있자고 하니, 보증금 오십만 원에 월 이십만 원씩 지불하고 있으라고 한다.
인간이란 만나면 정든다고 한다.

어려웠을 때 도와준 그들 부부와 헤어지려니 자꾸만 눈물이 나오려는 것을 참고 다음에 만나기로 하고 헤어졌다.

그런데 그들이 이용하려고 사놓은 전기밥솥과 그릇 그리고 도구들을 모두 나한테 사용하라고 주어서 잘 이용하고 있다.

매일 침을 맞고 약도 하루에 세 번씩 먹다가 침은 일주일에 두세 번씩 맞고 약은 아침 식사 후 한 번씩 먹으니 경제적으로 부담이 덜 되었다.

처음 투병 생활 할 적에는 경비 부담이 많이 되었다.

그래서 약은 하루 건너뛰고 먹고 침은 친구인 원장이 반값으로 해주어 정해진 날에 맞았다.

그런데 병원에 약 처방을 받으러 가면 담당 의사는 내 어려운 처지를 모르고 왜 약을 지시한데로 먹지 않느냐고 한다.

그리고 만일 약을 규정대로 먹지 않다가 제발 해 한 번 더 떨어지면 영원히 못 일어날 수도 있다고 말을 한다.

자존심상 돈이 없어서 그런다고 할 수가 없어서 서울서 여기까지 올 시간이 없어서 그런다고 변명 아닌 변명을 하고 진료실 문을 나온다.

만일 의사 말처럼 재발해서 떨어지면 패인이 될 수도 있다는 말이 나를 무척 괴롭게 하고 내 마음을 서럽게 울린다.

서울행 무궁화호 열차를 타면 지난날 사랑하는 가족들과 같이 여행하던 추억이 묻어나 하염없이 눈물이 흘러내린다.

그래도 두달치 먹을 약을 중국산 베낭에 넣고 가니 너댓 달은 늘려 먹을 수 있겠다.

담당 의사가 약을 제대로 먹지 않으면 병이 재발할 수도 있다는 말이 나를 기차 안에서도 걱정스럽기만 하다.

꿈 많던 학창 시절 친구들과 오르내리던 무등산이 자꾸만 시야에서 멀어져만 간다.

용산역에 도착했다는 안내 방송을 듣고 정신을 차리고 열차에서 내려 승강기에 오르는데 몸이 불편한 내가 언제나 마지막 손님이다.
매일매일 다람쥐 쳇바퀴 돌리듯 세월이 가면 갈수록 마음은 바빠진다.
누가 무슨 일을 빨리하라고 채근하는 것도 아닌데 넘어진 김에 쉬어 간다는 말도 있지 않은가.

그런데 왜 이렇게 바쁘게만 살아가려고 할까?
그것은 어려서부터 앞만 보고 고삐 풀린 망아지처럼 달려온 습관 때문이 아닐까 싶다.
나는 어린 시절 가난이 너무 싫었다.
또래들이 가방 메고 학교에 갈 때 나는 서리 내린 들녘에 나가 손 호호 불며 꼴을 베어 꼴망태에 담아 쇠죽을 쑤었다. 내 키에 목발만 조금 짧은 지게를 지고 산에 가서 솔가지 마른 것이나 잡목들 이것저것 들을 주

영화. 서울공주 김형자 김주승 민복기

워 모아서 엉성하게 짊어지고 산길을 내려오면 나뭇가지와 끌텅들이 바람을 몰고 와서 꼬마 너는 지게질 하기에 너무 어리다면서 이곳저곳에서 붙잡고 때로는 넘어뜨리려 한다.

 결국은 넘어져 여기저기서 피가 나고 쓰리고 아팠지만, 아픈 것은 뒷전이고 흩어진 나무를 주워 짊어지고 마을 고살을 지나면 사람들은 귀제댁 아들이 저렇게 되었다고 수근덕 거렸다.
그리고 큰 집에 오면 처음 나무를 해서 짊어지고 오던 나무의 절반도 안 되게 부피가 줄어들었다. 이것은 길에 넘어져서 그랬던 것이다.
나무 짐 부피가 작아지면 걱정이다.
형수가 왜 나뭇짐이 그렇게 적으냐는 꾸중 들을 것이 걱정이었다.
 사실 내 나이 열두 살이면 지게 지고 산에 나무하러 다니기에는 무리였던 것이다.

영화, 방의 불을 꺼다오 문 희 치무룡 이순재

그러나 부모가 돌아가셨기 때문에 어쩔 수가 없는 노릇이었다.
나뭇짐을 짊어지고 오는 어린 조카를 본 큰 어머머님은 마음이 아파 눈길을 돌리셨다.
그런 큰어머님이 그때는 참으로 야속 했었다.
하지만, 세월이 흐른 지금 생각해 보면 며느리의 눈치를 보시느라고 어쩔 수 없으셨다는 것을 알 것 같다.
늘 어머니 같던 큰 어머님이 병든 내 마음에 그리움으로 닥아 옴은 너무 그리웁고 보고 싶음을 어쩌랴!
나는 그런 생활과 가난이 너무 싫었다.
그 가난과 서러움에서 벗어나려고 무던히도 서둘렀다.
그래서 노력하고 앞만 보고 달려왔던 것이다.
그러나 계획과 전략 없이 너무 서두르고 생각 나는데로 행동 했다.
그것이 지금의 나이다. 그리고 실패의 원이이 되었다.
철저한 계획과 전략으로 일을 했어야 옳았다.
부모 없이 머슴살이 하던 사람이 고등학교를 졸업하고 사업을 한다. 이거다.
한 말로 말해서 간이 배 박으로 나왔던 사고방식이었다.
이제 와 생각해 보니 첫사랑도 훗 사랑도 다 내 곁을 떠났다.
지금의 나는 나를 사랑해야 한다.
그것이 내 운명이고 숙명이다.

나는 지금껏 운명과 필연을 믿지 않았다.
그러나 인생살이 실패하고 병든 지금은 무엇인가에 자꾸 끌린다.
어린 시절 교회에 다녔던 나는 예수 앞에 나가서 기도를하면 그동안 쌓이고 힘들었던 일들이 북받쳐 와 많이 울 것 같다.

어떤 존재에 의해 지금 껏 살아온 것 같다.
이제라도 예수 앞에 나가 회계하라고 이런 시련을 주시는 걸까?
그리고 새사람이 되라고 이런 시련을 주시는 걸까?
예수 앞에 나가면 거듭나는 삶을 살아야 하는데, 나는 그럴 수 있을까?
만일 그렇지 못하면 당신에게 영광이 안 될 텐데 어찌하면 좋습니까?
앞으로 열심히 당신을 믿겠습니다.
제발 제발 좀 병든 내 몸을 고쳐 주소서!
하긴 병든 몸으로라도 이렇게 살아 있음은 당신의 은혜라 생각 합니다
그런데 기획실에서 총무로로 이사를 와서는 잠잘 곳이 없었다.
그곳에 소파를 구해서 놓고 잠자리를 해결할 수밖에 없었다.

영화, 오세암 김혜수 심재림

인간은 궁하면 통한다고 씨멘트 바닥에 종이 상자를 깔고 자기도 한 내가 아니던가.
인간은 환경의 지배를 받는다고 한다.
전철역에서 오고 가는 사람들 시선을 받으며 노숙하는 것보다 훨씬 편안했다. 다행히 사무실을 같이 쓴 분이 나보다 나이가 많아서 이해심이 많았다.
그리고 남산이 가까이 있어서 틈틈이 산책을 하며 운동을 할 수 있어서 좋았다.
가난에서 탈출하려고 지금껏 살아왔는데, 병이 들었다고 포기한 채 하루하루 보낸다는 것은 괴로운 일이었다.
다행히 다른 사진작가들의 작품집을 만들어 주고 그 수입으로 임대료 내고 치료비와 약값 그리고 생활비를 쓰고 얼마간의 저축을 하며 살아갈 수 있다는 것은 펙 다행한 일이었다.
하지만, 이렇게 시간을 허비한다는 것은 아니라는 생각이 나를 일깨운다. 만일 이런 생활을 계속하다간 가난에서 벗어나지 못하고 인생 말년을 초라하게 보내야만 할까?
이것은 아니라는 결론을 내렸다.
그렇다고 무거운 책을 들고 다니며 사진관으로 팔러 다니기도 어려운 일이다. 지금 내 처지에서 할 수 있는 일이 무엇일까를 생각했다.
그러던 중 한국사진작가협회 초대작가인 조준환 씨가 반평생 촬영해온 〈한국의 텃새〉라는 책을 만들어 달라면서 자기가 책 만들 돈이 부족하니 책을 더 많이 만들어서 나 더러 판매를 해서 돈을 보태 주라고 한다.

조준환 작가의 사진 작품들을 보니 괄목할 만한 것들이 많이 있었다.
특히 뻐꾸기가 남의 둥지에 알을 낳는 순간들을 포착해 촬영 한 것들은 압권이었다. 나는 조작가와 평소에도 인간적인 교류가 있었다.
조금도 가식적이거나 꾸밈이 없는 순수한 작가다.
사진 작품 또한 품성대로이다.
작품집을 잘 만들어 조작가에게 주고 내 몫으로 오백 권을 받아 전국 사진 동아리에 몇 권씩 판매를 해 돈 천만 원을 만들 수가 있었다.
배운 것이 도둑질이라고 돈이 생기면 책 만들기에 올인을 했다.
책 만드느라 이만큼 고생했으면 그만 만들면 될 텐데 천성이 그런 걸 어쩌란 말인가?
아무튼 돈이 생기면 책을 만들어야 마음이 편했다.
책에 대한 좋은 자료가 있으면 속된 말로 밥을 굶어도 그 자료를 구해서 책을 만들어야 적성이 풀렸다.

바리담의 당나귀

바리단의 당나귀라는 우화가 있다. 이 가공의 당나귀는 양쪽의 분량이 똑같은 건초더미 중간에 있으면서 배는 고픈데 어느 쪽의 건초더미를 먹어야 할지 망설이다가 끝내 굶어 죽고 만다는 우화이다.
당나귀는 좌우의 건초더미가 똑같기 때문에 이걸 먹을까 저걸 먹을까 망설였다.
이 당나귀는 살기 위해서는 어느 쪽의 건초라도 먹었어야 했다.

결국 당나귀는 자기가 좋아하는 건초를 양쪽 다 버리고 싶지 않아서 망설이다가 끝내는 굶어 죽고 말았던 것이다.

사업은 선택의 순간, 즉 타이밍이 중요하다.
사업이 잘되지 않은데, 어떻게 잘 되겠지 하고 망설이다가 타이밍을 놓치고 바리담의 당나귀가 굶어 죽듯이 사업도 망하고 만다.
어떤 경우라도 사업을 시작했으면 최선을 다해 실패해서는 안 된다.

영화, 안개낀 초원 고은아 문 희

♪ 감옥이 천국입니다

두 주먹 불끈 쥐고 이를 악물고 열심히 해 자기가 추구한 것을 성취해야 한다.

인생은 사업이다. 실패하면 그 인생은 끝장이고 패자가 되고 만다.
패자 부활전은 없고 주위의 싸늘한 시선만이 있을뿐이다.
만일 실패 했더라도 신이 실패할 기회를 주셨으면 성공할 기회도 주실 거라고 믿고 다시 도전하여야 한다.
어쩔 수 없이 부도를 내야 할 경우에는 바리담의 당나귀처럼 망설이지 말고 과감하게 부도를 내 버리란 말이다.
부도를 내면 세상이 끝날 것 같지만, 막상 부도를 내면 빚에 시달리지 않으니 그렇게 홀가분 할 수가 없다.
사업이 망해 빚 정리를 하려거던 주변 즉 가까운 사람부터 갚아야 한다. 그래야만 다시 사업을 할 때 돈을 빌릴 수가 있을뿐 아니라 일가친척 모임에도 참석할 수가 있다. 그리고 사업하는 사람은 "저 사람 참 좋아"라는 말을 들어서는 안 된다.
모질고 독하고 바늘로 찔러도 피 한 방울 나오지 않을 사람이라는 소리를 들어야 한다.
그렇지 못한 나약한 사람은 애당초에 사업할 생각은 말아야 한다.
그렇지 않으면 처자식 데리고 비참한 길거리 인생이 될 수도 있다. 노태우 정부 시절에 우리나라 중소기업 최고 산업훈장까지 받은 K씨가 있다.
한때 우리나라 K산업의 상무와 방계 회사의 대표 이사까지 하다가 사표를 내고 경기도 광주에 100억 여억원을 투자해 자동차 부품 회사를 설립해 운영하다가 2,000만 원이 부족해 부도를 내고 말았다. 부도를 내기까지의 K씨의 심정은 어떻 했을까?

막상 부도를 내기 전까지 걱정스럽지만, 부도가 나면 마음은 홀가분 해진다.
그 이유는 법의 처분을 기다리며, 최악의 경우 징역을 살 것이라는 체념을 하고 징역을 살고 죄값을 치르면 된다.
그래서 마음 착한 사람은 절대 사업하지 말라고 거듭 강조하는 바이다.
K사장은 사진에 취미가 있어 나와 같이 사진 동아리 활동을 했다.
그러던 중 사업을 한다는 말을 듣고 사람이 너무 정이 많다는 것을 알기에 염려스러웠다.
K사장은 K대 경영학부 출신이기에 잘해 나가겠지 하고 한동안 연락이 없이 지내다가 신문 가판대에 있는 주간지 표지를 K사장의 자살 사건이 장식하고 있었다.
너무나도 충격적이여서 기사를 자세히 읽어 보았다.
자동차 부품 회사를 설립해 운영하다가 자금이 부족해 이곳저곳에서 빌리고 은행에서도 빌릴 만큼 빌려 돈줄이 한계에 이르렀다.
게다가 부품 납품을 받아 주겠다던 기업은 견제를 하고 은행에서는 2,000만 원을 대출해주겠다고 했다가 결제 당일에 담보물이 부족하

영화. 있지않아요 비밀이에요 최수종 하희라

♪ 감옥이 천국입니다

다고 대출을 해주지 않아서 결국 부도를 내고 말았다.

K사장은 부도가 청천병력과도 같았다. 모든 재산에 압류 딱지가 붙어서 처자식을 데리고 갈 곳이 없어졌으니 하늘이 무너진 것 같고 우선 자존심이 상할 대로 상했 던 것이다.

K사장은 삶의 의욕을 잃고 K대 00학번 동기들에게 자식들 교육을 부탁한다는 유서를 남기고 사랑하는 처자식을 남겨 두고 자살이라는 극단적인 선택을 하고 말았다.

K 사장의 자살 뒤 대통령이 직접 나서서 진상 조사를 하고 대출 담당자를 징계 조치했지만, 사람이 죽은 뒤에는 버스 떠난 뒤 손 들어 바야 아무 소용 없는 일이었다.

영화, 바람 부는 날에도 유인촌 외 다수

생을 가감하기 전 가족을 한 번쯤 생각 하였드라면 하는 아쉬움이 남는다.

얼마나 자존심이 상했으면 사랑하는 처자식들과 주변의 지인들이여 안녕 했을까?

감옥에서 출소 후 송사리 빚을 갚으려고 전국을 다니면서 사진책을 판매했다.

그런데 빚쟁이들이 집을 찾아와 가족들을 괴롭히기를 한다.

붉은 찔레꽃

나만 집을 나가면 집안이 평안할 텐데 갑자기 마땅히 갈곳이 없었다. 그런데 어느 날 아침 집을 나오려는데 아내가 집에 들어오지 말라고 한다 만일 집에 들어오면 경찰을 부르겠다고 한다.

그 말을 듣는 순간 현기증이 들었다. 왜 그러느냐고 묻기 전에 나로 인해 집안이 빚쟁이들 때문에 편할 날이 없기에 그렇다는 걸 알지만, 아무리 그렇다고 사전에 의논 한마디 없이 집을 나가라는 것은 기가 막힐 노릇이었다.

아무리 그렇다 해도 경찰을 부른다는 말에 쓰다 달다 말 한마디 없이 입던 옷 그대로 집을 나오고 말았다. 사랑하는 아내 입에서 그런 말이 나올 줄이야 정말 몰랐었고 충격적이었다.

집을 나와 몸에 병이 들어 25년여간 넘는 세월을 사랑하는 가족들과 헤어져 기막힌 생활을 지금껏 하고 있다.

어린 시절부터 고생은 이력이 붙었다고 하지만, 몸이 아픈 생활은 정말 죽으리만치 힘든 일이다.

그리고 때에 따라서는 타인들에게 피해를 주기도 한다.

부산에서 뻐쓰를 타고 가다가 넘어져 많은 고생을 한

하트 가즈라

이야기를 앞에서 했다.

강원도 안흥 찐빵으로 유명한 곳에 책값 수금을 하러 갔다가 수금을 못하고 돌아오는 뻐스를 타고 원주에서 서울행 기차를 타려고 뻐쓰에서 내리는데. 부산에서처럼 운전수가 차를 정지하려고 부레이크를 밟는 순간 한쪽이 마비가 되어 힘이 없어서 넘어지고 말았다.
넘어지면서 크게 다치겠구나 생각하는 순간. 머리에 부드러운 것이 부딜쳤다. 순간 여인의 비명소리가 들린다. 정신을 차리고 보니 내리려고 차 문 앞에 서 있던 여인의 허벅지 사이를 들이 받았던 것이다.
여인의 양 다리 사이의 쿠션이 위험을 막아 주었지만. 여인은 무척 아픈 모양이었다. 버쓰에서 내린 여인은 양다리 사이를 만지며 앉아 있는데. 그 옆에서 한 여인이 배꼽이 빠지게 웃고 있었다.

웃고 있는 그녀는 어머니였다. 순간 치료 비가 걱정이 되어서 안절 부절 못하그 있는데. 오히려 여자가 나더러 괜찮으세요 한다.
그리그 챙피 한지 자리를 피한다. 참으로 고마운 여인이다.

나는 울고 말았지요

세월은 흘러 입동이 지나고 초겨울에 접어들었는데 마땅히 있을 곳을 찾아 이곳 저곳을 돌아 다니던 중 명보 극장 앞 5거리 가로수 잎들은 계절의 흐름을 어찌하지 못해, 그냥 두어도 떨어질텐데 찬 바람은 불어 한 잎 두 잎 정든 가지를 떠나 비가 내린 아스팔트 위를 치근덕스럽게 나뒹굴고 있다.
어쩌면 잎들이 내 신세와 비슷 하다는 생각을 하며 극장 뒤를 걸어갔다. 그곳 3층 건물에 같이 있을 세입자자를 구한다는 글이 창문에 써 있다.

수련꽃

그곳에 들어가 보니, 부부간에 기획실을 하고 있었다.

그들은 같이 있으려면 보증금 백만 원에 월 20만 원씩 내라고 한다. 그래서 부부와 같이 앉아 내 어려운 처지를 솔직하게 말하면서 보증금과 월세를 열흘만 기다려 주라고 했다.
안 된다고 할 줄 알았는데, 내 처지가 딱해 보였는지 그렇게 하라고 한다.
막상 있을 곳은 정했지만, 돈도 주지 않으면서 저녁에 잠까지 자겠다고 하면 거절 할 것이 너무 뻔한 것 같아 찜질방에서 생활하면서 돈을 마련하려고 했다.
생각해 보니 내 신세가 참 처량했다.
한 가지 일을 해결하면, 한가지 또 다른 문제가 생기고, 그야말로 산넘어 산이다.
 아니, 산넘어 산이 아니고 바다이니 운명인지 팔자인지 기가 막힌 일이었다. 그렇다고 어려운 신세타령만 하고 있을 수 없는 노릇이었다.
대한극장 앞 찜질방을 들어가려다가 대한극장을 간판을 보니 계절 탓인지 곤궁한 내 처지 탓인지 지날 날 사귀던 S와 같이 "미워도 다시 한번"이라는 영화를 보았던 기억이 생각이 났다.
찜질방 갈 돈으로 극장엘 들어갔다.

영화가 끝나면 이곳 따뜻한 곳에서 하루 저녁을 보내려고 했다.
영화가 끝나고 청소를 할때에 한쪽 의자 밑에 숨어 있다가 청소가 끝나면 자려고 했다.
청소운들에게 들켜서 쫓겨 나고 말았다. 이왕에 들어온 것 하룻밤만 자자고 사정을 해도 자기들이 징계를 당해 입장이 곤란 하다고 거절을 한다.
나는 동기들 보다는 고등학교를 3년 늦게 다녔기 때문에, 3년 아래인 S와 나는 한 학년이었던 것으로써 2년간을 모임으로 사귀었던 것이다.
군대 생활을 하는 곳 28사단까지 면회를 자주 왔으며 매월 현대문학을 구입 해 보내주기도 했다.
정말 전형적인 한국의 순박한 여인상이었다.
제대 후 그녀가 뒷바라지를 해줄터이니, 문학에 소질이 있으니 국문학과를 가라고 한다.
어린 시절부터 가난에 찌들어 많은 고통을 당했기 때문에 거절을 하고 사업을 시작 했었다.
첫 시작이 출판업에 뛰어들었다.

지방에서 판매 사업을 하면서 거래처들이 어려움을 호소하면서 도와 달라고 하면 거절을 못하고 선 수표와 어음을 끊어주고 빌려주고 한 결과로 부도를 내고 말았던 것이다.
앞에서도 말했듯이 마음이 여린 사람은 사업을 하지 말라고 했다. 나라는 사람은 애당초 사업을 해서는 안 되는 사람이었었다.
결혼 적령기에 그녀와 결혼을 했으면, 내 인생이 지금처럼 어려움에 처해 있지는 않 했을 거라 생각을 해본다. 결혼 거절의 조건은 홀어머니 딸이여서 라는 말도 되지 않는 파렴치한 이유였다.
몸도 마음도 다 준 그녀의 저주가 혹여 퍼부어졌는지도 모를 일이다.
초겨울이라 날씨가 쌀쌀한데 찜질방 갈 돈으로 영화를 보았으니 어찌해야 할 것인가. 진양상가 계단에서 하룻밤을 신세 질 수밖에 없었다.

날씨만 따뜻하면 아무 곳에서나 하룻밤 신세 지면 되지만, 한쪽이 마비된 뇌경색 환자는 추위는 피해야 한다. 자칫 잘못하면, 다시 재발하는 경우가 있다고 주의를 하라고 의사는 말한다.
몸을 생각할 겨를도 없이 진양상가 으슥한 계단을 찾아 몸을 뉘였다.
정말 몸이 덜덜 떨린다. 그러면서 몸이 굳는 것 같다.

그 고충이란 말로 표현키 어려 울뿐더러 글로 옮기기도 너무 서럽다.
옷만 좀 따뜻하게 입었어도 괜찮을 텐데 집에서 마누라가 들어오면 경찰을 부른다는 말에 입던 여름옷을 입고 지금껏 버텨왔다. 경찰이 무서워서가 아니라 사랑하는 아내의 말이 하도 기가 막혀서 이다.
그나저나 사무실 보증금과 월세를 마련할 것이 급한 일이었다.
사진관 하는 성남 사진관 서태진 지부장이 생각이 나서 전화를 했다.
책을 팔다가 몸에 병이 들어서 판매 활동을 제대로 못해서 그러니 만나서 의논을 하자고 하니 쾌히 만남을 허락한다.
몸에 병들고 못 먹은 탓인지 걷기가 무척 힘들다.
성남까지 갈 일이 걱정이다. 그것도 8km나 되는 책 한 세트를 들고 말이다.

책 한 셋트를 성남까지 들고 가기란 정말 힘든 일이었다.
서 지부장을 만나서 사진관에 필요한 촬영 기법으로 회원들에게 필요한 자료이니 소개를 해 달라고 간곡히 부탁을 했다. 그러면서 가지고

폭포와 찔레꽃〈허브빌리지〉

간 책을 그에게 기증하며 몸이 불편해 책을 들고 다니기가 불편하니 회원들 모임 날 책을 견본으로 좀 가지고 오면 고맙겠다고 하니 그러겠다고 했다. 그리고 사무실에서 기다리고 있으니 언제 오라는 날자를 알려준다.

오라는 날짜에 분당 미금 전철역 부근의 00사진관으로 오라고 한다. 염려스러워 기증한 책을 회원들에게 보여주게 가지고 오라고 했다. 그랬더니 책을 누가 와서 가져가버렸다고 한다. 내 몸도 움직이기 힘든 상태인데, 무거운 책을 들고 성남까지 갈 것이 걱정스럽다.

7~8개월간을 밥하고 김치만 먹다가 여관을 나온 후로는 밥을 먹을 때보다는 굶을 때가 더 많았으니 몸이 쇠약해 질대로 쇠약해진 상태였다. 서울에서 성남을 가려면 4호선 전철을 타고 가다가 수서역에서 갈아타야 한다.

눈이 내린 초가집과 장독대

무거운 책을 들고 계단을 오르내리려면, 눈알이 빙빙 돈다는 표현이 어울릴 것 같다.

지나가는 사람들 중 누가 좀 책을 들어다 주면 좋을텐데, 모두들 바쁘니 개 바위 지나가듯 보고만 무정하게 지나들 간다. 계단을 힘들게 쉬었다 가는데 어린애를 업고 걸리고 하는 아주머니 한 분이 내가 좀 들어다 드리죠 뺏다시피 하여 들고 간다.

그런데 신기하게도 방금 전까지 등에 업은 동생 대신 자기를 업어 달라고 칭얼대던 녀석이 울음을 그치고 나를 쳐다보며 같이 나를 따라와 준다.
그 아이도 힘들게 가는 나를 보고 마음이 동요 했을까?
계단을 다 오른 아주머니는 기다리고 있다가 어디까지 간 줄은 모르지만 택시를 타야겠다고 한다.
백번 천번 택시를 타고 싶지만, 주머니가 비어 있다고 말할 수도 없었다.
따라오던 꼬마 녀석은 나를 쳐다보고 있다. 몇 천 원이라도 있으면 주면 좋았을텐데 그러질 못했다.
그녀석도 이제 제법 자랐으리라 생각을 하며, 그 때를 생각하면, 눈시울이 적셔온다.
전철에서 나와 서 지부장 차를 기다리며 도로가에 서 있으니 여름옷을 입고 있으니 해거름이라 찬 바람이 품안으로 파고드니 몹시 추웠다.
한참을 서 있으니 서 지부장이 와서 그의 차를 타고 분당의 모 사진관으로 같이 갔다.
그곳에는 사진관 대표들이 먼저 와서 돼지고기와 술들을 먹고 있으면서 나더러 술을 권한다.
술을 못 먹는다고 하니 그러면 돼지고기라도 먹으라고 했다.
마음 같아서는 체면 불구하고 돼지 고기를 넙죽넙죽 먹고 싶지만, 책이 팔려야 사무실 보증금과 한달치 월세를 낼 수 있다는 걱정 때문에 먹지 않고 한쪽에 꿔다놓은 보릿자루처럼 우두커니 앉아 있으니 모인 사람들은 도대체 무엇 하는 사람인가 하고 힐끗힐끗들 쳐다들 본다.
이때 서 지부장이 회원들이 더 이상 오지 않을 모양이라고 하면서 나를 그들에게 소개를 하면서 책 소개를 하라고 했다.

평소 때 같으면 책 소개를 매끄럽게 할텐데 말 그대로 춥고 배고픈 나로써는 매끄러운 말이 안 나왔다. "이 도서는 여러분의 스튜디오〈사진관〉에서 촬영 하는데, 필요한 자료로써" 한 셋트에 30만 원인데 치료비와 약값을 하려 하니 한 셋트에 15만 원씩에 드리겠으니 필요하신 분들은 주문해 주시면 내일 택배로 보내 드리겠습니다.

이때 한 사람이 나는 30만 원에 당신 판매 사원에게 구입 했오하니 옆에서 나도 하면서 30만 원에도 샀는데 필요한 책이니 한 셋트씩 구입들 하지 그래 한다.
그런데 꽁지 머리를 한 사람 한 명은 내가 전임 성남 지부장이오 하면서 나는 15만 원 보다 더 싸게 구입했오 한다. 큰일이나 책을 팔아야 하는데 방해꾼이 생겨서 경원대학교 이교수에게 20세트를 카드로 급해서 판매한 것을 구입한 모양이다. 그런데 누구 한 사람 더 싸게 달라고 하는 사람이 없고 내가 말한대로 구입들을 해준다.
20명 모인 사람 중 판매 우리 판매 사원에게 두 사람이 구입하고, 꽁지 머리와 기증한 지부장 그리고 나이가 들어서 사진관을 폐업 한다는 두 사람을 제외하고 전원 구입을 해 주었다.
견본을 가지고 나올려니까 한 회원이 가지고 갈려면 힘드니 견본을 자기를 달라고 하면서 15만 원을 준다. 그리고 다른 사람이 책을 받지도 않고 돈을 준다.
참 인생사 모를 일이다.

몇 시간 전 까지만해도 몇 천원이 없어 쩔쩔 메던 인생 거지가 이백만 원이 넘는 돈이 생긴다니 꿈만 같았다. 선금받은 돈 중 십만 원을 회식비에 보태라고 총무에게 주고 회원들에게 고맙다고 인사를 하고 계단을 내려오려고 하는데, 울음이 주체할 수 없이 나온다.

우는 내 모습을 본 총무가 미금역까지 차로 데려다 준다고 하며, 미금역에 도착한 총무는 자식들이 없느냐고 하면서 울음을 닦으라고 화장지를 준다.

그리고 오늘 모임에 참석하지 않은 회원들에게도 소개를 해 준다고 한다. 모인 사람들 거의가 책을 사준 것은 값이 저렴하고 필요해서이기도 하지만, 어려운 내 처지를 보고 이 사람을 도와주지 않으면 안 된다는 인간적인 배려가 아닐까 싶다.

그런데 꽁지 머리는 뭐 잘났다고, 동냥은 못주드라도 박작은 깨지 말라는 속담도 있지 않느냔 말이다.

인간은 모든 것이 만남으로 이루어진다.

내가 그들을 만나 어려운 처지를 굳이 장황하게 설명하지 않아도 행색과 물기 묻은 두 눈에서 모든 것을 읽었을 것이다.

세상에는 잘난 사람과 못난 사람이 더불어 살아간다.

나처럼 병들고 보잘것없는 사람을 외면하지 않고 도와

해당화

주어 지금은 몸도 많이 좋아지고 글도 이렇게 쓰고 있음이 신의 은총이다
거듭 말하지만. 누가 이 세상이 인정과 사랑이 메말다고 하는가?
"그 때 사진관 대표님들 참 고마웠습니다"
이제 나는 "광화문 4거리에서 쨍하고 해 뜰 날이 돌아온단다"
아니 김양의 "우지마라"를 불러야겠습니다.
이튿날 책을 택배로 보냈더니 한 사람도 빠짐없이 책값을 입금해주었다. 우선 입금된 돈을 찾아 보증금과 한달 월세를 지불 했다.
그리고 부부간에 소파에 앉아 있기에, 여기서 저녁에 잠을 잤으면 하는데 어떻겠느냐고 물었다.
또한 부부가 점심을 해 먹으려고 냉장고와 식사 도구들을 사다 놓고 이용을 안 한 것 같아서 이용을 좀 했으면 한다고 했더니 남편은 대답을 하는데 여자는 벌레 씹은 듯 인상이 별로 좋지 않았다.
결국 여자는 한 손으로 어떻게 밥을 해 먹으려 하느냐고 물었다
그래서 살려면 어떻게든 밥을 해 먹어야 할 것 아니냐고 하니 고개를 끄덕였다.
여자의 기분을 맞추려고 앞으로 출판 할때 편집일과 다른 곳에서 인쇄일도 주문을 맡아 주겠다고 하니, 여자의 기분이 좀 풀린 것 같았다.
우선 남대문 시장에 가서 입을 옷과 속 내의와 코트를 샀다.
그리고 싸우나에 가서 이발과 목욕을 하고 나니 몰골만 앙상 했지 외관은 괜찮은 것 같았다.
얼마 전까지만 해도 돈 몇천 원이 없어서 쩔쩔메던 사람이 잠잘 곳과 사무실이 준비됐으니 이 세상에서 부러 울것이 없는 것 같았다. 그동안 소원했던 사람들에게 찾아가면 일부는 도움을 청하려온줄 알고 얼굴빛이 별로 좋아 보이지 않게 보였다.

몸이 아프다는 말을 들었는데 요즘 몸이 어떠냐고 묻고 때가 되었으면 밥이라도 사 주고 헤어지면서 용돈이라도 몇만 원씩 주면 정말로 좋았을텐데 그러지를 않는 사람들이 많이 있었다. 참으로 야속한 사람들이었다.

인간의 정이란 그런 것이 아닌데, 왜들 그렇게 무정들 했을까를 생각해 본다.

하긴 누구를 탓하랴 내 자식들도 본체만체 지금껏 만 원짜리 한 장 안 주더이다.

이 말을 쓰는 나 자신은 부끄러워 땅속이라도 들어가고 싶으이다.

 어려울 때 베풀어준 사람들도 더러는 전화를 하면 몸이 좀 어떻느냐고 물어야 할텐데 왜 전화 했느냐고 묻는 사람도 있습디다.

전화를 끊고 춥고 배가 고파서 도움을 좀 받으려고 한다고 말을 했으면 어떻했을까를 생각해 본다. 나는 모든 것을 감수 해야 합니다.

왜냐구요? 내 자식도 본체만체 외면하고 연락을 끊더라고요. 그러니 누구에게 내 처지를 말하리오까? 생각하면 생각 할 수록 피눈물이 난 걸 어쩌란 말이니까? 몸에 병이들어 아무리 어렵고 힘들어도 자존심 하나로 버티며 살았습니다. 심지어는 내 가족에게까지도 손을 벌리지 않고 없으면 굶고, 잘 때가 없으면 노숙을 했을지라도 누구에게 내 곤궁한 처지를 말하지 않고 견뎠습니다. 을지로 2가 전철역에서 노숙을하다가 사진작가 류재정 교수를 만났었지요. 웬만한 사람 같으면 못 본 척 외면하고 갔을텐데 붓잡고 자기 집으로 가자고 합디다 그려!

대학에 강의도 나가며 상업사진 스튜디오를 하면서 틈틈이 사진 촬영을 배우며 정말 인간 선배로써 존경을 받을만한 교수님이십니다.

사모님도 잘 아는 처지라 이런 모습으로 어떻게 가겠느냐고 하며 거절을 하니 자기 주머니에 있는 비상금 12만 원을 주면서 내일 으겠다고 하십디다.

돈은 춥고 배가 고프니 받을 수밖에 없었다. 그리고 노숙 장소를 다른 곳으로 옮길 수밖에 없었다. 한 번은 파주에 보기 드문 꽃이 피어 있다고 방송한 것을 보고 같이 촬영을 갔었다.

촬영을 하고 일상으로 돌아와 생활을 하다가 그분의 스튜디오에 들렸더니 꽃을 촬영하던 밭 여자 주인이 와 있었다.

말을 하자면 호탕하게 남자답게 생겨서 여자들이 선호하는 타입이어서 흔한말로 꼬신 모양이다.

아무튼 여자고 남자고 조금 생김새가 남다르면 서로 간에 그렇고 그런 모양이다.

항상 소탈한 모습으로 형님 형님 하면서 농담을 해도 또 새끼 까분다 하며 웃으시던 모습을 지금은 볼 수 없음이 못내 아쉬울 뿐이다.

인생사 모른다더니 싸우나 탕에 가서 목욕을 하는데 한쪽이 마비된 나로써는 때를 밀 수가 없었다. 아버지와 함께 온 중학생에게 자기 아버지가 다른 곳에 갔을 적에 등을 좀 밀어 달라고 했다.

때를 밀어주던 중 그 학생의 아버지가 왔다. 왜 남의 귀한 자식에게 때를 밀어주라 하느냐고 할 줄 알았는데. 아들을 보고씩 웃고만 만다.

중학생이라 등을 문대는 시늉만 했다. 때 밀기를 끝낸 학생에게 너 오늘 자원봉사 한 거야 했다 그랬더니 엷은 미소를 흘려 준다. .

한 번은 책을 팔러 가면서 책이 무거워 걷기에 힘이 들어서 너댓 명이 걸어가는 중학생 중 한 명에게 책을 좀 들어다 달라고 했다. 한 녀석이 싫은 기색 없이 뻐쓰 타는데 까지 들어다 주길래 헤어지면서 "너 오늘 자원봉사 했어" 했더니 이녀석들이 자기들끼리 그녀석 머리를 때리기도 하그 만지기도 하고 한바탕 어우러졌었다.
그 당시 학교에서 의무적으로 자원봉사 정신을 가르치려 전철역에서 노약자들과 장애인들을 돌보는 일들을 한다. 그 학생들을 머리를 쓰다듬어 주면은 열이면 열이 수줍어하면서 미소를, 그것도 아주 아름답게 짓는다. 우리 모두 미래의 새싹들을 보면은 미소를 한 번쯤 보여주는 것은 어떨까 싶다.

참으로 오랫 만에 목욕을 하고 식당에서 설렁탕 한 그릇을 먹고 나니 온 세상이 내 것 같은 기분이 들었다.
그리고 일정한 거처가 없이 떠돌이 생활을 하다가 거처가 정해지고 시장에서 부식을 사다가 밥과 같이 먹기를 한 열흘 정도 지나니 몰골이 앙상한 얼굴은 차츰 살이 붓기 시작하고 몸 건강 상태도 좋아져 가고 삶의 의욕도 생겼다. 가끔은 사무실 사장 부인이 밑반찬과 김치 등을 가져다 주어 맛있게 먹었다. 같이 있는 사장과 부인에게 같이 식사를 하자해도 거절을 한다.

지금 생각해 보니 그럴만한 이유가 충분히 있었다.
왼쪽 한 손으로 그릇을 씻으면 그릇이 빙글빙글 돌아버려 깨끗하게 잘 씻어지지 않는다.
그리그 밥을 먹은 다음 그릇과 수저 등을 냉장고에 넣어 놓았다가 다음 밥때가 되면 그걸 이용하니 그런 식사를 그 누가같이 먹고 싶겠는가? 지금 와 생각하니 고마운 부부에게 미안하고 또 미안한 마음뿐이다.

가난이 중풍을 낫게 하였다

프랑스 사상가 장 자크 루소(1712~1778)는 철학자처럼 사색하고 농부처럼 일하라고 하였다. 바꾸어 말하면 철학자의 지혜와 농부의 근면을 배우라는 말일 것이다.
인간의 일생을 모래시계에 담긴 모래라고 한다면 그 시계의 맨 위에는 모래가 많이 담겨 있어 이 모래가 일정한 속도로 가늘고 긴 가운데 구멍을 통하게 된다. 그런데 한꺼번에 너무 많은 모래를 통과시키려고 하면 구멍은 막히고 시계는 고장나고 만다.

내 삶을 모래시계에 비유하면 나는 가난을 단번에 탈피하려고 무작정 성급하게 덤벼들어 모래시계의 구멍이 막힌 것처럼 하는 일들도 망하고 몸에 병이 들어 인생 말년의 어려운 기로에서 허덕이고 있다. 날마다 책을 판매하여 빚 갚기에 여념이 없는 생활을 하다가 휴일에 땡빛 그녀와 함께 지리산을 등반하려고 노고단 휴게소 주차장에 차를 두고 정상을 오르려는데 이상하게 몸에 기운이 없고 오른쪽 팔다리가 전 같지 않게 힘이 없는 것 같았다. 평소에 운동을 하지 않고 차만 타고 다니니 그렇다고 생각하고 별로 대수롭지 않게 생각했다. 그런데 도저히 산을 오를 수 없었다.
그래서 그녀만 산에 오르게 하고 나는 길옆에 앉아 산을 오르내리는 사람들을 바라만 보면서 지난날 지겹도록 보았던 잡목들과 풀들을 보면서 있으니 나뭇가지 사이사이를 다니며 지저귀는 새 소리를 듣고 향긋한

풀냄새를 맡으니, 자연은 보면 볼수록 참 오묘하다고 느껴졌다. 그리고 지겹도록 나무와 풀짐을 지고 다니던 지난 어린 시절이 이제는 세월 따라 아득한 추억으로 새롭게 마음을 두드렸다.

옛날 고향에서 등짐 진 기억을 더듬다가 지루해 차 있는 곳으로 내려와 그녀를 기다렸다. 그녀는 월요일부터 애들을 보아야 하기 때문에 순천역에서 새마을호로 상경하고 나는 오른쪽 팔다리에 힘이 없는 것을 잊고 여느 때처럼 세미나에 참석하지 않은 순천 사진관 영업주들을 방문하여 책을 팔았다.

순천서 일을 마치고 광주로 가는 중간에 친척이 하는 주암땜 아래 해오름 주유소에 기름도 넣고 인사도 할 겸 그곳에 갔다. 친척 사장이 자판기에서 커피를 뽑아주어 마시려는데, 오른손이 갑자기 힘이 빠져 커피를 옷에 쏟고 말았다. 친척분이 빨리 병원에 가보라고 했다.

야율서환〈夜栗庶丸〉

이것이 뇌경색의 전조 증상인데, 그걸 모르고 운동이 부족해서 힘이 없다고 생각했다. 그날이 토요일 오후여서 모처럼 피로도 풀겸 항상 다니던 광주 여관에서 쉰 뒤 다음 월요일에 병원에 가려고 마음먹었다.

일요일 저녁에 평소처럼 텔레비전을 보다가 잠을 자고 아침에 일어나려고 하니 내 몸을 내가 마음대로 움직일 수가 없었다. 순간 꿈인가 생각

영화, 마지막 밤의 탱고, 이대근 서 희

하다가 몸을 움직여 봐도 자유롭지 못했다. 아, 올 것이 왔구나 싶어 여관 전화 0번으로 주인에게 말을 하려니 말도 어눌하여 잘 나오질 않았다.

계속 전화 0번을 누르면서 어눌한 말로 "여보시오" 하니 주인이 와서 웬일이냐고 했다. 주인은 나를 보고 상황을 파악하고, 광주기독병원이 여관에서 가깝기도 하지만, 원장이 친구이니 그곳으로 데려다 달라고 하였다.

의사가 나를 대충 살펴보더니 중풍(뇌경색) 이라며 빨리 입원 수속을 밟아서 3시간 안에 치료하지 않으면 안 된다고 했다. 그리고 병원에서는 보증인이 보증을 서지 않으면 치료할 수 없다고 했다.

즉 보증인이란? 만일 환자가 병원비를 못 냈을 때를 대비해서이다.

입원 담당에게 우선 시간을 다투는 일이니 응급치료부터 하고 보증인이 오면 입원 수속을 하자고 해도 담당은 무표정한 얼굴로 들은 척도 하지 않고 자기 일만 했다.

나는 부모님을 일찍 여의고 항상 경황없이 이리 뛰고 저리 뛰면서 어려운 일들을 해결하며 살아왔다. 그런데 이때처럼 절망해보기는 처음이였다. 좋을 때는 남이고 나쁠 때는 가족이라는데, 가족에게 외면당하는 신세이니 누구에게 보증을 서달라고 한단 말인가. 생각하면 생각할수록 환장하고 속 터져 미칠 지경이었다.

광주에 가까운 친척이 살고는 있기는 있는데 보증을 부탁하여서 서주면 다행이지만, 거절하면 시간만 허비한다. 그리고 병든 사람의 병원비 보증을 섯다가 내가 지불을 못하면 보증인이 덤태기를 쓸 수도 있는데, 말이다.

이 생각, 저 생각을 하다가 불현듯 병원 송원장이 생각나 원장 선생님을 불러달라고 입원 수속을 하는 해결사 같은 직원에게 부탁을 했다.

원장 비서실 미스 송이 와서 나를 보고 깜짝 놀란다. 광주에 오면 원장 얼굴도 보고 내가 출간한 책도 팔고, 그런 관계로 비서실 미스 송을 잘 알고 있는 처지였다.

원장님이 회의 중이어서 대신 왔느냐고 물었더니, 원장님은 부산 세미나에 가셔서 내일 오신다고 했다.

순간적으로 원장 비서가 이 둔제를 해결해주지 않으면 나는 영원히 회생 불능으로 투병 생활을 하다가 저세상으로 가겠구나

비수옥〈緋繡玉〉

하는 생각이 들어 염치 불구하고 물에 빠진 사람 지푸라기라도 붙잡는 심정으로 "미스 송" 미안 하지만 입원 보증 좀 서 주세요.
아시다시피 지금 시간을 다투는 일인데, 병원에 온 지 벌써 두 시간 가까이 지났네요" 했더니 옆에 스포츠머리를 하고 인상이 빚쟁이 해결사처럼 생긴 입원 담당 계장이 병원 내규상 직원은 입원 보증을 못 서게 되어 있다고 메몰차게 말을 가로챘다.
그러는 사이 미스 송은 이렇다 저렇다 말 한마디 없이 가버렸다. 이제 내 인생도 끝났구나 싶어 차라리 죽어버리는 것이 낫다는 생각이 들었지만 죽기가 어디 그리 쉬운 일인가.

지금까지 앞만 보고 많은 사람들에게 신세만 지고 살다가 이렇게 비참한 생의 마지막 지점에 도달했다고 생각하니 눈물이 감당할 수 없이 흘렀다.
한 참 울고 있으니, 주변 사람들이 오고 가며 쳐다보았다. 자리를 옮기려 해도 한쪽이 마비되어 움직일 수 없는데, 보호자가 없으니 이리저리 마음대로 옮길 수도 없어서 걱정만 하고 있는데 하늘이 무너져도 솟아날 구멍이 있다고 했던가. 원장실 미스 송이 와서 입원 서류에 서명을 하며 빨리 치료받으라고 했다.
그런데 산 너머 산이라고 MRI, CT 촬영 비용이 당장 100여만 원이 있어야 한다고 했다. 지금은 일부 의료보험이 적용되지만, 그때는 보험이 적용되지 않았다. 설령 적용된다고 해도 애들 엄마가 주민등록을 말소해서 해당이 되지 않았다. 아무리 부부는 헤어지면 남이라지만, 이때처럼 야속했던 적은 없었다.
주머니에 돈 십만여 원 있는데, 가족이 아닌 다른 누구에게 부탁할까 고민하다가 할 수 없이 땡빚 그녀에게 갑자기 자고 일어나니 한쪽이 마비되어 병원에 왔는데 엑스레이 촬영 경비가 있어야겠다고 연락했다. 얼마나 필요하냐고 묻기에 100여만 원이라고 했더니 그녀가 즉시 송금해 주었다.

모든 응급처치가 끝나고 입원실에 갔더니 한 실에 7~8여 명이 꽉 차 있어 정서적으로 견디기가 어려울 것 같아 입원실을 1~2인실로 옮겨달라고 했더니 지금은 방이 없고 빈방이 나오면 옮겨 주겠다고 했다.

참으로 나라는 사람 웃기는 인간이다. 돈도 없는 주제에, 입원실이 사람이 많다도 참고 있어야 하는데, 그 걸 타박하고 있으니 말 이다. 입원비가 2인 1실은 하루에 9만 원이고 여럿이 있는 방은 하루에 2만 원에 의료보훈이 적용된다고 했다. 돈이 들어오는 즉시 빚을 갚으니 내 수중에 돈이 있을 리가 없었다. 입원 이튿날 2인 1실로 옮겨 주었다

송경으 원장이 부산 세미나에서 돌아와 신경외과 담당의와 함께 와서 나를 보더니 어떻게 몸이 이 지경이 되도록 건강을 소홀히 했느냐고 우

질경이~무기질과 단백질이 풍부하게 함유

정어린 나무람을 했다. 그러면서 지난번에 입원하라고 했더니 말을 듣지 않더니만, 이 꼴이 되었다며 "자네는 자립심이 너무 강해서 탈이야". 우리의 나이가 얼마인가?. 이제 앞만 보고 달리지만 말고 건강도 생각하고 인생도 뒤돌아볼 나이가 아닌가.
"이 한심하고 답답한 사람아" 했다. 좀처럼 말이 없는 친구인데 내 꼬락서니를 보니, 어처구니가 없는 모양이었다.

지난해 11월에 광주에서 사진관 업주들을 위한 세미나를 하면서 단골 여관에서 자고 조반을 먹기 위해 식당에 가는데 느닷없이 1톤 트럭이 나를 들이받았다. 그 순간 나는 이제 죽는구나 싶었다. 다행히 머리에 타박상만을 입었고 옆구리가 조금 아팠다. 병원에서 엑스레이를 찍어보니 다른 데는 이상이 없고 머리가 조금 이상이 있는 것 같으니 입원하라고 했는데, 다른 지역의 세미나 일정도 잡혀 있고 연말이 가까워 일정이 빡빡해 경솔한 인간이 입원을 하지 않은 일이 있었다. 트럭 운전수는 전남 장흥 부근 변두리에서 조그마한 식당을 하면서 운전면허를 딴 지 얼마 안 된 여자였다. 자기 이웃집에서 차가 낡아 폐차하려고 세워 둔 차를 운전 연습 겸 몰고 광주 남광주 시장을 보려고 오다가 그 날 눈이 살짝 와 길이 미끄러운데 초보라 운전미숙으로 나를 들이받은 것이다.
그런데 수능이 끝난 아들이 차에 동승 해 이 사건을 목격하고 어머니와 함께 어찌할 줄 모르고 걱정하는 모습이 안타까워 병원비 100만 원만 부담하게 했다. 그리고 그날이 동짓날이어서 동지 팥죽 한 그릇씩 모자에게 사 주고 앞으로는 운전하다 생사람 잡지 말고 조심하라 하고 주소와 전화번호만 받고 헤어졌다.
그때 교통사고 후유증으로 그런지는 확실치 않지만, 송원장 말대로 입원 치료를 받지 않은 것이 후회스러웠다. 참으로 나라는 인간은 때로는 이해 못할 일들이 많다. 교통사고가 낫으면 열일을 제치고 입원 치료를 받았어야 하는데, 그렇지를 않는 것은 참으로 웃기는 처사였다.

병원에서는 막힌 뇌혈관을 뚫기 위해 24시간 양팔 혈관에 혈전제를 투여했다. 같이 한 방에 있는 사람은 부인이 간병을 해 주는데, 나는 누가 잡아주지 않으면 움직일 수 없었다. 병원에서 간병인을 소개해 주어 하루에 5만 원씩 주고 간병인을 썼다. 그녀가 화장실과 기타 심부름을 해주고 낮에는 휠체어를 밀어주어 밖에 나가 산책을 하기도 했다.
인간사 모른다고 엊그제까지 살아보겠다고 전국을 누비며 활동한 사람이 휠체어 신세를 지지 않으면 안 되니 이러다가 영영 낫지 않으면 어떻게 하나 하는 생각을 하다가도 현대 의술이 발달하였는데 그럴 리가 없을 거라고 자위했다.
요즈음은 신문이나 방송에서 중풍 전조 증상을 많이들 홍보하는데 2004년까지는 홍보하는 것을 별로 접하지 못했다. 지금처럼 중풍 전조 증상을 알았다면, 사전에 치료를 받았을 것이다. 이유 여하를 막론하고 내 부주의로 호미로 막을 걸 가래로도 못 막게 생겼으니 송 원장 말마따나 나는 한심한 인간인가 싶었다.

촬영 중 잠시 휴식 중 남진, 윤정희의 담소

♪ 감옥이 천국입니다   107

24시간 계속 치료를 받던 중 토요일 오후에 서울에서 땡빛녀가 면회를 와 눈물을 흘리며 앞으로 어떻게 하려느냐고 물었다. 그리고 무척 걱정스러운 얼굴로 나를 바라보았다. 운명이 기구해 남편과 사별하고 외롭고 쓸쓸하여 그것을 달래려고 여생의 동반자를 만나야겠다고 만난 사람이 병들어 병원에 누워 있는 모습을 보니 억장이 무너지는가 보다.

그렇다고 인정상 모른 척하고 빠이 빠이 할 수도 없는 노릇이라 걱정이 많은가 보다. 그녀는 내 처지를 너무나 잘 알았다. 자기가 도와주지 않으면 안 된다는 것을…한참 동안 침묵이 흐른 다음 고마운 그녀가 피식 눈웃음을 지으며 내 눈치를 살피고 난 뒤 "여기 내려오기 전에 서울에서 애들 엄마한테 전화했더니 자기와는 아무 관계 없는 사람이니 나보고 알아서 하라고 합디다" 했다.

나는 순간 당황해서 "해도 너무했는데" 하며 미안한 표정을 지었더니 뜻밖에도 그녀는 그 사람 처지에서는 그럴 수도 있지 않느냐고 했다.

나는 아무리 여자가 독하다 하지만, 30여 년을 함께 살고 세 아이의 아빠인데 말을 그렇게 험하게 했다고 할 줄 알았는데, 의외로 긍정적인 말을 해 이 여자가 예수님 사랑 정신과 부처님의 자비 정신을 실천하려고 그러나 하는 생각이 들었다.

시간이 흐른 뒤 어

영화, 나 혼자는 못 산다. 나훈아 윤연경

108 | ♪ 감옥이 천국입니다

느 정도 긴장이 풀렸는지 이번에는 그녀가 활짝 웃으며 애들 엄마가 말을 왜 그렇게 심하게 했는지 아느냐고 물었다. 그래서 의아한 얼굴로 쳐다보니, "처음 나와 만날 때 애기 엄마 전화번호 가르쳐준 일 생각나요? 그때 어기 엄마한테 당신 남편하고 살면서 사업 자금도 대주고 재기할 수 있도록 할 테니 앞으로 절대 만나지도, 전화하지도 말라고 신신 당부를 했다"라고 덧붙였다.

한참 있다가 그녀는 "애들 엄마가 또 뭐라고 말한 줄 아요?" 했다. "언제는 당신이 책임지고 산다고 해놓고 몸에 병이 드니, 연락하느냐고 하면서 끝까지 책임지고 병 나은 다음에 연락하면, 자기가 책임지겠다고 합디다" 하면서 또 웃음을 주체하지 못했다. 나는 속으로 울면서 그 사람으로서는 그럴 수도 있다고 생각했다.

일요일 오후가 되자 그녀는 손자, 손녀들을 돌보아야 하니 서울로 올라가겠다면서 갈아입을 속옷과 간병인 열흘치 수고비를 주고 다음 주 토요일에 또 오겠다며 입원실 문을 나갔다. 남녀의 정이 무엇인지 2년여 동안 정을 나누며 지냈다고 나 몰라라 하지 않고 이곳까지 찾아온 그녀가 한없이 고맙고 또 고마웠다.

병원에 입원한 지 7일째 되던 날부터 오른쪽 손가락과 발가락이 조금씩 움직이기 시작했다. 밤낮으로 계속 혈전제를 투여한 결과였다.

그런데 병원에서 병 걱정을 한 것이 아니고 병원비 걱정으로 없는 병이 또 날 것 같았다. 나는 평소 낙천적이고 긍정적인 성격으로 사소한 걱정은 하지 않는데, 병원비는 그렇게 쉽게 생각할 일이 아니었다.

내가 만일 병원비를 수납하지 못하면 보증을 선 미스 송이 책임을 져야 하는디 원장한테 허락을 받고 보증을 섰는지 자기 마음대로 섰는지는 모르지만, 어찌 되었든 결과는 미쓰 송이 아니면 원장이 책임을 지게 되어 있다.

병원 규정상 보증을 설 수 없는데 원장이 보증을 서 입원비를 대신 수납한다면 1,000여 명이나 되는 직원들에게 체면이 말이 아닐 것이고 미스 송이 임의대로 했다면 병원비를 대신 내는 것은 물론이고 그에 따른 불이익도 감수해야 할 텐데 생각하니 매일매일 걱정이 되었다.
입원한 지 10여 일이 지나니 손가락 발가락이 표가 나게 잘 움직였다. 신경외과 담당의가 이제 뇌혈관이 뚫렸으니 혈전제는 그만 맞고 물리치료를 시작하자고 했다. 나는 병원수납계 담당에게 그동안 병원비를 계산해달라고 했다. 엑스레이 촬영비, 간병인 수고비를 제외하고도 의료

수박~이뇨 작용을 원활하게 하는, 아미노산을 함유하고 있다

보험이 적용되지 않으니 400~500만 원이나 나왔다. 미스 송이 보증을 서지 않았다면, 뒷문으로 36개 줄행랑이라도 친다지만, 말이 그렇지 줄행랑을 치려고 해도 몸을 움직일 수가 없으니 그럴 수도 없고 참으로 답답하기만 했다.

입원실을 9만 원에서 2만 원짜리로 옮기고 간병인은 오지 말라 하고 마음씨 좋은 다른 간병인들의 신세 좀 지면 병원비가 대폭 줄어들 것 같았다. 그래서 물리치료비가 얼마냐고 물었는데 비용이 만만치 않았다. 이런 경우 사람들은 미치고 환장한다는데 나는 활활 타는 불 속에 있는 것 같았다.

여하튼 병원비가 한 푼이라도 적을 때 퇴원해야 다른 사람들에게 피해를 덜 줄 거라고 생각 했지만, 막상 퇴원해도 갈곳이 마땅치 않았다. 땡빛녀 집으로 갈 수도 없었다.

그녀는 큰 아파트에서 혼자 살지만 자녀들이 보면 많고 많은 남자 중에 어디서 병든 사람을 집에다 데려다 놓았다고 엄마를 힘들게 할 것이 불을 보듯 뻔한 노릇이었다.
나 또한 그 눈치를 감당하기 어려울 것이다.
일단 퇴원한다고 담당의한테 말하고 병원비는 그녀 처분만 보고 안 되면, 송 원장한테 사정을 말하려고 마음먹었다.
그녀에게 퇴원한다고 전화하니 벌써 병원에서 퇴원하라고 하느냐고 하기에 그렇다고 거짓말로 둘러대고 여관에 차가 있으니 그 차로 같이 올라갈 수 있도록 후배에게 연락할 테니 그리 알라고 했다. 후배한테 사정 이야기를 하고 광주에 내려와서 퇴원을 도와 달라고 부탁했더니 쾌히 승낙을 하여 그녀가 내려오는 시간대에 맞추어 내려오도록 하였다.
그리고 침대에 누워 서울에 올라가 있을 곳을 여러모로 생각하다가 청량리 광덕한의원 원장 친구가 불현듯 생각나 그에게 전화로 자초지종을 말하고 침으로 치료할 수 있느냐고 물었더니 할 수 있다고 해서 그곳으로 가서 치료받기로 했다. 결정을 하고 나니 마음은 조금 안정 되었지만 병원비가 걱정이었다.

그녀가 병원에 오니 담당의가 퇴원하려면, 병원비를 정산하라고 했다. 내가 못 들은 척하고 있으니 그녀가 밖으로 나갔다 한참 후 돌아와서는 퇴원하자고 했다. 그녀는 아무 말도 하지 않고 병원비를 지불하고 지금껏 병원비에 대해서는 전혀 말이 없다. 나는 그녀에게 병원비 지불한 것을 갚으려고 노력하지만, 아직 못 갚고 있다.

행여 내 자식들이 오늘이라도 연락하면 병원비 마련하여 그녀에게 주고 감사하다고 인사드리라고 하겠다. 그러나 세 자녀 중 지금껏 한 명도 연락이 없다.

서울에서 운전하러 내려온 후배더러 나를 부축해 나가자고 했다. 병이 낫고 안 낫고는 다음 문제이고 우선 하늘로 날아갈 것 같았다. 입원 하면서 부터 걱정했던 병원비를 해결했으니 그리고 미스 송한테 피해를 주지 않게 되었으니 한 근심 덜었다. 만일 내가 병원비를 못 내고 원장한테 딱한 사정을 말했다면, 그는 "그렇게 형편이 어려운가!" 한마디로 병원비를 해결해주었을 것이다. 그리고 "자네 집 사람은 왜 오지 않는가?" 하고 물었을 것이다.

송원장이 애들 엄마한테 연락했으면 병원비를 가지고 왔을지도 모른다. 원장 친구

영화, 오세암 김혜수

의 훌륭한 인품을 알기 때문이다. 평의사로 시작하여 직원이 1,000여 명이 넘는 병원의 원장이 되었으니 더 무슨 설명이 필요할까.

그후 나는 염치없이 현금으로도 도움을 받고 약값을 하겠다고 책도 팔았다. 나는 그 친구의 고마움에 조금이라도 보답하고자 서울에서 그곳까지 고집스럽게 약 처방을 받으러 다닌다. 글을 쓰는 사무실에 찬바람이 스민다. 하지만 원장 친구와 미스송의 고마움에 보답하고 땡빚 그녀의 병원비를 갚기 위해 노력하는 나는 찬바람 따위는 견딜 수 있다.

서울로 올라오면서 그동안 병원에서 건강이 많이 나빠졌는지 차에다 오바이트를 하고 말았다. 그녀는 차를 한쪽으로 세우고 얼굴 표정 하나 바뀌지 않고 깨끗이 치웠다.

서울로 올라오는 동안 그녀는 어디가 있을 거냐고 묻지 않았다. 은근히 자기 아파트로 가자고 하길 바랐는데 말이다. 솔직히 그때 가자고 하였으면, 거처가 정해질 때까지 며칠은 몰라도 살려고 가지는 않았을 것이다. 그것은 내 자존심이 허락하지 않기 때문이다. 자존심이 100이라면 50 이하는 굴욕이다. 그녀 자식들의 눈치를 본다는 것은 50 이하의 굴욕이다.

나는 어려서부터 혼자 살아왔기 때문에 누구 눈치 보고는 못 산다. 굳이 굴욕을 감수하고 살아간다는 것은 내 사전에는 없다. 코끼리가 추운 날 코만 방에 들여놓고 잠시 추위만 피하자고 해서 허락했더니 나중에는 몸까지 집어넣듯이 나도 그럴 수는 있다.

하지만 자존심 50 이하는 굴욕이다. 굴욕적인 삶을 살아가려면 이 세상 안녕 하는 게 낫다. 정든 사람. 보고 싶은 사람 모두 안녕이다.

그러나 이승이 저승보다 낫다하지 않은가? ..

청량리역 부근에 임시로 하루에 2만 원씩 주기로 하고 허름한 여관을 얻어 며칠을 있었다. 다행히 여관집 주인 아주머니가 딱한 내 처지를 알고 매일 한의원에 나를 부축하여 데려다주고 치료가 끝나면 한의원 직원이 여관으로 데려다주기를 일주일쯤 하다가 한의원에서 약 20미터 떨어진 곳에 천일장이라는 여관이 있어 한 달에 45만 원씩 즈기로 하고 그곳으로 방을 옮겼다. 땡빛녀에게 냄비하고 쌀을 가져다 달라고 하여 밥을 해먹으려 하니 몸을 제대로 움직이지 못하기 때문에 밥을 허먹는다는 것이 무척 어려웠다. 그녀가 와서 밥을 해놓고 가면 누워서 왼손으로 밥은 먹을 수 있지만 화장실 가기가 문제였다.

벽을 잡고 한쪽으로 어렵게 화장실에 갔다가 잘못하여 바닥에 넘어지면 한 시간이고 두 시간이고 일어나려고 몸부림치다가 일어나지 못하고 결국 여관 주인에게 도와달라고 하여 침대에 오르기를 계속 반복하니 오른쪽 팔다리에 조금씩 힘이 생기기 시작했다.

한의원에도 남의 도움 없이 조심조심 계단 옆 그리고 벽이나 가드레일 등 길을 가는 데 도움이 될 수 있는 것을 붙잡으면서 기다시피 하며 침을 맞으러 다녔으니 원장이 애들 엄마가 왜 오지 않고 어쩌다 다른 여자가 왔다 갔다 하는지 이상하게 생각했을 것이

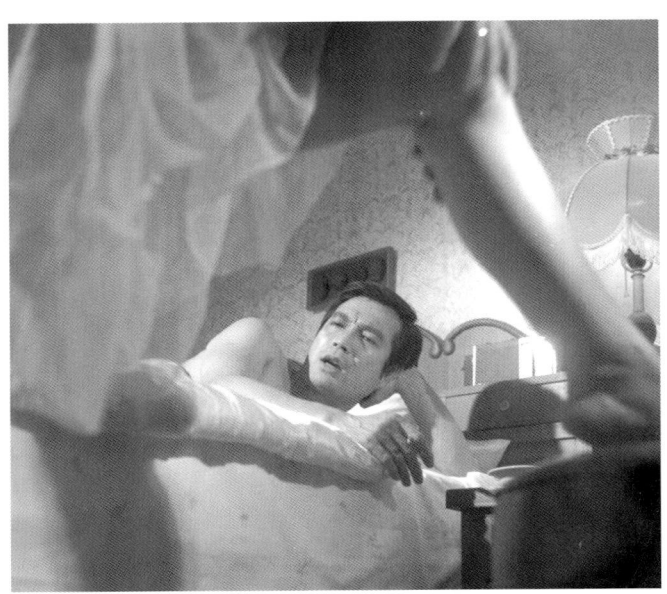

영화, 야행, 신성일 오정아

다. 그렇지만 내가 자존심 상할까 봐 묻지를 않았다. 광주 친구나 한의원 친구는 서로 모임에서 자주 부부끼리 만나서 애들 엄마를 잘 알고 있었다. 지금까지 그들은 의문을 갖고 있을 것이다.
이 책이 나오면 알겠지 싶다.

한 달에 한의원 침 맞는 경비, 병원 약값, 여관비 등 100만 원은 있어야 목구멍에 풀칠이라도 하며 지낼 수 있는데 그것이 큰 문제였다. 한의원 침 맞는 것도 의료보험이 있으면 1회에 4,000원인데 없으니 7,000원이었다. 다행히 원장이 특별히 1회에 4,000원으로 해 주었다 돈 있는 사람에게 4,000원은 별것 아니겠지만, 나 같은 사람에게는 부담이 많이 되었다. 광주 병원에서 12일 정도 치료받고 서울로 올라와 한의원에서 침으로 치료받은 지 한 달이 지나니 남의 도움 없이 주변에 있는 설치물을 의지 삼아 10분에 7~8미터씩 걸을 수 있었다.
이 정도만 되어도 살 것 같았다.
반송장이 되어 누워만 있다가 남의 도움 없이는 다닐 수 없다가 조금씩 다닐 수 있으니 이 얼마나 다행스러운 일인가.
양방과 한방 합작으로 병이 이 정도 나았으니 현대의학이 대단하다.
그리고 큰 혜택이고 은혜다. 서울 종로 거리에서 볼품없는 몸이지만 홀랑 벗고 풍기 문란으로 경찰서에 잡혀 가는 한이 있더라도 공옥진 씨 병신춤, 아니 시골 할머니, 할아버지들의 막춤이나 보리 때 춤이라도 추라면 추고 월매 아짐씨 어사또 출두 보고 좋아서 추는 속곳 춤이라도 추겠다. 서울역 광장에서 오고 가는 사람들에게 병이 많이 나았다고 기뻐 날뛰며 어린이 배꼽 인사라도 하라면 하겠다. 현대의학 만세다. 예수님의 사랑이고 부처님의 가피이다.
병은 조금씩 호전되었지만, 약값, 치료비, 생활비가 문제였다. 몸이 건강하면 무슨 일이라도 하지만 그렇지 않으니 말이다. 처음은 친지들에게 전화로 사정을 이야기 하여 조금씩 도움을 받았지만, 그것도 한두 번이지 어려운 일이었다.

처음 한의원에 와 큰아들에게 전화하여 한의원에 있다고 했더니 오후에 오겠다고 해놓고 오지 않았다. 사실 병들어 누워 있으면 자식들이 가장 보고 싶다. 이튿날은 아들에게 전화하여 무슨 사정으로 오지 않았느냐고 물어보고 싶었지만, 그럴 용기가 나지 않았다.
자식에게 전화할 용기가 나지 않는 것은 참으로 서글픈 일이다.
그래서 앞에서 말한 최 사장에게 간병인이 사정이 있어 못 으니 하루만 나를 한의원에 데려다 달라고 부탁했다. 최 사장은 오후 3시에 오기로 약속해놓고 시간이 지났는데도 전화도 없고 감감 무소식이었다.
그런데 아들과 최 사장 가운데 아들을 나무라는 사람들이 많을 것이다. 무슨 이유이든 간에 아버지에게 그럴 수 있느냐고 할 것이다. 일면 그렇다고 나도 인정한다. 그러나 그럴만한 이유가 있다는 변명 아닌 변명을 하겠다.
앞에서 말했듯이 부도내고 감옥에 갇힌 뒤 채권자들 때문에 내 이름으로는 사업자 등록증을 낼 수 없어 애들 엄마 몰래 아들 이름으로 사업자 등록을 하였다.
그것을 안 애 엄마가 망할 놈의 인간이 망하면 자기나 망하지 자식까지 망하게 하려고 한다고 아들더러 모든 것을 취소하라고 해서 그렇게 하고 나를 전혀 만나지 못하게 한 것이다.
아들은 자기 어머니에게 아버지한테 연락이 왔는데 어떻게 할지 물었을 것이다. 이미 그녀에게서 전화로 연락을 받아 알고 있던 차 잘못하다가는 병든 나 때문에 병수발 하느라 어려움을 겪을 것을 염려하고 또 내가 한없이 쾌씸하던 차에 아들이 병문안을 가겠다고 하니 허락할 리 만무했다.

그리고 땡빛녀가 당신 남편하고 같이 살 테니 절대 연락하지 말라고 전화 통보했을 적에 얼마나 모멸감을 느끼고 자존심이 상하였을지 생각하면 항상 미안한 마음뿐이다. 여자가 한을 품으면 오뉴월에도 서리가 내린다는 말이 맞나 보다. 하지만, 병든 사람에게 자식들을 못 만나게 한 것은 심하다고 생각한다.

지금까지 이 세상에서 가장 사랑하는 자식들 얼굴 한 번 못 보고 전화 연락 한 번 받은 일 없이, 그립고 보고 싶은 마음 주체할 수 없이 20년이라는 세월이 흘렀지만, 장남만 두 번 만나고 못 만났으니 이 모든 것이 내 업보다. 다만 막내아들이 군에서 제대하고 찾아와 용돈 좀 달라고 해서 주머니에 4만 원 있어 3만 원을 주었다.

그 만 원마저 달라고 해서 주어도 그렇게 기분 좋을 수가 없었다. 당장 점심을 굶을 텐데도 말이다. 자식들은 부모를 외면할지라도 부모는 그렇지 못하나 보다. 그것을 내리사랑이라고 한대나 어쩐다나.

영화. 저녁에 우는 새. 윤정희 최운식

최 사장은 무슨 급한 일이 있어

못 온 줄 알았는데, 그 이튿날까지 이렇다 저렇다 말 한마디 없이 오지 않았다. 그는 시간만 있으면 나한테 놀러 와 식사 때가 되면 밥도 사주고 다방에서 차도 사주고 그러기를 3~4년간 하였다. 연락하면 즉시 열일을 제쳐놓고 한걸음에 달려올 줄 알았는데 전화 한 통화 없이 오지 않으니 참으로 야속한 생각이 들었다.

나는 병들어 별 볼 일 없는 사람인데, 찾아가려니 빈손으로 갈 수 없고 경비만 들어가니 오지 않았을 것이다. 그래서 사람은 어려워 봐야 그 사람을 알 수 있다고 하는가 보다. 하기는 자식도 오지 않았는데 하면 할 말이 없고 쥐구멍에라도 들어가고픈 심정이다.

내 자신이 너무 초라하여 서럽고 괴로워 죽고 싶지만, 그래도 어쩌랴. 이승이 저승보다 낫다하니 모진 목숨 살아야지!

한의원에서 침 맞는 시간을 빼고 여관 옥상으로 올라가 걷는 연습을 하다 지치면 방에 돌아와 쉬고 또 올라가 운동하고 매일 반복하였더니 걷기가 조금 나아졌다.

두 달 동안은 여관 주변 100미터 거리를 돌아다니다가 3개월 정도부터는 마치 어린 아이가 처음 걸음마를 배우면서 걷듯

영화, 조용한 방, 이대근 하영희

이 살살 걸으며 전철을 타고 가까운 곳에 있는 친지에게 도움을 청해 얼마간 돈을 융통하여 그렇게 먹고 싶은 고기는 못 먹고 청량리역 부근 순대국밥 집에서 1인분에 2,000원 하는 순대를 1,000원어치만 달라고 했더니 종업원이 거절했다.

옆에서 보고 있던 주인이 내 꼴이 구걸하는 거지 같기도 하고 아닌 것 같기도 하고 헷갈리는지 한참 서 있는 나를 보더니 다음에 천 원 가져다 달라고 하면서 종업원에게 1인분을 주라고 했다.
나는 순간 외상은 소도 잡아먹는다고 먹고 싶은 충동이 일었지만, 어렵게 눈치 보면서 구한 돈을 낭비할 수가 없었다. 그래서 가게 문을 나오려고 하니 주인 아주머니가 자리에 앉으라고 했다. 그리고 돼지머리와 내장을 순대와 함께 1인분 주기에 맛있게 먹는데 자꾸만 눈물이 나왔다.
주인아주머니는 나를 힐끗 힐끗 쳐다보았다. 염치없이 천 원만 내고 감사하다고 허리 굽혀 인사했더니 주인아주머니가 얼굴에 미소를 띠었다. 맛있게 먹는 내 모습에서 따뜻한 정을 느꼈을 것이다. 자기의 순간 선택이 허기진 사람에게 도움을 주었다고 말이다.
사실 장사를 하다 보면 별의별 사람들이 다 있을 것이다. 음식을 먹고 돈이 없다고 안 내는 사람도 있고 괜히 음식이 어떻고 하며 시비하는 사람, 한 푼 달라고 구걸하는 사람 각양각색일 것이다. 실제로 광주시에서 점심을 먹으려 식당 문을 들어서니 주인 여편네가 "없어요" 했다. 내 행색이 거지 사촌 정도는 되었든 모양이다. 순간 나는 "동량 하러 온 사람이 아니라 손님으로 온 사람이요" 하고 싶었지만 그냥 식당을 나오고 말았다.
또 한 번은 남원시에서 버스 시간이 조금 남아 잠깐 근처에서 사진관을 하는 지인을 만나 차나 한잔하고 갈까 하여 들렀더니 나를 보지도 않고 사진 작업을 하고 있다가 "아직 개시도 못했소" 하다가 힐긋 나를 보았다. 상대방이 난 줄 알면 무안해할까 봐 얼른 사진관을 나오려는데 그는 나를 알아보고 미안해 어찌 할 줄을 몰랐다. 행색은 초라하고 몸은 흔들어 대는데 언뜻 볼 때 구걸하는 사람으로 판단하는 것은 선입견 때문일 것이다.

우리나라에서 이름 있는 교수 한 분은 교통사고로 온몸에 3도 화상을 입었는데 식당이나 다방에 가면 한센병〈나병〉환자인 줄 알고 동전을 주면서 빨리 나가라고 한단다. 그런데 나는 동전은 안 주고 쿤전박대니, 그 교수보다는 겉모습이 나은가 보다. 그만큼 선입견이란 참으로 무서운 것이 아닐까 싶다.

땡빛녀는 광주 병원비와 서울까지 올라오는 경비만 지불하고 그 뒤로는 모든 것을 나한테 해결하라고 했다. 어쩌다 돈 만 원만 달라고 하면 없다고 하면서 천 원짜리 한 장이나 두 장을 주었다. 그때는 그녀가 내심 서운한 감정이 들었지만, 지금 와서 생각해보니 그녀의 행동이 옳았다고 본다. 언제 병이 낫는다고 정해진 것도 아니고 자칫 잘못하다가는 인생 말년에 여생의 동반자 한 사람을 구한다는 것이 큰 짐이 될 수도 있으니 자기에게 의지하지 말라고 그랬던 것이다.

만일 그때 나를 연민의 정으로 도와주었더라면 지금처럼 활동을 못하고 그녀에게 빌붙어 누워 있을지도 모른다.

그런데 그녀는 고맙게도 쌀과 김치만은 떨어질 만하면 여관으로 가져다주었다. 매일매일 김치하고 밥만 먹으니 조금은 짜증스러울 때도 있지만, 그것도 내 처지에서는 감지덕지한 일이었다.

그때 청량리역 부근의 순대가 왜 그리 맛이 있었는지 이유를 몰랐었는데, 형편이 조금 나아진 요즈음 알았다. 매일매일 김치하고 밥만 먹다가 고기를 먹으니 몸이 이거 얼마 만이냐고 받아 드렸기 때문이었을 것이다.

충북 청주시 한국사진작가협회 자문위원이며 충청일보 사진부국장인 김운기 씨는 청주에 책을 팔러 가면 그 지역은 그분이 전부 맡아서 팔아주고 헤어질 때는 꼭 짜장면 한 그릇이라도 같이 먹는 인품이 훌륭하신 분이다 하루는 청주 신문사에서 만나자고 연락이 와 갔더니 그동안 찍어온 조품 사진집을 출간하겠다면서 비용이 얼마나 들어가느냐고 묻기에 대충 계산하니 1,000만 원 정도 된다고 했다. 점심식사를먹고나니 다방에서 잠깐 있으라고 했다. 그리고 은행에 가 돈을 찾아와서는 사진원고와 같이 주기에 영수증을 써드리려고 하니 조사장하고 나하고 20년 알고 지냈는데 그렇게 못 믿을 사이냐고 한다.

영화, 봄 봄 김유정의 단편소설, 신영균, 남정임, 한국 고유의 돌다리 장면을 지금은 볼 수 없음.

"내가 신문사에서 사진동아리 사진집들을 만들어주는데, 특별히 조 사장에게 부탁한 이유를 알지?" 했다. 그것은 내가 사진 책 만드는 전문가이니 잘 만들어 달라는 말이기도 했다. 사진 작품집을 출간하면 전시회와 함께 출판기념회를 하면서 책을 소개한다.

그런데 김운기 작가의 책을 만들다가 나에게 갑작스러운 일이 생겼으니, 그 분한테는 큰 낭패였다. 나 또한 1,000만 원이라는 거금을 영수증 한 장 안 써주고 받았는데, 아무리 몸이 아파도 나 몰라라 할 수 없는 일이었다.

기획실에서 아프기 전 편집하다가 중단한 상태였기 때문에 다시 편집하러 기획실을 가면서 4층까지 계단을 오르려면, 옛날 건물이라 올라가기가 무척 힘들었다. 자칫 잘못하다가 넘어지면 큰 사고가 날 것 같아 조심스럽게 올라 다니며 편집 일을 도와 예정된 전시회 날에 출판기념회를 할 수 있도록 해야 했다.

그분의 믿음에 보답하는데 문제는 돈이었다. 미리 받은 돈을 다른 곳에 지불하고 없었으니 말이다. 사실 크고 작은 사업을 하는 사람들은 은행에 돈 넣어두고 하는 사람은 많지 않다. 그때그때 상황에 따라 임

조팝나무

시변통으로 이리저리 둘러막는, 즉 윗돌 빼서 아랫돌 괴고 아랫돌 빼서 윗돌 괴기를 하는 경우가 많다. 나도 책 팔아 수금하여 책을 만들어줄 요량으로 김운기 작가에게서 받은 돈을급한데 지불 해버리고 없는 처지니 큰일이 아닐 수 없었다.

몸이나 아프지 않으면 여기저기 다니면서 책을 팔아 돈을 만들면 되지만, 그것도 어렵고, 그렇다고 어디 가서 빌릴 수도 없는 노릇이었다. 설령 빌린다 해도 누가 병든 나에게 돈을 빌려주겠는가?

김 작가는 병문안을 와서 전시기일까지 책을 만들 수 있으면 더없이 좋은 일이지만, 몸이 아프니 무리하지 말고 몸이나 빨리 나으라고 위로하며 약값에 보태라고 봉투를 두고 나가셨다. 전시기일은 얼마 남지 않았는데 어떻게 할 거냐고 닦달하면 마음이 더 나을 텐데 그렇지 않고 위로의 말을 해주고 약값을 주고 가시니 죄송스러운 마음을 주체할 수 없었다. 여관방 천장을 보며 '그래, 힘을 내자. 한쪽이 마비되어 병이 낫는다는 기약 없이 입원해 있다가 병원비도 해결했고, 몸도 불편하지만, 살살 걸어 다닐 수도 있고 저렇게 찾아와 격려해주는 사람도 있어라고 생각하니 용기가 그리고 살아야겠다는 강한 의지가 샘솟았다.

만일 김 작가가 나한테 책 만들어주겠다고 돈까지 가져가 놓고 이러면 안 되지 않느냐고 했다면, 갑자기 몸에 병이 들었으니, 어떻게 하느냐고 변명만 하고 서로 인간관계만 소원해졌을 것이다. 그렇다. 인간은 감정의 동굴이다. 전시회를 앞두고 마음이 얼마나 답답하겠는가! 하지만 나에게 표현하지 않고 격려만 하고 돌아간다는 것은 나에 대한 신뢰이며 그분의 인격이다. '저 사람은 전시회 때까지 어떤 일이 있어도 책을 만들어줄 거야' 하는 믿음 때문인데, 그 믿음이 깨졌을 때 실망감은 말해 무엇 하랴. 앞에서 성품이 착한 사람은 사업을 해서는 안 된다고 했다.

사업하면 망하기 때문이다.

책 제본소를 하는 장식현이라는 후배가 있다. 성품이 어질고 착해 빠져서 남의 일을 외상으로 해주고 돈을 못 받는 일이 많아 어려움을 겪으며 사업을 했다.

그를 찾아가 내가 책 출판 주문을 받았는데 돈 받은 것을 다른 데 지불하고 돈이 없으니 우선 돈을 3분의 2만 받고 나머지는 외상으로 해줄 수 있느냐고 했더니 쾌히 승낙했다. 그런데 600~700만 원이라는 돈을 어디서 만든다는 말인가. 고민하다가 몸이 아프기 전 팔던 책 재고를 사진기구 도매상들을 전국적으로 찾아다니며 덤핑을 하였다.

상품이라는 것은 제값을 받고 팔아야지 절반도 못 되게 받고 팔려면 속이 많이 상한다. 그렇지만 급한 불은 끄고 봐야 하기 때문에 별수 없었다. 기획실 편집비는 절반은 주고 반은 다음에 주기로 하고 원고를 제본소 후배에게 가져다 주어 인쇄 제본을 하여 전시기일까지 책 출간이 가능하게 되었다. 인간은 노력하면 못하는 일이 없다는데 그 말이 맞나 보다.

책을 보면 책 앞에 추천사라는 것이 있다. 추천사를 쓰는 사람은 그 분야의 전문가

영화. 젊은날의 초상. 정보석 배종옥 이해숙

이거는 사회적으로 저명인사다.

김운기 작가님의 고향 이야기라는 책머리의 추천사를 매일경제신문 주필이었다가 현재는 경제풍월을 운영하는 평소에 존경하는 배병휴 대표님에게 부탁드렸다. 추천사를 받고 촌지를 드렸더니 일단 받은 다음 내가 나오니 문밖까지 따라 나오며 방금전에 받은 촌지를 나에게 도로 주면서 약값에 보태라고 하셨다. 누가 현대사회를 인정과 사랑이 메말랐다고 했는가? 피 같은 돈이라는 말을 나는 이때 실감했다.

어렵지 그리고 주변에서 도와줘 책이 완성되어 저자가 있는 청주로 실어 보내려고 제본소에 갔더니 남은 돈을 다 내고 가져가라고 했다.
나하고 약속한 후배는 "형님 죄송합니다만, 어쩔 수 없습니다" 했다. 참으로 기치고 환장하고 가슴 터질 일이란 말이 이때 쓰는 말인가 보다.

둥굴레~자양강장. 당뇨병에 유효

병든 몸으로 어디 가서 잔금 300만 원을 구한단 말인가! 땅을 치고 통곡할 일이었다. 오후 늦게까지 책이 도착하지 않고 전화 연락이 없으니 궁금한지 김작가에서 전화가 왔다. 대답을 못하고 머뭇거리니 돈 때문에 그러느냐고 하기에 그렇다고 했다. 얼마가 부족하냐고 묻기에 "300만 원입니다" 했더니 진작 말하지 그랬느냐 면서 바람도 쏘일 겸 책 실은 용달차에 함께 타고 청주로 오라고 한다. 김작가에게서 송금이 와서 책을 실어 보내고 나는 청주에 가지 않았다.
그 고마운 분에게 가서 얼굴을 차마 볼 수 없었기 때문이다. 책이 도착하고 김 작가에게서 전화가 왔다. 고생했다고 그리고 고맙다고 하면서 약값으로 얼마 안 되지만 송금했으니 그렇게 알라고 하고 전화를 끊었다. 책 출간을 해결하여 어느 정도 긴장이 풀리고 마음이 안정되어 술을 좋아하는 제본소 장사장을 술집으로 데리고 가서 술을 사주며 왜 사람이 약속을 지키지 않고 남의 약점을 이용해 외상 잔금을 내고 책을 가져가라 했느냐고 따져 물었다. 장사장은 연신 죄송하다는 말만 하고 이유를 말하지 않았다. 이미 끝난 일이라 생각되고 술값이 더 들어가는 것이 아까워 그와 헤어지고 길을 가다가 김이라는 제본소 장사장 친구를 만났다. 그래서 오늘 있었던 일을 이야기하면서 장사장 성격에 나한테 그렇게 할 사람이 아닌데 왜 그랬는지 이해가 안 된다고 했다. 그랬더니 김이 빙그레 웃으며 이유를 들려주었다.

후배 제본소를 방문할 때마다 경리 아주머니가 있었는데 몇 번을 가도 쓴 커피 한 잔 주지 않고 꼭 자기가 사장처럼 행동했다. 알고 보니 아주머니가 아닌 허름한 올드미스 중고품이었다. 요즈음은 골드미스라고 한대나 어쩐다나. 아무튼 처녀를 아주머니라고 했으니 심통도 났겠지만, 후배 사장의 인간성 하나 보고 사업자금을 조금씩 투자하다가 지금은 꽤 많은 돈이 투자되어 사장 아닌 사장 노릇을 하는데 외상으로 일해 가는 사람이 중풍에 걸려 언제 재발할지도 모르는데 물건을 외상으로 내주었다가 못 받을까 봐 이 늙은 처녀 중고품 경리가 브레이크를 사정없이 밟았던것이다. 김의 말을 듣고 보니 후배는 자존심상 차마 전후 사정을 말하지 못하고 죄송합니다만 연발 했던 것이다.
다음에 제본소 장사장을 만나 그런 사정을 진작 말했으면 어떤 대책을 세웠을 것 아니냐고 하며 오해를 풀었다. 2년 정도 지난 어느 날 장 사장이 사업을 하다가 어떤 사건에 말려들어 서울 서부지법에서 영장실질심사를 받는다며 변호사 선임을 부탁했다.

그래서 검사장 출신 C변호사를 선임했는데, 장사장이 돈이 없다며 변호사 비용을 나한테 책임지라면서 이곳저곳 거래처에서 외상값을 받아 주라고 하기에 그렇게 하기로 했다.

보성 녹차 밭, 임덕규 작

그런데 장 사장한테 돈 줄 사람들이 감옥에 간 사람이라며 외상값을 갚지 않아 그 변호사한테 선임비를 거짓말한 꼴이 되었다. 다행히 변호사가 집안 조카여서 체면상 말은 하지 않지만, 나 역시 입장이 곤란한 것은 사실이다.

장 사장은 사업을 열심히 하니 돈을 벌면 선임비를 얼마라도 만들어 해결하라고 했다. 인간은 열 번 잘하다가도 한 번 잘못하면 이해의 폭을 넓히지 않고 뒤돌아서 사이가 나빠지는 경우가 많은데, 그 조카 변호사는 평생 내가 무슨 일이든지 부탁을 하면 자기가 도와줄 수 있는 일이라면 도와주는 참으로 고마운 변호사이고 후배는 변호사비 때문인지 어쩐지 요즘 연락이 두절이다.

김운기 작가가 전시회 겸 출판기념회를 마치고 책을 잘 만들어주어서 덕분에 행사를 잘 치렀다면서 왜 오지 않았느냐고 하기에 내 꼬락서니가 말이 아니여서 내가 그곳에 가면 김 작가님 체면이 깎일 것 같아서 가지 않았다고 했더니 별소리를 다 한다고 하셨다. 김운기 작가님은 나보다 7년 선배인데 평소 그분의 넉넉하고 후덕한 인품을 존경해오던 중 나도 모르게 순간적으로 '형님'하고 말았다. 그리고 다른 사람 같으면 빌려 간 돈 언제 줄려느냐고 할 터인데 그렇지 않았다. 그래서 먼저 "몸이 회복되는 대로 돈을 반제 하겠습니다" 했더니 "아, 그 돈 책 만드는 데 그 비용으로 주었다고 생각하고 부담 갖지 말게" 하면서 치료나 잘하고 언제 시간 있으면 청주에 꼭 한번 오라고 하면서 전화를 끊었다.

사실 나는 돈이 없어 힘들 때마다 L장로님과 그분에게 도움을 받았다. 그래서 오늘에까지 살아왔다. 친형제도 이러지는 못할 것이다.

투병 생활을 하려고 또는 목숨을 부지하려고 친지들에게 손을 벌리면 한두 번은 얼마간 돈을 주지만, 그 다음부터는 '이번이 마지막' 이라고 한다. 그렇다면 병이 낫지 말고 평생 도움을 청하고 다니라는 것인가. 이왕 몇 푼 도와주는 것 용기 잃지 말고 도움이 필요하면 또 오라고 하면 얼마나 고마울까?

다 부탁할 만하니까 부탁하는 것인데 말이다. 이를 보고 내 그것 주고 뺨 맞는다고 한단다. 인간들은 왜들 그럴까? 춥고 배 고픈 사람 어려울 때 도와주면 어디가 덧나고 확 망가지느냔 말이다. 이 무정한 인간들아. 이왕지사 말 나온 김에 몇 자 더 적으면, 나는 치료비 부탁을 아무에게나 하지 않았다. 사촌 형제지간이라도 그렇고 종질에게도 그렇고 부탁하고 싶지 않은 사람에게는 절대 부탁하지 않았다. 부탁했다가 거절당하면 서로 입장만 곤란하기 때문이다. 실지로 몇 사람에게 거절도 당해 보았다.

하루는 종로 삼일로 빌딩 앞을 지나가는데 누가 알은체를 해서 보니 종로구 평통자문위원으로 고향 선배인 김두환 위원이었다. 나의 절룩거리는 모습을 흉내 내면서 왜 그러느냐고 하기에 중풍에 떨어져서 한쪽이 마비되어 그렇다고 했더니 명함을 주면서 언제 사무실에 꼭 한번 들르라고 하셨다.

사실 돈 한 푼 없이 책 만들지, 치료 받지 사무실 임대료, 기타 등의 경비가 많이 나갔다. 그러니 책도 팔고 성화 배경 등을 팔아도 돈이 떨어지는 일이 허다했다. 이럴 때는 도움 받을 곳에서는 도움을 받고 빌려야 할 떠는 빌렸다. 갑자기 돈이 떨어졌을 때는 전화를 하든지 가까운 곳은 찾아간다. 지난번 명함을 주면서 찾아오라는 고향 분이 생각나서 찾아갔더니 조계사 앞에 큰 빌딩을 가지고 계시면서 나를 반갑게 맞아 주셨다. 그런데 다른 빌딩 주인들은 대개 자기 방을 한쪽 구석의 꾀죄죄한 곳에 두기 마련인데 이분은 제일 아래층 좋은 방을 쓰고 계셨다.

그러면서 한국 신문학협회 회장을 하며 창작활동을 열심히 하고 계셨다. 엄격히 따지면 할아버지뻘 되고 나이는 7~8년 선배였다. 그래서 편의상 '형님'이라고 했더니 '어르신'이라고 부르라고 하셨다. "어르신, 돈 30만 원만 빌려주십시오" 했더니 아무 말 없이 지갑에서 꺼내주셨다. 그 뒤 한 질에 13만원 하는 책을 출간하여 돈 대신 책으로 빚을 갚으려고 3질을 가지고 갔다. "어르신, 제가 돈이 없으니 지난번에 차용 한 돈 대신 책을 받으십시오" 했더니 책을 자세히 보고 나서 "2질 더 가져와. 내가 팔아줄게" 하시며 50만 원을 주셨다. 그래서 지난번 차용한 돈이라며 30만원을 드렸더니 "응, 그 돈 자네 치료비 하라고 준 거야" 하지 않겠는가. 그러시면서 아무 표정도 없이 "내가 자리 하나 마련해 줄게 자리하나 깔소" 하셨다.

순간 그 말이 무슨 말인지 몰라 어리둥절하고 있으니 "아, 이 사람아. 돗자리를 깔란 말이야. 자네는 머리가 좋아 그 계통으로 나가면 대성할 거야" 하셨다. 고향 어른으로서 어렸을 때부터 내 성장 과정을 잘 아시기에 병들어 흔들거리고 다니는 모습이 보기에 얼마나 마음 아팠으면 자기 건물에 방까지 주면서 자리를 펴라고 하실까 하는 생각이 들어 "어르신, 고맙습니다만, 아직 할 일이 많아서 자리 까는 것은 다음에 하지요" 해도 표정이 없으셨다. 그 뒤 책만 만들면 들고 가서 팔았다. 이 체면 저 체면 다 따지면 언제 병 낫고 재기를 할 것이냔 말이다. 내가 이 글을 쓰는 것은 내가 도움을 청할 때 거절한 사람들에게 인간이 꼭 거절만이 능사가 아니라고 말하고 싶기 때문이다. 십시일반이라고 하지 않는가? 한 번쯤 생각해볼 만한 말이다. "김두환 어르신, 책 나오면 제일 먼저 갈게요. 그때 도와주신 것을 생각하면, 자꾸 눈물이 나네요. 정말 감사하고 존경합니다. 그리고 어르신, 자리 까는 것은 더 생각해보겠습니다."

초봄에 병이 들어 치료 받은지 6개월이 지나니 어느 정도 걸어 다닐 수 있고, 여관비도 부담스럽고 하여 여관을 나왔다. 그런데 갈 데도, 돈도 없으니 남들처럼 처음에는 노숙도 하고 돈 생기면 찜질방에도 가고 돈 없으면 우유에 빵 하나 사 먹고 어느 빌딩 한적한 곳을 하루 저녁 전세 내 잠자고 했다. 어느덧 계절은 겨울로 접어들어 저녁이면 추위를 견디기 힘들고 음식을 못 먹어 영양부족인지 매사에 의욕이 없고 병들고 초라한 신세가 서러워 자꾸만 비관만 하게 되었다. 겨울이 오니 누구에게 찾아가 도움을 청하기도 그렇고 내 인생도 여기서 끝내 폐인이 되어 길을 헤매다가 종말을 맞나보다 생각하니 이 세상에서 가장 사랑하는 자식들이 보고 싶었다.

병든 몸을 이끌고 그 애들 앞에 도저히 나타날 수 없어 전화를 했더니 큰 아들은 전화번호가 바뀌었고 딸은 내 목소리를 듣고 곧 바로 전화를

고구마-~고구마를 캐낼 때의 즐거움은 물론이고, 요즘 웰빙 뿌리채소로 각광을 받고 있다.

끊어서 딸에게 음성녹음으로 "사랑하는 딸아, 날씨가 추워지는구나. 그 동안 오빠와 잘 있었니? 군대 간 막내도 잘 있는지 궁금 하구나. 날씨가 추워지는데 약값이 없어 그러니 염치없지만, 돈 조금 통장에 넣어주면 고맙겠다. 또 연락하마" 하고 전화를 끊었다. 그런데 전화를 하면서 애들 엄마 안부도 물었어야 했는데, 왠지 야속한 생각이 들었다. 아무리 부부는 헤어지면 남이라지만 철부지 자식들을 병든 아버지에게 못 가게 할까 생각하니 여자가 한을 품으면 무섭다더니 하면서도 서운한 감정은 여전했다. 왠지 딸에게는 너희들을 먹이고 입히고 대학까지 졸업시켜주었는데, 그럴 수 있느냐는 생각이 들었지만, 애들 엄마에게처럼 그렇게 서운한 감정은 들지 않았다. 아마 이것이 부모 마음이 아닐까 싶었다.

구기자~열매와 잎을 오랫동안 복용하면, 허약 체질을 개선하고 뼈를 튼튼하게 해주고 눈을 밝게 해 준다.

그 사람을 가졌는가?

여기에 함석헌 옹의 시 한 편을 소개한다.
제목은 "그 사람을 가졌는가" 이다.

만리길 나서는 길
처자를 내맡기며
맘 놓고 갈 만한 사람
그 사람을 그대는 가졌는가

온 세상 다 나를 버려
마음이 외로울 때에도
저만이야 하고 믿어지는
그 사람을 그대는 가졌는가

탔던 배 꺼지는 시간
구명대 서로 사양하며
너만은 제발 살아다오 할 그런
사람을 그대는 가졌는가
불의의 사형장에서
다 죽어도 너희 세상 빛을 위해
저만은 살려두거라 일러줄

고구마 수경재배

그런 사람을 그대는 가졌는가

잊지 못할 이 세상을 놓고 떠나려 할 때
저 하나 있으니 하며
빙긋이 웃고 눈을 감을
그 사람을 그대는 가졌는가

온 세상의 찬성보다도
아니 하고 가만히 머리 흔들
그 한 얼굴 생각에
알뜰한 유혹을 물리치게 되는
그런 사람을 그대는 가졌는가.

인간은 환경에 따라 글을 읽은 소감과 느낌이 다르다는 것을 몸이 아픈 다음에야 알았다. 전에는 이 시를 읽고 역시 함석헌옹다운 시라고 감탄은 했을지언정 지금처럼 마음에, 아니 지금의 내 처지와 부합되어 의문을 품었던 것을 시원하게 해결해주는 글은 없었다.

사람이 일생에 친한 친구 세 명만 있으면 성공한 인생이라고 지인에게 말했더니, 그것은 옛날이야기이고 지금은 한 명만 있으면 성공이라

봉봉〈로미오와의 교배종.〉

고 했다. 이 말에 어느 정도 공감한다. 그만큼 친구 사귀기가 어렵다는 뜻이고 중요하다는 것 아니겠는가.

나는 사실 삶을 각박하다기보다는 바쁘게 살아왔다. 어렸을 적에는 심부름하고 나무하고 꼴 베느라고 친구를 사귈 기회가 없었고 청소년 시절에는 머슴살이 하느라고 사귈 만한 기회가 없었다.
청소년 시절에 일년을 새경으로 쌀 세 가마니를 받고 머슴살이를 했다. 그리고 이곳 저곳을 다니다가 중학교는 다닌둥 마는둥 하며 졸업을 했고 고등학교만 3년을 제대로 다녔다.

 이러한 성장 환경 때문에 친구 사귈 기회가 많지 않았다. 나에게 친구라면 나이가 나보다 한 살 아래인, 고등학교 때 같이 자취도 하고 학교 다니는 동안 늘 붙어 다닌 P가 있다. 학교를 졸업한 뒤 그는 대학에 가고 나는 지긋지긋한 가난에서 벗어나고자 군대를 가서 만기 제대를 한 다음 사업을 시작했다.

그는 대학 졸업 후 군에 다녀와 회사에 다녔다. 그는 부모님이 물려준 재산도 많고 친형도 있고 어느 모로 보나 나보다는 환경이 좋았다.
나는 스물여덟 살에 결혼하여 3남매를 두었는데, 이 친구는 서른이 훨씬 넘었는데도 결혼을 하지 않았다. 하지 않았다는 표현보다는 못

영화. 시로의 섬. 윤정희 전무송

했다고 해야 옳을 것이다. 지금은 남자든 여자든 결혼을 늦게 하지만, 그때는 결혼 적령기가 남자는 25~28세이고 여자는 23~25세였다.

꼭 이 나이에 결혼하라는 법은 없지만, 그때 사회 분위기가 이 나이에 결혼하는 추세였다. 이 친구가 결혼을 안 하는 이유는 나이 서른이 넘도록 모아놓은 돈이 없어서였다. 인성이 한없이 착하다 봉급을 타서 친형을 다 주고 자기 생활비로 지출하다 보니 항상 빈털터리였다. 그리고 결혼하는 것보다는 혼자서 즐기며 사는 것을 더 좋아했다. 그런 그에게 결혼하려 해도 누가 아무것도 없는 사람에게 시집오려고 하겠는가.
그 친구와 나는 한 살 차이로 3~4년씩 시골에서 농사짓다가 학교를 다녔기 때문에 학교가 늦었다. 그러니 우리는 남들 대학 다닐 꽤 고등학교를 다닌 것이다. 그래도 머슴 살던 내 처지에는 말 좀 보태면 고등학교를 다닌다는 것은 기적이라고 해야 옳을 것이다.
아무튼 이 친구는 서울에서 직장생활을 하면서 내가 서울에 한 번씩 올라가 만나면 여자들 이야기로 시간을 다 보냈다. 동서고금을 막론하고 남자들은 여자 이야기라면 자다가도 벌떡 일어나 듣는다 하지 않는가! 그가 이야기할 때 그러냐고 장단을 맞추어주면, 더 신이 나서 이야기를 했다. 자기는 여자들이 줄줄 따른다고. 그리고 한번 붙으면 본드처럼 달라붙어 떨어지지 않는다고 했다. 어떤 여자들을 사귀기에 그러느냐고 물으니 처녀도 있고 허름한 과부도 있고 유부녀도 있다면서 자기가 자칭 변강쇠라고 더 신나서 말했다. 과부와 처녀 만나는 것은 자유지만, 유부녀는 콩밥 먹지 않으려면 조심하라고 했더니 자기들이 좋다고 덤비는데, 어쩔거냐고 했다.

지금은 세상이 변했는지 개판이 되었는지 가정집 주부들의 탈선이 도를 넘어 개판이 되었다고들 한다. 지금부터 30~40년 전만 해도 유부녀가 바람피우다가 남편한테 들키면 가정이 깨지는 것은 물론이고 주변의 시선이 곱지 않았다. 그런데 지금은 남녀평등인지 뭔지 그 뜻이 왜곡되어 노래방, 이발소, 유흥업소에서 생활비와 교육비를 번다는 명목으로 아가씨 유부녀 허름한 과부들까지 한 가락씩 주름잡고 있는 모양이다. 이 모두 해서는 안 되는 일이지만, 자본주의 사회에서 남과 같이 살기 위해서 나 자식 교육 때문에 그런 짓을 한다면, 한쪽 눈은 감을 수 있지만, 순전히 향락과 쾌락을 위해서 못된 짓을 하고 요즈음 물 좋겠다. 비누 좋겠다. 그곳을 싹싹 씻으면 그야말로 죽 떠먹은 자리요 한강에 유람선 지나간 자리가 아닌가!

우리나라는 자고로 동방예의지국이란 말이다.

그런데 OECD국가 중 이혼율과 자살률은 일등, 출산율은 꼴등이다. 바꾸어 말하면 좋은 것은 꼴등, 나쁜 것은 일등이다. 우리나라가 어쩌다가

영화, 춘향전, 김성수 이나영

이 지경이 되었는지 기성세대의 반성과 대책이 있어야 한다. 그것을 부추기는 데 방송이 일조하고 있다. 시청률을 올린다고 걸핏하면 삼각관계요 툭하면 불륜이고 이혼이다. 그리고 요즈음 아기 딸린 이혼녀들이 총각과 결혼한다는 소재가 등장하기도 하는데, 만일 그런 글을 쓰고 프로그램을 만드는 당신 자식들이 그렇게 하겠다면, 어떻게 하겠는가. 모르면 몰라도 기절초풍할 것이다.

영화, 요절복통 서영춘 김난희

그런데도 시청자들은 자기와는 무관할 거라며 희희락락거린다. 자기 발등에 떨어질 불일지도 모르고. 거듭 말하지만, 기성세대의 반성과 대책이 거듭 있어야 한다고 말하고 생각을 한다.

그 친구의 여성 편력 이야기를 듣다가 이제 장가가야 할 것 아니냐고 했더니, 적당한 상대가 없다고 했다. 사귀는 아가씨가 있지 않으냐고 했더니 "다들 남자 경험이 많은 여자들인데 너 같으면 결혼하겠니?" 했다.

"그래, 알면 병이고 모르면 약이라고 네 말에도 일리가 있다. 내가 중매할 테니 결혼할래?" 하고 물었더니 "야, 그래도 아가씨를 한번 보아야 하지"했다. "너 같은 순 잡놈이 보고 말고가 어디 있니? 내가 내려가서 연락하면 내려와" 하고 약속을 했다.

마침 전문대학을 나와 교육청에서 직장생활을 하는 J양을 알고 있기에 그녀 직장의 L 과장에게 J양의 품행을 물으니 믿을 수 있을뿐 아니라 보증을 한다고 했다.

그래서 J양에게 중매를 서고 싶은데 나이 스물여덟이 되도록 결혼을 안 하는 것은 사귀는 사람이 있어서 그러느냐고 물었다.

그녀는 직장 생활을 하다보니 그렇기도 하지만, 적당한 사람이 없어서 결혼을 못 했다고 했다. 나이가 서른하나인 친구가 있는데 돈은 없어도 직장은 있고, 인간성 좋고 건실한 청년이니 한번 만나보겠느냐고 했다. 남자가 지금까지 무얼 했기에 빈털터리냐고 물어서 인성이 착해 형에게 돈을 다 주어 지금은 가진 것이 없으나, 시골에 부모님이 물려준 땅은 조금 있다면서 사람 하나 보고 결혼하면 평생 후회하지 않을 거라고 했다.

그 시절엔 여자 나이 스물여덟이면 결혼이 늦은 편이었다. 남자를 보고 마음에 들어 결혼하게 되면 결혼하려고 모아놓은 돈으로 우선 밥해 먹을 수 있는 도구만 간단히 준비하고 나머지는 둘이 살 집 전세보증금으로 이용하라고 단도직입적으로 말했다.

그녀는 어처구니가 없는지 아무 말도 하지 않다가 아무리 그렇지만 전셋집 하나 마련할 돈이 없는 그런 빈털털이한테 중매를 하려고 하느냐고 물었다.

그래서 "저녁에 퇴근하고 어머니한테 내가 어떤 사람인지 우리 마을에 물어 보라고 그래. 그 사람 믿을 수 있다고 하면 내 말을 들어요. 어머니 하고 나하고 고향이 한 동네인 줄 알제?" 했다 그리고 언제 연락하면 약속 장소로 나오라 하고 서울 친구에게 좋은 처녀가 있으니 내려오라고 했다. 토요일 오후에 온다고 하기에 J양에게 토요일 오후 몇 시에 어느 장소에서 올드한 처녀 총각이 만나 새로운 역사를 만들어 보라고 했다. 친구가 내려왔다.

언제나 만나도 즐겁고 부담이 없고 무엇이든 주고 싶고 같이 어디든지 다니고 싶은 것이 친구다. 그것도 이 세상에서 하나뿐인 친구가 왔으니 얼마나 즐겁고 좋았겠는가. 약속 시간에 친구와 함께 다방으로 나갔더니 그녀는 자기 오빠하고 같이 나와 있었다. 서로 인사를 시키고 둘이 이야기하게 하고 그녀의 오빠와 나는 자리를 비켜주었다.

둘이 저녁까지 시간을 보내고 밥까지 먹고 왔기에 "어때? 아가씨가 맘에 들디? 하기야 너 같은 개잡놈 중고품 한테는 맘에 들고 안 들고가 어디 있어. 그 정도면 너한테는 과분하지" 하니까 친구는 서울 가서 연락하기로 하고 헤어졌다고 했다.

그 다음날 J양에게 남자가 마음에 들더냐고 물었더니 웃기만 하지 말을 하지 않았다.

그리고 7~8일이 지난 뒤 친구가 갑자기 나한테 왔다. 앞에서도 말했지만, 친구란 내 것을 주어도 좋은 사이 아닌가. 그런 친구가 왔으니 또 얼마나 즐거웠겠는가. 결혼이야 둘이 인연이 있으면 하는 것이다. "야, 벌써 아가씨가 보고 싶어서 왔니?" 했더니 말은 안 하고 계속 싱글벙글 웃기만 했다. "며칠 전 토요일에 서울에 올라와서 일요일에 형님 내외분에게 인사하고 내려갔어" 하더니 또 웃기만 하기에 "날아가는 참새 구멍을 봤나 미친놈처럼 말은 안 하고 웃기만 해" 했더니 "벌써 중앙청에 태극기 꽂아버렸다" 했다. 놀라서 언제 그랬냐고 물었더니 "일요일날 아가씨가 이곳에 내려오면서 서울역에 전송 나왔다가 기차 시간이 남아서 그때 그랬어야" 했다. "너 아무리 선수라지만 빠르다 해도 너무 한 것 아니냐?" 하니까 "내가 책임지면 될 것 아니냐?" 했다. "너 오랜만에 말 잘한다.

귀한 집 처녀 중앙청에 고속도로 내놓았으니 당연히 책임져야지! 만일 허튼짓 했다가는 중매쟁이로서 가만두지 않는다"하며 엄포를 놓았다. 그리고 한 달 후 쯤 결혼 날짜를 잡아 결혼하여 아들딸 낳고 지금껏 잘 살고 있는 친구 생각이 불현듯 났다.
그동안 이 친구와 연락을 끊고 살았다. 부도내고 서울구치소에 들어가 있을 적에 면회 한 번 안 오고 더욱이 수표 회수하려는데 돈이 부족하여 출감 하면 준다고 돈을 좀 빌려오라고 애들 엄마를 보냈더니 돈이 없어 못 빌려준다면서 술이나 한잔 살 테니 언제 저녁에 한번 연락 하라고 했다 하기에 몹시 괘씸한 생각이 들어 연락을 안 하고 지낸 것이다.

영화. 어머니 용서 하세요 남 진 윤미라

돈이 없으면 어디서 빌리면 될 것이고 그도 저도 싫으면 얼마가 되었든 면회를 못 가니 면회 갈 때 영치금으로 넣어주라고 아내에게 돈이라도 몇 푼 들려주면 됐지 시간 있으면 술을 사겠다고 연락하라고 했다니. 그것도 점심때가 아닌 저녁에 말이다. 그리고 술 살 돈 있으면 영치금으로 보내주면 내가 얼마나 눈물겹도록 우정에 기뻐할 것인가.

구치소나 교도소에 갇혀 있는 사람들은 돈의 많고 적음에 관계없이 조그만 성의에 감사하고 기뻐한다. 사실 말이 나왔으니 남편이 사고로 감옥에 가면 죄 없는 마누라들 속이 새까맣게 탄다. 함석헌 옹이 왜 시 제일 처음에 '만리길 나서면서 처자를 내맡기며'를 써놓았는지 그 의미를 알 것 같았다.

이런저런 사연으로 연락을 안 하고 살다가 한 번 찾아가 오해도 풀고 딱한 사정을 말하고 도움을 받으려고 친구에게 연락했다. 만나자고 하여 그동안 서운했던 일을 이야기하고 내가 만들어 놓은 책을 찾아서 팔아 종자돈 만들려하니 200만 원만 빌려달라고 했다. 알았다며 점심이나 같이 먹자고 하기에 내가 지금 한가하게 밥 먹을 시간이 없다. 만일 책이 제본소에서 약속을 어겨 처분되면 나한테는 엄청난 손해고 앞으로 재기하기가 힘들다고 구구한 말로 오랜만에 만난 친구에게 자존심 구

영화, 13월의 연정

기며 사정했다. 친구는 알았다면서 밥이나 먹자고 한사코 식당으로 끌기에 따라가 밥을 먹는데 밥이 목구멍으로 들어가는지 콧구멍으로 들어가는지 몰랐다.

친구가 10만 원짜리 자기앞수표를 밥값으로 지불하고 거스름돈을 받아서 내지 주기에 한 푼이 새로운 판에 자존심이고 나발이고 생각할 새도 없이 받아서 주머니에 넣었다. 헤어질 때 한 번만 살려달라고 하면서 명함에 은행 계좌번호를 적어주었는데, 친구가 봉투를 내밀었다. 약값이나 하라고 돈을 준줄 알고 받아보니 자기 아들 장가보낸다는 청첩장이었다. 땅을 길 정도로 몸을 낮추면서 부탁하고 이제 저 친구가 돈 안 해주면 포기하기로 마음먹었다.

그리고 힘들게 전철을 타고 우리은행을 들락거렸지만, 통장은 늘 공란이었다. 사람이란 다 그러는 것은 아니지만, 내가 있을 때 친구이고 어디까지나 서로 대등한 관계에서 친구이지 이미 거지 사촌인 내가 친구에게 도움을 청한다는 것은 순진한 생각이었다.

지금부터 20여 년 전에 자동차를 사면서 그 친구에게 보증을 부탁하였더니 친구가 즉시 마누라가 보증을 서주었다. 그런데 지금은 내 처지가 병든 사람 그리고 집도 절도 없는 사람인데 어찌 생각해보면 거절은 너무도 당연한 것이었다. 애당초 거절당할 것도 생각하고 부탁해야 마음고생이 덜 하지 기대했다가 안 되면 거기에서 오는 상실감은 말로 표현하기 어렵다.

나는 친구에게 돈을 부탁하면 야 돈 그것 가지고 구구하게 말을 많이 하느냐. 너하고 나 사이가 그것 밖에 안 되냐 하며 부탁한 돈을 주며 또 내 힘이 필요하면 언제든지 부탁하라고 할줄 알았는데 그것은 완전히 나 혼자 생각이었고 착각이었다.

친구를 사귀는 데 가장 중요한 것은 불행을 함께 짊어져 주는 것이라는데 과연 요즈음 세상에 그런 친구가 있을까? 또 누군가가 옆에 있어 주면 고난이나 위기를 만나도 그 험난함은 줄어든다고 했다. 사람이 극한 상황에 처해 있을 때 자신을 이해해주는 사람 한 사람만 있어도 커다란 만족 속에 행복한 마음으로 살아갈 수 있다고 한다. 공주 갑부 김갑순 옹은 남이 어려울 때 그 사람의 앞길을 열어주라고 했다. 그러면 당신이 어려울 때도 마찬가지라고. 사람이 살면서 친구가 소중하다고 하는데, 나에게는 두 친구가 있었는데, 두 친구 다 북망산천으로 갔다.

특히 고등학교 동기인, 박이라는 친구는 못 견디게 보고 싶다. 광주에 내려 와서 전화를 하면 온라인으로 바둑을 두면서 바쁘다고 만나주지를

소나무〈금강송〉가 풍성한 봉화 "불영계곡"

않았다. 다시 말하면, 내가 어려우니 부담스러웠는지 모르겠지만, 만나서 이야기를 했으면 얼마나 즐거웠을까? 그리고 지금 와서 생각하니 그 친구와의 모든 추억이 그리웁고 아쉽기만 하다.

멜론~짙은 머스크 향기와 단맛이 일품이다

앞으로 남자구실을
하면 만나요

"어느 날 어떤 사람이 이미 연로한 소포클레스에게 '선생님은 아직도 성을 접촉하여 즐기십니까?' 하고 묻자 그는 '아이고, 맙소사. 사납고 잔인한 주인에게서 도망쳐 나온 것처럼 이제 나는 막 거기서 빠져나왔소이다' 라고 적절하게 대답했다. 그런 것들을 갈망하는 사람들에게는 '그런 것들이 없다는 것이 아마도 혐오스럽고 괴로운 일이 되겠지만, 그런 것들에 물리고 신물이 난 사람들에게는 즐기는 편보다는 없는 편이 더 즐거운 법이라고 나는 생각한다." 로마 철학자 키케로의《노년에 관하여 우정에 관하여》라는 저서에서 인용해보았다.

한의원 부근의 여관에 있을 때 그녀는 쌀하고 김치가 떨어질 만하면 가져다주고 돈은 만 원만 달라고 하면 없다고 1,000원짜리 두 장 주면 많이 준다고 앞에서 적은 바 있다. 치료 후 5개월 정도 된 토요일 오후에 그녀가 와서 여관에서 자고 가겠다고 하기에 나야 거절할 이유가 없었다. 그녀가 있으면 오랜만에 그동안 못했던 이야기도 하며 나로서는 즐거운 일이었다.

 5개월 만에 서로 살을 맞댄다는 것은 남녀 간에 동서고금을 통해 그보다 더 좋은 일은 무엇이 있겠는가?
오랜만에 그녀가 옆에 있다는 것은 나로서는 매우 의미 있는 일이지만, 그녀로서는 아주 위험한 일이었다.

만일 내가 언제는 살자고 해놓고 몸에 병드니 바이 바이냐고 하면서 빈대 붙으면 죽이지도, 살리지도 못 할 수 있는 처지가 될 수도 있는 일 아닌가?

쌀하고 김치만 가져다주는 것으로 끝나야지, 그녀로서는 잘못 하다가는 큰 혹을 하나 붙일 수도 있는 일이다.

그동안 못했던 이야기를 하고 자려는데, 그녀가 성관계를 원했다.

나는 눈도 코도 없는 것이 성질을 내야 하는데 그러지 않는다고 했다.

그랬더니 '앞으로 남자구실을 할 수 있을 때 만나자' 하는 것이 아닌가?.

실로 내가 바라던 바였다.

그녀에게 빌붙으려면 요즈음에 비아그라다 뭐다 먹고 눈도 코도 없는 것을 벌떡벌떡 성질나게 해 인간의 본적지를 향하여 인정사정 볼 것 없이 돌진하면 이 양반, 갑자기 왜 이러느냐고 몸을 비비 꼬고 나 죽어 할 것 아닌가.

영화, 아제 아제 바라아제, 유인촌 강수연 배종옥

그런데 몸이 아프고 나서는 남자구실을 못 한다 하기 보다는 관심이 없다고 해야 옳을 것이다. 만일 내가 환자라는 것을 망각하고 우선 먹기는 곶감이 달다고 그녀에게 나 이렇게 얼마던지 자기를 즐겁게 해줄 수 있으니 나 버리지 말어하면서 죽자 살자 덤비면 아이고 이 골치 덩어리를 어떻게 하면 좋아 하고 가져다주던 김치하고 쌀도 안 가져다주고 당신 새끼들한테나 가라고 하면서 굳바이 중풍 환자 하였을지도 모른다.
〈어느 날 어떤 사람이 연로한 소포클라스에게 선생님은 아직도 성을 접촉하여 즐기십니까?"하고 묻자 아이고 맙소사 사납고 잔인한 주인에게서 도망처 나온 것처럼 이제 나는 거기서 막 빠져 나왔소이다 라고 대답했다. 그런 것들을 갈망하는 사람들에게는 "그런 것들이 없다는 것이 아마도 혐오스럽고 괴로운 일이 되겠지만, 그런 것들에 물리고 신물이 난 사람들에게는 즐기는 편보다는 없는 편이 더 즐거운 법이라고 나는 생각 한다"〉
위 글은 우리 나이 든 사람들에게 상당히 정곡을 찌른 의미 있는 것으로 많은 것을 함축하고 있다고 본다.
 노철학자가 그 신물 난 것에서 이제 막 빠저 나왔다고 했을까?
나이 든 요즈음처럼 여자 문제에 자유로우니 정말 몸과 마음이 편하다.

나처럼 중풍에 떨어져 고생하시는 분이 있을까 하여 몇자 적습니다. 아픈 사람은 아픈 사람이여서 그런다손 치더라도 긴 병에 효자 없다고 옆에서 간병하는 사람들이 더 힘든다고 하고 또 그렇습니다. 나는 처음부터 혼자서 투병 생활을 하였습니다. 앞에서 잠깐 자식들에 대해 말했으니 참고하시기 바랍니다.
내가 일신의 편안함을 얻고자 비아그라를 먹고 행동 하였다면 건강을 회복 못 하였으리라고 봅니다. 왜냐하면 김치에 밥만 먹어 영양이 형편 없고 고혈압 환자에게는 그것이 독이라고 하는데, 결과는 너무도 뻔 하지 않습니까. 또한 나는 간병인도 돈을 줄 사람도 없으니 내 자신이 모든것을 해결 하여야 하니 병상에만 누어 있을 수가 없었습니다. 겨우 주변의 가드 내일이나 가로수를 의지하여 잡고 겨우 걸을 수 있어, 앉다기다 하면서 오직 병이 낫는다는 일념으로 누어 있고 싶은 충동을 뿌리치고 살기 위해 8키로의 책 세트를 들고 팔러 다니지 않으면 않 되었습니다.

그리고 돈이 없어 약을 먹지 못 하였는데 의사는 내 사정도 모르고 병이 재발하여 다시 떨어지면 영원히 일어나지 못한다는 말은 나를 너무 힘들게 하였습니다. 그리고 그런 내 처지가 서러워 많이많이 울었습니다. 그것도 서럽게 말입니다.

하지단 지금껏 도와준 사람들의 고마움이 각박하고 힘든 내 삶을 지탱하게 해 주었습니다. 어린시절에 길에 서 있는데, 어떤 처녀가 머리에 꽃 한송이를 꽂고 또 손에 들고 위아래로 흔들면서 "뒷 동산에 동백꽃도 곱게 피는데/ 뽕을 따던 아가씨는 서울로 가고/"의 노래를 정신이 이상이 있어 부르며 가는. 처녀를 보았습니다. 나도 그녀처럼 정신이 돌아버려 그랬으면 하는 생각이 들때도 있었습니다.

하지만, 지금은 이렇게 정신도 말쩡하고 글도 쓰니 얼마나 다행입니까? 머슴살이

영화 서울공주, 김주승 김형자 민복희

할 때의 일입니다 산에 나무를 가면 민둥산의 산에서 할 나무가 없습니다. 머슴들은 하다못해 가시덤불이라도 베어 짊어지고 오는데, 또래들은 빈 지게로 내려 오기 일 쑤 입니다 그것은 꼭 해야 한다는 정신 자세라고 봅니다. 마찬가지로 꼭 병을 낫겠다는 의지가 필요 하지요 나 보세요 병원 입원 보증인 때문에 속 태웠는데, 그걸 해결 했지요 병원비 걱정을 하였는데 그것도 마찬 가지고요 그리고 지금의 나는 무척 바쁩니다

우리 나이에 할 일이 없어 하루하루 보내는 것보다 바쁜 내 삶이 훨씬 의미가 있다고 봅니다. 나처럼 투병 생활을 하시는 분들이 계신다면, 이기려는 의지 앞에는 바람에 구름 걷히듯이 거칩니다.

영화. 천사 늪에서 잠들다 유장현 금보라

그리고 하늘은 스스로 돕는자를 돕는다고 하지 않아요 어렵고 도저히 벽에 부디처 앞으로 뒤로 갈 수 없을 것 같아도 길이 생기데요 아니 누가 도와 주데요.

끝으로 물리치료 대신 돈이 없어 책을 팔러 다녔지요 그것이 내 병을 낫게 하는데 일조 하였다고 봅니다. 걷기에 조금 불편할 뿐 생활 하는데는 괜찮습니다. 2,000년 전 키케로는 왜 성에 대하여 사납고 잔인한 주인에게서 도망쳐 나왔다고 했을까요?
참으로 나이 먹은 남자들에게는 이보다 적절한 말은 없을 것이다.
평생 한 짓을 나이 먹어서 안 된다고 뱀이다.
물개 눈도 코도 없는 것이다. 죄 없는 곰쓸개다.
그것도 모자라 요즈음은 비아그라를 주머니에 넣어 가지고 다니면서 자랑하는 인간들을 보면 참 인간이 여러가지들을 한다는 생각이 든다.
나는 학교 다닐 때 공부라 하면 수재로 통했다. 적어도 여자를 돌랐을 때는 그랬다는 것이다..

가급적 공부에 한가락 했다는 이야기는 내 자랑 같아 안 하려 했는데 말이다. 그런데 요즈음이 그때 한가락 할 때처럼 집중력과 암기력과 사고력이 최고 상태다. 몸 아프기 전까지는 책을 보고 연구ㆍ공부해야 할 에너지를 여자 만나는 데 일부 소모했다면, 지금은 모든 에너지를 책을 보고 사색하고 연구하는 데 집중하니 이 상태라면 어떤 시험이든 공부해 합격할 수 있다고 자신할 만큼 정신력이 한군데로 집중되어 있다. 이 글을 쓰려고 몇 년간 미루어 왔는데 요즈음 컴퓨터 자판기를 두드리니 거미 양 엉덩이 사이에서 실이 빠져나오듯이 글이 잘 써진다.

그 뒤 고마운 그녀와 만나는 것은 피하고 있다.
남자구실도 제대로 못하면서 만나면 그녀는 어떻게 하겠는가. 좋은 사람 만나는데 나라는 사람이 걸림돌이 되어서는 안 된다.

건강하고 인간성 좋은 남자 만나야 할 텐데 걱정이다.
이야기 쓴 김에 그녀에 관해 한 가지 더 쓰겠다. 우리네 과부 아짐씨들에게 도움이 될 것 같아서 써비스로 쓴다.

그녀가 나를 만나기 전 소개소에서 소개해준 가짜 회장 이야기다. 소개소에서 회사 회장인데, 한번 만나보라고 하여 다방으로 나갔더니 멋들어지게 생긴 중년 신사가 앉아 있었다.
순진한 땡빛 그녀가 기분이 약간 상기되어 있는데, 젊은 사람들이 007 가방을 들고 왔다 갔다 하면서 어디서 전화 오면 "회장님, 전화 왔습니다" 하고 회장에게 폰을 주었다.
그러면 회장이 받아서 몇억이 오고가고 거창한 내용으로 통화를 했다.
순진한 그녀가 오랜만에 좋은 사람 만나나 보다 하고 마음이 들떠 있을 때 나한테서 전화가 와 밑져야 본전이라고 나를 만났 단다.
그런데 그 사람과 내 행동이 너무 대조적이어서 혼란스러웠다.
그래서 일단 그 잘난 회장하고 노숙자 예비생하고 양다리 작전을 했다. 그 잘난 회장이라는 사람은 항상 다방에서 만나자고 하는데 나는 입은 옷 그대로 가식이 없어 누구를 선택할까 망설이던 중 하루는 회장하고 다방에 앉아 차를 한잔하는데, 자기들끼리 전화하면서 돈이 얼마만 있으면 큰 돈번다고 하며 옆에 있는 사람들이 계속 '회장님, 회장님' 하면서 돈이 필요하다고 했다.
순진한 땡빛녀께서 순간적으로 돈이 얼마나 필요하냐고 하니까 가짜 회장이 1,000만 원만 있으면 내일 물건 처분하면 200만 원을 얹어 준다고 하니까 긴가민가해서 가까이 있는 이 양다리에게 자문을 구했다. 그 말을 듣는 순간 사기꾼들이구나 싶어 그 회장이란 사람 명함 받은 것 있느냐고 물으니 명함집에 맡겼는데 안 찾아왔다며 주지 않는다고 하기에 그러면 회사 전화번호 아느냐고 하니 모른다고 했다.

나는 웃으면서 그런 거창한 회사 회장은 다방에 와서 소개소에서 소개해준 사람 만날 만큼 한가하지 않으니, 두 번 다시 만나지 말라고 신신당부했다.

그녀가 만난 별의별 남자들 이야기는 쓰지 않겠다. 남자들 망신이기 때문이다. 그리고 가짜 회장, 사장님들에게 이제 여자들 등골 빼먹을 생각은 접으라고 권하고 싶다. 그녀들은 착하디착한 우리 누이들이니까.

나는 글을 쓰느라고 밤 6시에 사무실에서 있는데, 키가 훤칠하고 목에 수건, 믁도리까지 길게 늘어뜨린 사람이 와서 교회 요람을 만들어 줄 수 있느냐고 하면서 30일 후에 교회 창립 15주년 기념 예배를 보려고 한다면서 그때 교인들 한테 나누어 주려고 하는데, 주일날 자기 교회로 와서 촬영을 하여야 한다고 하였다.

영화, 즌자의 사랑 이야기 최불암, 안옥희

나는 일을 맡는다는 욕심에 친절하게 상담을 하였다. 주일날 자기 교회로 촬영 하러 오면 계약금을 준다고 하기에 이게 웬 떡이냐고 고맙다고 몸을 흔들면서 배웅을 해 주었다.

그런데 한 5분 후에 다시 와서 집에서 옷을 갈아입으면서 카드를 가지고 오지 않아 돈이 없다고 내일 아침에 교회 전도사한테 송금 해 주라고 하겠다고 돈 십만 원만 빌려주라고 하기에 저녁에 돈이 어디에 필요해서 그러느냐고 하였더니 주변 시장에 가서 주일날 교회 점심 식사 때 먹을 채소를 사고 택시를 타고 양주 소망교회까지 가야 한다고 하여서 나한테 7만 천원이 있어 7만원을 주니 3만 원이 더 있어야 한다고 하여 밤에 빌릴 때가 없다고 하니 어디 식당이라도 가보라고 하도 간곡히 부탁해서 거듭 일 맡을 욕심으로 아래층 식당에서 빌려주니까 나한테 천 원 있는 것까지 달라고 하여 엉겁결에 주고 돌아서는 순간 교회 회계 집사라는 사람이 참 더티하다고 생각하고 쏜살같이 가기에, 쫓아가다가 눈이 쌓여 다칠까 봐 포기하고 말았었다.

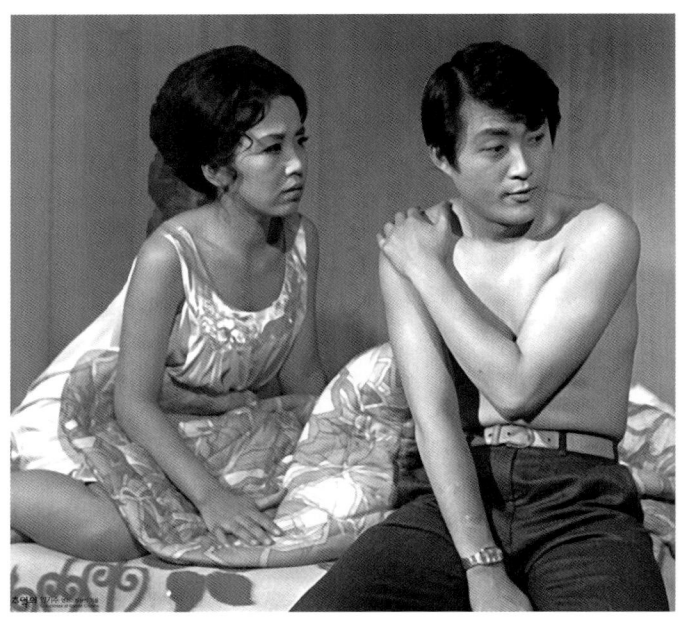

영화, 말썽난 총각 노주현, 사미자

그가 적어준 전화번호로 확인 결과 전부 허위였다.

참 그렇게 하는 것보다 사대육신 건강하니 열심히 일하여 살면은 좋을 텐데, 이 장애인 돈 십만 원이면, 쓸때가 많은데 말이다. 사기꾼 치고는 추잡한 사기꾼이다 돈 천 원을 다 가져가고 말이다. 이 추운 겨울에 사기꾼아 안녕이다...

앞에서 땡빚 그녀는 4남매를 훌륭하게 키웠다고 한 적이 있다. 그런 적극성 떄문에 4남매를 훌륭하게 키울 수 있었다고 감탄하고 있다. 나도 아프지만 않았으면 그녀의 도움으로 사업을 크게 번창시켰으리라고 본다. 그런데 그녀의 적극적인 행동을 칭찬하지 않으면 공무원으로 말할 것 같으면 직무 유기다.

오랜만에 그녀가 어떻게 지내냐고 하면서 한번 만나서 밥이나 같이 먹자고 했다. 나는 성격이 남한테 대접받기를 싫어해 언제나 밥값을 먼저

영화, 오세암, 김혜수 심재림

내버린다. 그러니 주머니 사정이 넉넉하지 않으면 그녀가 만나자고 해도 자존심 때문에 사양하곤 했다. 어쩌다 만나면 헤어지면서 만 원을 준다. 그러면 돈 있다고 거절한다. 돈이 있는 여자건 없는 여자건 여자 돈 만 원은 큰돈이다.

땡빛녀가 오랜만에 만나자고 하는데 그동안 외로움을 책 보고 사진 찍으러 다니며 달래곤 하였지만.

오랫동안 안 보니 보고 싶어 그녀를 만나는 순간 눈물이 또 나왔다. 그녀 앞에서 한참 우는데 그녀는 어쩔 줄 몰라 하며 바라만 보았다.

내가 진정되니 전에 만났을 때처럼 식당으로 가서 고기를 실컷 먹으라고 했다.

내가 도대체 그녀에게 뭔데 생각하면서 비싼 고기 대신 5,000원짜리 된장찌게 한 그릇씩 먹는데 그녀가 금년이 만 65세인데 노령연금 받느냐고 물었다. 아무 말도 안 하고 있으니 애들한테서 아직도 아무 연락이 없느냐고 묻기에 고개를 끄덕였다. 그랬더니 애들이 해도 너무한다면서 아무리 엄마가 연락을 못하게 한다고 그럴 수 있느냐고 했다. 이번에는 그녀가 눈물을 흘렸다. 나도 또 눈물이 났다.

한참 있다가 그녀가 진정하고 "그러면 아직 건강보험도 안되겠네" 하기에 고개를 아까처럼 끄덕이니 "염병하네" 했다. 어처구니가 없으니까 그렇게 말한 것 같았다. 왜 지금껏 주민등록을 살리지 않았느냐고 물었다. 다른 사람 집에 주민등록을 옮겨 놓자고 하면 가족이 없느냐고 할 텐데 자존심 상하는 일이어서 그렇다고 했다. 그랬더니 지금 이 처지에 자존심 따질 때냐고 혀를 끌끌 차면서 지금 당장 자기와 가자고 했다. 어디를 가느냐고 하니까 "가기는 어디가, 이 답답한 양반아 동사무소에 가지" 했다. 그러면서 당분간 자기 집에다 주민등록을 옮겨놓았다가 다른 데로 옮길 곳이 생기면 옮기라고 했다.

절룩거리며 강아지가 주인 따라가듯 동사무소에 가서 주민등록증을 살리려니 과태료로 10만원을 내라고 했다. 그녀가 나를 보면서 "돈 없재" 했다. 그러면서 자기가 대납 해줄테니 노령연금 타면 갚으라고 했다. 그녀 덕븐에 주민등록을 살리고 건강보험 해택도 받고 노령연금도 받을 수 있기 되었으니 그녀에게 고맙고 또 고마워 그 신세를 갚으려고 노력하고 있다.

4남매를 훌륭하게 키운 적극성과 지혜의 결과로 내 주민등록을 살리는 것이리라. 누군가 그랬다지요, 어머니는 강하다고.

영화. 춘향전 김성수 이나영

카드 이용한도

한때 젊은이들 사이에 유행한 말이 있다. 교통부 장관이 제일 싫어하는 노래가 무엇이냐고? 그야 안개 낀 고속도로지. 그럼 보건복지부 장관의 애창곡은? 그야 세월이 약이겠지 아니겠어! 송대관이 부른 '세월이 약이겠지요' 라는 노래가 있다. 여름에 유행하던 전염병도 찬 바람이 불면 사라진다는, 그래서 세월이 가야 한다는 뜻에서 빗대어 한 말일 것이다. 그렇다. 나도 중풍에 떨어져 오른쪽이 마비되어 왼쪽으로 생활한 지도 2년이 지났다. 2년이라는 세월을 이가 없으면 잇몸으로 산다고 오른손을 못 쓰니 왼손으로 생활하고 있다. 처음에는 불편하기 그지 없었지만, 지금은 왼손으로 제법 글씨도 잘 쓴다. 걸음걸이도 처음보다는 많이 좋아졌다. 이런 어려움을 참고 송대관의 '세월이 약이겠지요' 를 음미하며 살아왔는데, 의사의 말을 빌리자면 뇌신경이 손상되어 평생 이 상태로 살아가야 한다고 했다. 이정도라도 불행 중 다행이다. 하지만 세월이 약이듯이 날마다

영화, 그 사랑 한이되어, 조용필 유지인

몸 상태가 좋아지겠지 하는 기대와 희망을 가지고 살고 있다.
어릴 때 집안에 당촌 할아버지란 분이 계셨다. 이 어른은 부잣집 아들로 태어나 일을 전혀 할 줄 모르셨다. 분가해 살면서 물려받은 재산은 없어지고 살기가 매우 곤궁해졌다. 생활이 어려우면 일을 열심히 해야 할 텐데 일 대신 북을 가지고 시조를 읊으며 사는 것이 할아버지 일과셨다.
지금은 집에서 술을 마음대로 담아 먹을 수 있지만, 그 시절에는 밀주라 해서 가인이 술을 담아 먹는다는 것은 범법이었다.

하루는 세무서에서 밀주 단속을 나왔는데, 할아버지 집에서 밀주가 발견되었다. 세무서 직원들이 마을에 오면 밀주를 집 주변에 숨겨놔도 잘 찾아냈다. 할아버지가 세무서 직원한테 한 번만 봐달라고 통 사정을 해도 세무서 직원은 안 된다고, 벌금을 물어야 하니 서류에 도장을 찍으라고 닦달했다.
할아버지가 화가 나서 가운뎃다리를 잡는 시늉을 하며 "나는 좆밖에 없어 없어"하니까 세무서 직원이 오른쪽 다리를 들면서 "내 다리가 내 다리가 아니어" 하면서 고무다리를 보여주니 할아버지가 기가 죽어서 결국 벌금을 물었다.
그 시절에 고무다리는 한국전쟁에 참전하여 부상을 당한 결과로 상이군경이라면 어렸을 때 벌벌 떨었던 기억이 있다.
결국 할아버지가 가운뎃다리만 있다는 것은 아무것도 없으니 마음대로 하라는 것인데 세무서 직원이 국가를 위하여 싸우다가 한쪽 다리를 잃은 사람인데 그깟 가운뎃다리로 나를 겁주느냐고 폼을 잡았으니 할아버지는 임자를 만나도 한참 잘못 만나 앞발 뒷발 다 들고 만 것이다.
한동안 우리 마을에서는 그분 흉내를 내는 것이 유행이었다.
그런티 인간사 알 수 없다고 지금은 내 한쪽 팔다리가 부자연스러우니 누군가 말했듯이 세상은 다 살아봐야 아는 것인가 보다.
나는 자존심 100이라면 50 이하는 굴욕이라 생각하며 지금껏 살아왔다. 그러나 사정이 너무 급해 자존심을 0에 놓고 '그래, 찬란한 내일을 위해 이번 한번만 자존심을 구기자' 하고 친구에게 부탁한 것이라 친구가 들어줄 줄 알고 우리은행을 며칠간 들락거렸다.

3월 중순인데도 겨울의 끝자락은 오는 봄을 시기하는 것인지, 마지막 가는 것을 아쉬워하는 것인지 하늘에서 나풀나풀 내리는 눈을 바람은 이곳저곳으로 날리게 했다.
은행 여직원이 내리는 눈처럼 몸을 흔들며 드나드는 내 모습이 딱했는지 아니면 초라한 내 행색을 보고 추우니까 몸을 잠깐 따뜻하게 하려고 드나드는 사람인지 의문이 들었는지 은행 앞에 나와서 오고 가는 손님들에게 인사하다가 내가 들어오는 것을 보고 뭐 도와줄 일이라도 있느냐고 물었다.
안될 줄 뻔히 알면서도 "박계장님(박서영), 나 좀 도와 줘요"했더니 무엇을 도와주느냐고 묻기에 신용카드 하나 만들어 주면 고맙겠다고 했다.
인적 사항을 적어달라고 하여 적어주고 은행을 나오려 하니 오후에 전화로 결과를 알려주겠다고 하기에 결과는 '안 되겠는데요' 할 것이라고 생각 했다.
애들 엄마가 빚쟁이들이 찾아오니 주민등록을 말소했다가 땡빚 그녀에게 "내가 당신 남편하고 살 테니 전혀 간섭하지 말라"라고 하는 말을 듣고 얼마나 오장육부가 뒤틀렸는지 주민등록에서 아예 내 정보를 없앤 것 같았다.
다른 은행에서 이미 카드발급을 신청 했지만 주민등록 말소로 망신만 당한 경험이 있었다.

사람이란 그렇다. 아무리 친한 친구라도 내 위치가 초라하면 왜 송금하지 않느냐고 전화할 용기가 나지 않는다. "너한테 돈 빌려주고 언제 받게 이 미친놈아. 나한테 돈 맡겨놨냐?" 할 것이다.
위에 말한 그 친구와의 관계를 장황하게 적은 것은 친구를 잃은 안타까

서울 대 공원에서 귀여운 쌍둥이를 찰칵!

움에 독자들은 나와 같은 경우를 당하지 말라는 것이다.
인생에서 친구 한 사람만 있어도 성공한 것이라는데, 나는 그렇지 못했으니 나와 같은 전철을 밟지 말라고 경험을 적어 보았다.

가까운 사람일수록 돈 거래는 하지 말라고, 잘못하면 사람 잃고 돈 잃는

다고 하지만. 지나가는 개가 트위스트 춤을 출 일이란 이런 말을 들을 때 쓰는 것이다. 반복해서 말하지만 을지로 지하도에서 노숙하면서 라면 하나 사먹게 1,000원 짜리 한 장만 달라고 해도 거의 주지 않았다.
만일 잘 아는 사람이 달라고 하면 거절을 하겠는가. 있는 돈 없는 돈 다 털어주고 따뜻한 밥이라도 한 끼라도 사주고 가야 발길이 떨어질 것이고 카드로라도 옷 한 벌 사주는 것이 그 사람에게는 크나큰 은혜이다.
기독교에서는 사랑이라고 하고 불교에서는 자비라고 하며 춥고 배고픈 사람에게 밥 주고 옷 주는 것이 보시 중에 최고라고 한다.
그래야 저녁에 집에서 잘 때 발 뻗고 편안하게 잘 것이다.

어떤 이는 못 본 척하고 가기도 하겠지만. 여기서 답은 나온 것이다. 잘 아는 사람끼리는 돈거래를 안 한다는 말이 얼마나 허구인지 말이다.
그런데 이것이 진리인 양 백이면 백 이 말이 옳다고 한다.
참으로 예수님께서 진리가 너희를 자유롭게 하리라는 말이 무색하다 하겠다.
내 말이 틀리면 모르는 사람과 잘 아는 사람한테 가서 돈 좀 꾸어달라고 해보라. 전자는 "당신 혹시 머리가 어찌 된 것 아니오" 하겠지만. 후자는 "어디다 쓰려고? 얼마나 필요해?"할 것이다. 몇 백 년 동안 참말인 양 한 말이 허구라는 것을 알 것이니 앞으로는 절대 이 말은 하지 말길 바란다.
만일 내 말이 틀렸다면 주변에. 아니 당신 자신이 알지 못하는 사람과 돈거래를 한 일이 있는지 생각해 보시라.
한마디로 없을 것이다. 거듭 말하지만 이것은 순전히 이 노숙자가 경험하면서 터득한 진리이다.
제발 우리 이제 나무는 보고 숲을 못 보는 우는 범하지 말아야 한다.

나는 부모 복이 없어 가방끈이 사정없이 짧다.

사람은 어려워 봐야 그 사람을 알 수 있다고 한다. 아무리 현재 등 따습고 배불러도 어려웠을 때 도와준 사람을 잊어서는 안 된다.

상대가 어려움에 빠져 피눈물을 흘리며 도와 달라고 애원하는데 모른 척해서는 안 된다. 한평생 살면서 언제 어떻게 될지 아무도 모른다.

그리고 어느 구름에 눈비 올 줄 모른다고 하지 않는가!

사무솔에 돌아와 사진 정리 작업을 하고 있는데, 은행 박계장한테서 신용카드를 만들어주겠으니 은행으로 와서 서류에 서명하고 카드 신청을 하라고 했다. 처음에는 박계장이 다른 사람 인적 사항을 입력한 것으로 알고 정말 내 이름이 맞느냐고 확인했더니 그렇다고 지금 은행으로 오라고 했다.

반신반의 하면서 박계장한테 가니 서류에 몇 가지 적고 서명하라고 했다.

왼손으로 글씨를 지렁이 기어가는 것처럼 썼더니 "명필이시네요" 하며

영화, 연인들의 이야기 송승환, 최명길

긴장을 풀어주었다. 순간적으로 센스가 상당한 직원이라고 느끼며 앞으로 행원으로서 능력을 인정받는 사람이 되겠구나 싶었다.

서류에 서명하여 박 계장에게 주면서 "지금껏 이런 명필 구경 못 하셨죠?" 하니까 웃었다. 카드가 나오려면 며칠 걸리느냐고 물었더니 일주일 안에 우편으로 보내준다고 했다.

사진관을 하다가 망해 지금은 놀고 있는 P씨가 있다.

지금도 나이가 73세인데 항상 정장을 하고 몸 관리를 잘하고 다녀 60대 중반으로 볼 정도다. 시간이 있을 때면 내 사무실에 들러 지나간 이야기를 재미있게 했다. 바꽃의 알뿌리로 부자라는 식물이 있다.

이 식물은 한방에서 양기를 돋우기 위해 양기가 부족한 사람에게 처방해주는 약제인데, 적당히 쓰면 약이 되지만, 많이 쓰면 사람의 목숨을 빼앗기도 한다. 흔히 사극에서 나오는 사약의 원료가 되는 부자란 것이다.

P씨는 사진관을 잘하다가 카드 때문에 망했다고 했다.

부자를 적당히 쓰면 약이 되지만, 많이 쓰면 목숨을 잃듯이 카드도 마찬가지다. P씨는 글래머인 유부녀를 알고 지냈는데, 이 유부녀가 잘생긴 P씨에게 홀딱 반해서 2~3일이 멀다 하고 만나자고 연락했다 한다. P씨는 늘그막에 무슨 복이냐며 이 여자를 만났는데, 그녀는 입 두 개만 가지고 다니면서 위로, 가운데 입으로 먹기만 하지 도통 돈을 쓰지 않았다.

마음씨 좋고 잘생긴 P씨는 이 여자의 이 있는 입과 없는 입을 열심히 먹이다 보니 돈이 바닥이나 카드를 발급받아 썼다. 결제일에 돈이 없어 다른 은행에서 카드를 발급받아 소위 돌려막기를 하다가 한계에 이른 P씨는 은행 다섯 군데에서 신용불량이 되어 결국 사업을 정리하고 신용회복위원회의 도움으로 한 달에 얼마씩 갚고 있다고 한다.

P씨가 내 사무실에 왔기에 먹이려면 이 없는 것만 먹이지 있는 것까지 먹여서 고생하느냐고 했다. 이 잘생긴 사람이 "글쎄, 그렇게 하려고 해도 카드 부도 난 뒤로는 전화를 받지 않아" 했다.

나는 "이 없는 것만 먹이려고 덤비니 누가 만나주겠소. 두 군데 입을 먹여줄 사람이 줄 서 있을 텐데 말입니다" 하고 P씨를 놀려 주곤 했다.

그렇다-. 부자를 적당히 써야 약이 되듯이 P씨도 카드를 적당히 써서 사업에 도움이 되도록 해야 했을 텐데 글래머 유부녀 위아래로 열심히 먹이다가 정작 카드가 P씨에게는 사약이 되고 말았던 것이다.

사무실에 돌아와서도 과연 카드가 발급될지 몰라 우편이 오기만 기다렸다. 그리고 제본소에 연락하여 카드발급을 신청하여 일주일 안에 나온다니까

사진. 앞에서부터 김운기, 백경희 작가 상수허브 사모님 필자〈상수허트〉

그때까지만 기다려 주면 고맙겠다고 사장한테 통사정했다. 사장은 이번만 연장해주고 더는 연장해주지 않겠다면서 일주일 더 기다려 준다고 했다. 그렇게 몇 달 동안 돈 200만 원을 구하지 못해 발버둥 치며 가슴

태웠는데 카드발급으로 그걸 해결하게 되었다고 생각하니 가슴이 터질 것만 같았다. 세상천지에 이런 뜻하지 않은 데서도 문제를 해결하는구나 싶었다.

드디어 기다리던 카드가 우편으로 왔다.

책 제본비 200만 원주고 나머지는 종자돈 삼아 꼭 사업에 성공하리라 다짐하며 은행으로 달려가 이용 한도를 조회해보니 현금서비스 20만원에 할부 50만 원이었다.

영화, 달빛 타는 여자, 선우일란 엄도일

박 계장한테 옛날에 카드 쓸 적의 10분의 1에 해당하는 금액이라고 실망스러운 얼굴로 말하니 본부에 연락해 한도를 올려달라고 하겠다고 했다.

박 계장이 카드 본사로 전화하니 내가 신용이 적어 이용 한도가 적다고 했다면서 오히려 박 계장이 나에게 미안해 어쩔 줄을 몰라 했다.

그러면서 카드 사용 포인트가 쌓이면 이용 한도를 올려준다고 했다. 일장춘몽이라더니 이런 경우를 가리켜 하는 말인가 보다. 정에 약한 사람은 길거리에 낙엽만 굴러도 마음이 흔들리듯 참 오랜만에 박계장의 친절에 괜히 가슴이 흔들렸다. 몸에 병들고 나서 정에 굶주린 결과인가 보다.

그 뒤 박계장은 대리로 승진하여 평창동 지점으로 옮기어 근무하다가 지금은 출산휴가를 받아 집에서 아기를 기르고 있다고 한다. "승진한 박대리. 그때 참 고마웠습니다. 지금도 나는 사약이 아닌 내 몸을 살찌우는 보약으로 그 카드 잘 쓰고 있습니다." 카드 이용 한도가 얼마 안 되어 하는 수 없이 제본소에 연락해 책을 임의 처분하라고 하니 내가 딱했던지 사장은 열흘을 더 연기해줄 테니 돈을 마련해 오라고 했다.
돈 200만 원을 못 구해서 천 오백만 원의 책을 찾을 수 없는 내 신세가 서러웁고 슬프다 못해 기가 막힌다.
이제 포기를 하는 것이 최선인 것 같다.
책 제본소에 전화를 했다.
"사장님. 안 되는 것은 안 되는 것인가 봅니다.
이제 미련을 떨쳐 버리렵니다.
잘 안되는 때에는 어떤 일을 해도 마찬가지인가 보네요" 하고 전화를 끊었다.

가족들이 버린 사람

우리는 우리의 더러운 발자국을 지우기 위해 허리춤에 빗자루를 매달고 다녀야 합니다. 우물에서 물을 길어 마실 수도 없습니다. 사원에 들어가 신께 기도도 드릴 수가 없습니다. 신성한 곳이 더럽혀진다는 이유로 그 곳에 그림자도 드리울 수가 없습니다.
신이 우리에게 주신 권리는 오직 하나, 구걸할 수 있는 권리입니다. 우리가 천하게 태어난 것은 전생에 지은 죄 때문이라고 합니다. 사람들은 우리와 닿는 것만으로도 오염이 된다고 생각합니다.
그래서 우리의 이름은 불가촉천민 달리트입니다.- 〈신도 버린 사람들》(김영사) 발간에서 인용

나는 이 책 제목을 보는 순간 짜릿한 흥분과 호기심이 일어서 구입 해서 읽기 시작했다.
그래, 신도 버린 사람들이 있는데, 나는 가족들에게만 버림을 받았지 신에게는 버림을 받지 않았잖아. 교

영화, 신궁 윤정희 김희라

회에 들어가 '예수 나를 오라하시네' 찬송가를 부를 수도 있고 기도도 할 수 있으며, 절에 가 대자대비하신 부처님 앞에 엎드려 참회할 수도 있으니 이 얼마나 다행한 일인가! 참으로 다행한 일이 아닐 수 없는 일이라 생각된다.

나는 윗가친척들 그리고 많은 독자에게 물건을 팔러 가면 더러는 처지가 곤란하고 자칫 잘못하면 내 마음을 다칠까 봐 눈치만 보고 아무 말도 하지 않지만 독자들은 몸도 제대로 가누지 못하면서 물건을 팔러 오면 더러는 가족들이 없느냐고 묻는다.

나는 대답 대신 다음에 들르겠다고 하고 문을 나오려면, 그들은 차나 한 잔하고 가라면서 미안하게 되었다고 사과 한다. "나부터 그런 질문을 할 텐데요" 하며 물기 묻은 눈으로 대답한다.

나는 이 글을 쓰면서 이 단원의 글 쓰기를 무척 망설였다.

자칫 잘못하면 사랑하는 자녀들에게 상처가 될 수도 있기 때문이다. 하지만 느픽션을 쓰면서 쓸 걸 안 쓰면 빵에 우유가 없는 것이라 생각하여 쓰기도 결심했다.

나는 아들 둘, 딸 하나의 삼남매를 두었다. 큰아들과 딸은 대학을 졸업시켜 직장 생활을 하고 있으며 막내아들은 자기 엄마가 대학 2년까지 보내다가 군대에 갔다 와 복학하여 졸업했는데 현재의 근황은 모른다. 그러니까 아내가 막내아들의 대학 학비와

여자는 비처럼 남자를 적신다.
이미숙, 김동현

생활비를 혼자서 부담했다.

그리고 자식들 소식을 20년의 세월이 흐르도록 모르고 있다. 다만 큰 아들만 몇 번 만나기도 했다. 나를 만나는 것이 부담스러운 것 같은 내색을 해 내가 자식들에게 떳떳할 때까지 만나는 것을 보류하기로 마음을 먹었다.

앞에서 언급했지만, 병이 들어 연락하였지만 막내는 군대에 가고 아들 딸은 연락을 하지도 받지도 않았다. 집으로 찾아가면 되지 않느냐고 하거나 그러려면 자식들은 무엇 하러 낳느냐고 할 것이다. 이 세상에서 제

영화 〈가문의 밤〉에 자식들의 한 장수연

그들이 외면을 하는 데는 충분한 이유가 있는데 그들을 찾아갔을 때 냉대한다면 자존심이 상해 견딜 수가 없을 것이다. 그러면 여기서 아무리 그래도 병든 아버지를 그렇게 할 수 있느냐고 할 것이며 또한 오죽했으면 그렇게 하였겠느냐고 할 것이다.

하지만 병든 아버지에게 만 원 한 장 주지않고 밥 한그릇 사주지 않은 것은 부끄러운 일이며 부모 자식간에 있어서는 안 되는 일이다.
고등학고 때 화학을 가르치신 B 선생님이 학교를 그만두고 서울 종로에 K학원을 설립하여 운영하다가 쫄딱 망하여 나처럼 병은 들지 않았지만, 오갈 데가 없어서 수색 부근에 지하 방을 얻어 지내면서 동문 제자들을 찾아다니며 얼마씩의 도움을 받아 생활하셨다.

그때 동기들이 모이면 그 선생님 이야기들을 하면서 선생님 가족들을 성토한 기억이 있다. 사모님은 선생님이 학교에 그냥 있기를 바랐다. 그런데 학원 한다고 재산 다 날리고 빚쟁이들이 집에까지 찾아와 가족들을 괴롭히니 자식들과 따로 살림하며 선생님과는 담을 쌓은 것이다.
부산에서 서적을 외판하는 J라는 분이 있다. 이 분은 아들 셋과 딸을 하나 두었다. 언제나 근면하고 성실하게 살면서 자식들을 대학교까지 졸업시키느라고 노후 준비를 하지 못했는데 중풍에 떨어져 병원 생활을 하다가 병원비가 없어 집에서 요양하는데 어린 딸만 왔다 갔다 하지 아들들과 부인은 병든 사람을 외면한다는 소식을 들었다.
그래서 마음 아파한 기억이 있다. 물론 이것은 아주 특별한 예이고 부모님 간호하려고 직장도 그만두는 사람도 있고 얼마든지 좋은 이야기들이 있지만, 그런 것은 생략한다. 그런데 내가 그 입장이 되다니 하는 생각을 하던 괴롭기만 하고 웬지 씁쓸 하기만 한 걸 어이하랴!

그렇다면 왜 사랑하는 자식들이 나를 외면했는지 그 이유를 적는다.
앞에서 빚쟁이 등살에 온 가족이 시달림을 받았다고 하였다. 그러나 이것보다 근본적인 문제가 나에게 있었다.
나는 어린 시절 그 힘들었던 가난에서 벗어나고자 앞뒤 안 보고 살아왔다고 앞에서 적었다.
그리고 무엇이든 하고자 한 것은 거의 했다.
이것이 내 인생을 쪽박 차게 하였다. 아니,
거지가 되고 병신이 되기도 하였다.
앞에서 말했듯이 나는 머슴을 살던 사람이다.
그런 내가 고등학교를 졸업하였으니 무슨 일이든 할 수 있다고 자신한 것이다.
아마 나처럼 부도를 세번 낸 사람도 드물 것이다..
 혹자는 그것이 무슨 자랑이라고 말하느냐고 하겠지만, 이 글은 픽션이 아니고 논픽션이기 때문에 사실대로 쓸 수밖에 없다.
결혼하고 광주에서 사업을 하다가 고등학교의 동기에게 사기를 당하고 부도를 내서 재산을 모두 채권자들한테 주고 직장 다니는 아내를 직장에 못 다니게 하고 고향 순천으로 가서 2년간 아이를 보았다. 그때 생활은 아내가 보따리 장사를 해서 하였다.
순천 사람들은 아내가 보따리 장사를 하여 돈을 모아 내가 사업할 수 있도록 했다는 것을 아는 사람은 다 안다.

아내는 처녀 시절에 광주에서 좋은 직장에 다녔다.
광주 직장의 상사들이 순천지원으로 와 근무하면서 아내가 남대문시장에서 물건을 떼어다 보따리 장사를 하는 걸 보고는 도대체 남편이 어떤 사람이기에 좋은 직장을 다니지 못하게 하고 보따리 장사를 하게 하느냐고 해서 화제가 되었다. 그런데 아내는 조금도 부끄러워하지 않았다. 밤늦게까지 돌아다니며 3년 가까이 순천시를 돌아다니며 장사를 하면서도 나한테 불평 한마디 없었다. 지금도 그 때의 일을 생각하면, 늘 고맙게 생각하고 있다.

내가 아이를 보다가 집을 비우면 아이를 등에 업고 장사를 다니기도 했다.

아내가 고생하는 것이 미안해 전국을 다니며 책 외판사원을 해 돈이 몇 백만 원 모이기에 남대문 시장에 물건을 떼러 갈 적에 그 돈을 주었더니 아내가 그렇게 좋아할 수가 없었다.

그 뒤 이 경박한 사람이 아내가 모아놓은 돈을 가지고 사업을 시작했는데 아내의 헌신적인 내조의 힘으로 사업이 그런대로 꽤 번창하였다.

그런데 서울에서 아는 선배가 쎄무 가죽 점바 사업을 하자면서 어음·수표를 1억 원만 발행하면 큰돈을 벌 수 있다고 하기에 아내가 반대 하는데도 말을 듣지 않고 수표를 발행했다.

쎄무잠바는 소가죽으로 만들어야 하는데 선배는 돼지가죽으로 만든 것을 소가죽으로 만들었다고 나를 속였던 것이다.

나는 그 말을 믿고 소비자들한테 소가죽이라고 팔았는데 돼지가죽으로 만든 것 이었다.

영화. 어머니는 강하다 . 고은아 허장강

잠바를 사 입은 사람들이 야근을 하는 경찰관들이 많았는데. 옷이 비를 맞으면 형편없이 된 관계로 할부로 팔아놨더니 수금이 안 되어 부도를 낼 수밖에 없었다. 선배가 나를 속인 것이다. 부도가 나자 아내가 힘들게 보따리 장사한 것을 종자돈 삼아 사업을 일으켜 사놓은 집과 모든 재산을 채권자들한테 변호사 공증해주고 서울로 올라왔다.

이때라도 나는 사업할 성격이 못 된다는 걸 깨닫고 직장 생활이라도 했으면 좋았을 텐데 그렇지 못한 것이 후회 막급 했다. 당시 고등학교 은사님이신 이강재 선생님이 도 지방과장인 김기옥 선배에게 전화를 해 주셔서 순천시청 양 부시장한테 전화와 편지를 써 주어 양 부시장을 만났다.

순천시에 근무를 하라는 허락이 되었지만, 나는 거절을 했다.

양 부시장은 자기 서랍을 열어서 국회의원과 이곳저곳에서 취직 부탁의 이력서를 보여 주면서 김 과장이 내가 부탁한 사람을 한 자리 마련해 준다고 하면서 고향이 순천이라고 후배를 부탁을 해서 그러는데 하며 약간 의하한 눈으로 나를 바라보았다. 당시 광주에서 사업을 한 경험이 있어서 봉급이 내 마음에 차지 않아서 거절을 했던 것이다.

김기옥 선배가 우선 임시직으로 일년만 근무하면 자기가 옮겨 다니면서 정식으로 발령해 준다고 했던 좋은 조건을 발로 툭 차버린 내가 때로는 후회스럽기도 했었다.

서울에 올라와 사진 책들을 만들면서 아내에게 한 번만 더 도와 달라고 하여 도와주면 또 손 벌

영화, 13월의 연정 박근형, 이영옥

리기를 20여 년 했으니 그걸 본 아이들은 아버지를 엄마 돈 가져다 써버리는 사람으로 인식했을 것이다.

그런데 아내는 집에 쌀이 없으면 밥을 굶었으면 굶었지 절대 자기 돈으로 쌀 사는 법이 없고 아이들 학비와 교통비도 모드 내가 주게 했다.

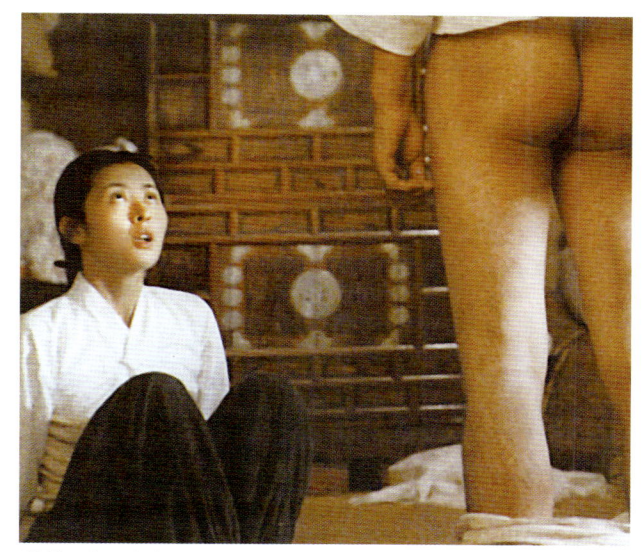

영화. 뽕. 이대근, 이미숙

아내는 서울에 올라와 S생명에 입사하여 연고가 아닌 개척으로 보험모집에서 영업소 1등을 계속하여 영업소 소장까지 하였다. 이렇게 힘들게 모아놓은 돈을 이번만, 이번만 하면서 밑 빠진 항아리에 물 붓기식으로 가져다 써 버렸다.

그리고 애들 3명 앞으로 각각 800만 원씩 저축은행에 정기 예금 해 놓은 돈을 수표 막는다고 해약해 써버렸다.

나 몰래 내 명의로 아파트 청약통장 들어놓은 것도 해약해 써 버렸다.

그런 아버지가 자기들 눈에 좋게 보일리가 없고 어머니가 너희 아버지를 가까이 하면 너희들도 똑 같이 거지 되니까 상대 하지 말라고 했던 것이다.

아무튼 책 만드는 데 미쳐서 아내가 벌어놓은 돈 하며 딸아이가 졸업하고 직장 생활 할 때 그 이름으로 신용카드를 발급하여 쓰고 못 갚으니 신용불량자 안 되려고 딸아이가 갚았다.
부도까지 내고 감옥에 가니 자식들은 자기 엄마가 아버지 뒷바라지하면서 힘들어 하는 모습을 보고 나에 대한 모습이 부정적으로 각인되어 있었고 자기 어머니가 계속 너희 아버지는 할 수 없는 사람이니 절대 가까이 하지 말라고 당부를 했던 것이다.

이런 처지에 족제비도 낯짝이 있지 어떻게 자식들 앞에 나타날 수 있는가 말이다. 이런 상황에서 아버지 노릇도 못한 주제에 자식들도 자식들이지만, 그렇게 고마운 애들 엄마 앞에 나타나 애들 결혼시키면서 연락도 안 했느냐고 할 수 없었다. 처음 딸이 결혼한 것을 주민등록을 보고 알았을 때에는 내 자신이 이 세상에 존재한다는 자체가 잘못되었다고 생각하며 분노가 일었다.
그러다가 땡빛 그녀를 만났을 때 딸 결혼 이야기를 하였더니 잘되었다고 하지 않는가! 아무리 그래도 아버지한테 연락도 안 하느냐고 할 줄 알았는데 반대의 말을 하니 내 생각이 틀렸다는 것을 알았다.
순간 아버지 대신 오빠 손을 잡고 식장에 들어가는 딸의 마음은 어떠했을지 생각하니 가슴이 찢어지는 것 같았다.
 그렇다. 분노야말로 인간이 갖는 어리석음의 교본 같은 것이다.
그 어리석음의 끝은 어디일까? 그것은 후회하는 한 또 한 번의 어리석음으로 끝난다.
그러나 병든 몸으로 살아가기가 너무 힘들어도 자식들에게 신세를 지지 않는 것은 자존심 하나로 버텨왔다.
인간은 순간의 분노를 달랠 줄 알아야 한다.

그렇지 않으면 그 분노가 자신을 더욱더 비참하게 만들 뿐이다.

그리고 성공하기 위해 조급 해 할 일은 절대 아니다.

먼저 자기가 잘하는 것부터 하나 둘 해 나가면 반드시 기회는 다시 온다.

인간의 생은 길다면 길지만, 짧다면 짧다. 거듭 말하지만 절대 서두르지 말아야 한다.

미운 정, 고운 정 다든 조강지처는 남편 사업이 어려울 때 온 마음을 다해 격려해주고 작은 돈이라도 어떻게든 만들어 준다.

이자 돈거래를 하며 평소에 간이라도 빼줄 듯 친하게 지내다가도 사업이 어렵다는 말을 하면 혹시 자기가 빌려준 돈을 떼이지 않을까 하여 남보다 건저 채권을 확보하려고 하지만, 가족만큼은 그렇지 않다.

어떻게든 도와 주려고 최선을 다한다.

이처럼 사업하는 사람에게는 가족이 중요하다.

그러니 절대 가족을 등한시해서는 안 된다.

내 꼴이 되지 않으려면 말이다.

가족에게 신임을 잃지 않으면 설사 사업에 실패해도 재기의 발판을 만들 수 있다. 사업에 실패해보가야 가족과 아내의 고마움을

영화, 마음 약해서 배삼룡, 서영춘, 도금봉

안다.
그러니 사업이 잘되고 안 되고 간에 절대로 가족들을 소홀히 해서는 안 된다. 사업에 실패한 것도 억울하고 분하고 원통한 일인데, 몸이 병들고 가정마저 잃었으니 이 짧은 세상 잠시 왔다가는 내 인생은 무슨 의미가 있단 말인가! 참으로 슬프고 허무한 삶이라고 생각한다.
그리고 나처럼 인간 부도수표가 되지 말고 인간 보증수표가 되어야 한다.

이것은 순전히 내 경험에서 우러나와 하는 말이니 참고하시라.
무슨 일이든 성공 뒤에는 누구도 알지 못하는 그 사람만의 피눈물 나는 노력이 있듯이 실패 뒤에는 그 사람이 결정적으로 잘못한 것이 많다.
실패한 사람이 제아무리 자기의 어려움을 다른 사람에게 하소연해봐야 구차한 변명으로밖에 들리지 않는다.
냉혹한 현실 앞에서 패자는 아무리 분통을 터트려봐야 자신만 추하고 비참해진다.
실패하고 빈털터리로 잘났다고 해본들 누구 한 사람 관심을 가져주지 않는 것이 냉혹한 현실이라는 것을 알아야 한다.
무슨 일을 하든 막다른 골목에 내몰리지 않도록 알량한 도덕심 같은 것은 버리고 독하게 해야 한다.
그리고 치밀하게 순간순간 냉철하게 결단할 수 있어야 한다.
다시 말하지만 무슨 사업을 하든 악하고 독하면 처자식 거느리고 거리에 나앉을 정도로 망하지는 않는다.
저렇게 독한 놈은 생전에 처음 보았다는 소리를 들어야 한다.
나처럼 사람 좋다는 소리를 듣다가 처자식에게 버림받는 사람이 되어서는 안 된다.

바꾸어 말하면 나는 애당초 사업을 해서는 안 되는 사람이었다.

내가 젊은 시절에 누가 이런 충고만 해주었더라도 인생 황혼에 이런 꼴은 안 당했을 텐데 말이다.

내 경험담이 후배들에게 많은 도움이 될 것이기 때문에 반복해서 말한다.

사업에 실패한 사람은 쓰디쓴 실패의 후유증을 가슴에 품은 채 무대 뒤로 사라지는 사람이 그렇지 않은 사람보다 훨씬 많다는 것을 알아야 한다.

사업에 실패한 자들은 성공한 자들과 달리 독하지도 악하지도 못하다는 공통점이 있다.

영화. 방의 불을 꺼다오 최무룡, 문 희

실패한 사업가들과 실패하지는 않았지만 하는 일이 부진한 사람들이 공통적으로 하는 말이 하나 있다.

사업하면서 자기 자신이 너무 인정이 많았고 독하지 못했다는 것이다. 백번 옳은 말이다. 꼭 새겨 들어야 할 말이다.

아무리 그럴더라도 가족들의 냉대는 좀 심했다고 생각 하지만, 어려울 때 헌신적으로 뒷바라지를 해준 애들 엄마에게 미안하고 고마울 뿐이며 잘못을 빈다.

참외~위에 열이 쌓여서 일어나는 변비에 효험이 있다

남의 속도 모르고

젊은시절 책 판매업자가 나한테 크게 도움을 받은 일이 있다 몸에 병든 후에 그는 병원비하라고 오십만원을 준 일이 있기도 하다. 나는 3일까지도 책을 팔지 못하고 밥을 쫄쫄 굶고 대구 청수장 여관에를 들어가니 불교 신자인 주인 아주머니가 나를 보더니 저녁을 먹었느냐고 물어 보기에 나는 순간 먹다남은 밥 있으면 한 술 주라고 하고 싶었지만. 그놈의 자존심이 무엇인지 아무 말 않고 방으로 들어 갔더니 밥 한 그릇과 라면을 끓여서 열무김치와 같아 주기에 아무리 눈물을 감추려고 해도 나오는 눈물을 주체할 수 없었다.
여자가 남자보다 직감이라는 한가지가 더 있다고 한다.
몇 년 전까지만도 해도 직원들을 데리고 다니면서 기가 펄펄 하던 사람이 어느 날 갑자기 병들은 몸으로 책을 팔러 다니는 나를 몇일간 보다가 저녁에 들어오는 모습이 구걸하러 오는 사람처럼 초라하고 힘없는 내 모습에서 밥을 먹지 않았다는 걸 직감 했던 것 이다.

나는 지금도 대구에 가면 꼭 그 여관에 가서 고마움을 인사한다. 그 이튿날 대구에 있어 바야 경비만 나고 책을 못 팔겠기에, 서울을 올라오면서 송금이 오겠지 하고 대전 터미날에서 내려 송금 확인을 하니 입금이 안 되어 하는 수 없이 전화를 하니 곧 송금 해 주겠다고 하기에 은행을 들락거려도 송금이 안 되어 8만 원 하는 책을 만원에 팔려고 서점에서 사정을 해도 거절을 하여 아는 사진관으로 가 책을 맡기고 돈 만 원을 빌리면 김밥 한 줄 먹고 서울 차비가 되겠기에 사진관으로 가보니 사진관 주인 부인만 있어 말도 못 하고 또 은행에 들렸다가 문을 나오니 저만치서 천 원짜리 한장이 바람에 날리고 있어 누가 먼저 주울까 바 군대에서 달리기하듯 하려 해도 굼뱅이가 기어간 것 같은 걸음으로 가서 체면불구 하고 돈을 주었다. 참 인간사 모를일이다 3일 굶어 담 안 넘는 사람 없다는데 나는 담을 넘으려 해도 넘을 수 없는 몸이 아닌가?
우선 목구멍이 포도청이라고 대전 터미날 앞 김밥집으로 가서 허기를 달래야 했다.
김밥을 말아 써는 순간에 옆에 사람들이 먹고 남긴 김밥과 단무지를 배 속에다가 담고 있으니 김밥을 가지고 온 아주머니는 어처구니가 없는 눈으로 나를 쳐다본다.
한참을 생전 먹지도 않는 단무지와 함께 먹다 남은 김밥들을 다 먹으니 아주머니가 썰다 남은 김밥을 더 주면서 생전 밥 구경 못 했느냐고 웃으면서 물 길레 김밥이 너무 맛이 있어서 그렇다고 하고 은행을 들리니 송금이 와 있었다. 돈 천원의 소중함을 이때 알았다.

충북 보은사진관에서 있었던 일을 적을까 한다. 8킬로그램짜리 책을 들고 사진관에 들어가니 남자 주인은 없고 인상 좋은 아주머니만 있었다. 책을 팔아야 하고 그 업소에 필요한 자료여서 주인 아주머니냐고 물으니 친절하게 고개를 끄덕이며 나를 의자에 앉으라고 해 앉으니 차 한 잔 드릴까요" 했다. 달라고 하여 차를 마시며 인상 사진과 웨딩, 어린이, 프로필, 기타 사진 촬영기법이 여기에 수록되어 있어 영업상 필요하니 구입 하라고 하며 가격을 할인해주겠다고 했더니, 지금 돈이 부족해 절반은 주고 나머지는 송금해주겠다고 했다.
그렇게 하기로 하고 돈을 막 받으려는 순간 주인 남편이 들어오다가 보고 자기 허락 없이 무슨 물건을 사려고 하느냐면서 무지막지하게 자기 부인을 나무랐다. 보기에 하도 딱해서 내가 "사장님이 공부할 수 있게 책을 구입 하려는 것입니다" 하니까 더 화를 내면서 야단을 쳤다.

그 부인의 딱한 모습을 보기가 민망해 책을 들고 나오는데 부인이 "미안해요" 했다. "아니요. 내가 미안하지요" 하니 "안녕히 가십시오" 소리를 뒤로했다. 요즈음도 저런 여자가 있나 싶었다.

과거에는 남자의 허락을 받아야 했는데 지금은 거꾸로 여자 허락이 있어야 물건을 팔 수 있는 경우가 90%이다.

과거 건강했을 때는 강사들과 함께 전국을 다니며 세미나를 하며 책을 팔았는데 건강을 잃은 다음에는 사진기구상들이 판매 강좌를 하면서 나를 도와주려고 세미나에 초대해 책을 팔아주기도 한다.

대전 철도회관에서 하는 세미나에 참석해 책을 주문받는데 천안에서 온 여자 회원이 책을 천안 자기 사진관으로 가지고 오라고 했다.

택배로 보내주면 안 되겠느냐고 하니 우리 아저씨한테 말하고 돈을 줄 테니 천안으로 오라고 했다.

기차나 전철은 그래도 괜찮은데 버스는 몸을 가눌 수 없는 상태에서는 타고 내리

쪼코레트 향이 나는 헬리오트러프 향기에 취한 여인

기가 정말 힘들다.

그래도 내 운명인 것을 하고 천안으로 가 그 사진관으로 가는데 사진관이 변두리에 있어 버스에서 내려 그곳으로 가면서 조금 가다 쉬고 또 가다 쉬고 하여 사진관 2층으로 올라갔다.

마침 주인 내외가 있어 인사를 하니, 어찌 여자의 표정이 어둡고 무 뽑아 먹다 들킨 사람 모양으로 말이 없다.

한참 있으려니 남자 양반 왈 "내 나이 60이 다 되어 가는데 책을 보고 무엇을 배우겠소" 한다.

아무리 그렇다 치더라도 한양에서 책 한 질 팔아보겠다고 새벽부터 설쳐 여기까지 왔는데 앉으라든가 서라든가 하지 않고 예의라고는 없는 인간이라고 생각하는데, 남자 주인이 갑자기 소리를 꽥 지르면서 괜한 일을 해 입장만 곤란하게 한다고 했다.

그래서 사장님이라고도 않고 "아저씨, 당신 마누라 당신이 나무라는데 내 할 말은 없소만 내가 간 다음에 악을 쓰든지 둘이 붙잡고 춤을 추든지 하지 그게 뭐요 교양 없게. 여권이 신장 되어 여자들 세상이라고 하는데 여기는 이조시대요.

당신이 알기는 무엇을 얼마나 알아? 가을밤에 나뭇잎이 수북하게 쌓이면 그 이튿날 아침 쓸어버리면 또 낙엽이 떨어지듯 배운다는 것은 끝이 없는 거요."

여기까지 힘들게 왔는데, 생각하니 화가 치밀어 한바탕 독설을 퍼붓고 보니 내가 가고 난 다음에 착하디착한 여인이 무지막지한 남편한테 당할 걸 생각하니 이쯤에서 중지해야지 하는 순간에 착한 아주머니가 자기 서방하고 나한테 커피 한 잔씩 주기에 고맙다고 인사하고 "사장님, 서울에서 여기까지 너무 힘들게 와서 순간 흥분하여 몇 마디 말한 것 이해하시오" 하고 책을 들고 나오려니 아주머니가 책을 들어주며 길까지 따라오며 미안하다면서 택시 타라고 손에 5,000원을 쥐어 주었다.

그녀가 "역시 배운 사람은 다르군요" 하기에 "왜요?" 하고 물었더니 "책을 사지도 않을 것이면서 왜 여기까지 오라고 했느냐고 할 줄 알았는데" 했다. "그것은 아주머니 고의가 아니잖아요" 하고 "또 봅시다" 인사한 뒤 5,000원 한 장으로 천안역까지 택시를 탈까 말까 하는 유혹을 이기고 시내버스를 타고 천안역에서 서울로 돌아오니 저녁이 되었다.
세월이 자꾸만 가고 있다.
건강이 좋아지면 덜덜거리는 중고차라도 한 대 사서 타고 보은으로 가 사진관, 그때 그 착한 여인과 대추밭에 가서 주렁주렁 열린 대추를 배경 삼아 스카프가 그녀의 머리에서 바람에 날리는 제일 멋진, 대추 아가씨

영화, 븐례기 윤정희, 허장강

뽐치는 사진 한 장을 찍어주고 그때 낭군님한테 혼나게 해서 미안했다고 그리고 인정에 고마웠다고 하려는데 무정한 세월은 내 마음을 아는지 모르는지 덧없이 흘러만 간다.

위에 적은 사진관의 예는 특별한 경우이고, 책을 사주는 일이 더 많았다. 다만 기동성이 없어 하루에 두세 곳을 방문하면 하루가 간다.

사진관을 찾아다니며 그곳에서 필요한 것이 무엇인지 자문하고 다니다가 결론은 배경을 CD로 만들면 가벼워 들고 다니기도 좋고 시장성도 있는 것 같았다. 기존에 있는 배경은 시장성이 없기 때문에 새로운 배경으로 예수님의 부활과 문 두드리는 것, 양치는 목자 세 점의 성화를 그려야 하는데 문제는 그림 그릴 돈이 없다는 것이었다.

성화를 전문으로 그리는 삼각지에 있는 P 장로님을 찾아가 성화 3점에 200만 원에 그리기로 하고 사무실에 돌아와 어디서 돈을 만들지, 아니면 빌릴지 생각하다가…

쨍하고 해뜰 날
돌아온단다

불현듯 한국사진작가협회 자문위원이고 국영기업체 임원과 방계회사 사장을 역임한 L장로님이 생각이 났다. 그분에게 전화하면서 "지금 어디 계십니까? 제가 장로님 계신 곳으로 가겠습니다" 하니까 지금 친구들하고 점심 먹고 차 한잔하고 있다며 몸도 불편한데 어디를 오냐고 하시면서 사무실 가까운 곳 다방에 가서 전화하겠다고 하셨다. 몸이 아니라 머리가 터졌어도 아쉬운 소리 하는 내가 가야 하는데 직접 오신다고 할 만큼 인격이 훌륭한 분이시다.

밤~5대 영양소를 골고루 갖춘 영양식물

다방에 오셔서 무슨 일이냐고 묻기에 "돈 100만 원만 빌려주십시오" 했더니 "그래, 계좌번호 불러줘. 은행에 가서 넣어줄 테니까" 하셨다.

"어차피 빌려주시는 김에 100만 원만 더 주십시오" 했더니 "그래, 100만 원 빌려주는 사람이 200만원 못 빌려주겠어" 하셨다. 처음부터 많은 돈을 말하면 거절을 할까 봐 절반만 말한 것이다.

돈이 100만 원 되면 성화 그리는 분한테 100만 원만 주고 나머지는 외상으로 하려고 했는데, 돈이 다 준비되었으니 기적 같은 일이다. 친척도 친구도 외면하는 돈. 돌고 도는 돈이 없어 1,500만 원의 책을 포기한 내가 아닌가! 돈에다 절을 하라면 할 정도다.

성화 그리는 삼각지 P장로님에게 내 딱한 처지를 말하고 교회 선교 사업이라 생각하고 150만 원에 그려 달라고 사정하니 몸이 아픈 사람이 사정하니 어쩔 수 없다면서 성화 배경 3점을 그려주어 그것을 촬영하여 CD로 만들었다. 우리나라 속담에 '팔이 안으로 굽는다'라는 말이 있다. 바꾸어 말하면 모르는 사람보다는 아는 사람이 낫다는 말이다.

그만큼 우리 민족은 정적인 민족이다.

CD를 만들어 사진관에 가면 나를 안다고 반갑게 맞아주며 어쩌다가 몸이 그렇게 되었느냐면서 마음 아파들 한다. 이번에 새로운 배경 CD를 개발했다고 소개하면, 그 즉시 사는 경우는 거의 없다.

두 번, 세 번 방문해야 사던지 사지 않던지 결정을 한다.

가능하면 전화로 하지 말고 직접 방문해야 한다. 전화는 거절하기가 쉽지만, 직접 얼굴을 맞대면 거절하기가 쉽지 않기 때문이다.

그래서 우리 민족은 정적인 민족이라고 했다.

그런데 몸 때문에 많은 업

영화, 쌍태양 문정숙, 추석양

소를 방문하지 못하니 그것이 문제였다.

그리고 기독교 배경만 소개했더니 사진관 주인들한테서 불교 신자들이 왜 우리한테 필요한 배경은 취급하지 않느냐고 항의하기에 불교 그림 그리는 전문가를 찾아가 부처님상을 그려 사진관에 소개하니 수입이 훨씬 좋아졌다.

인간은 어려움에 직면하였을 때 너무 쉽게 포기한다.

그리하여 고난과 어려움을 극복하는 과정을 거쳐 자신이 성장하거나 성공 할 수 있는 기회를 놓쳐버리는 경우가 있다.

고난은 우리 자신에게 커다란 기회임을 잊지 말라고 하지 않는가. 기억해 둘 말이다.

살다가 불행한 일을 당 할경우 그걸 극복하려는 의지만 있으면 길은 있다.

주어진 여건에서 어떻게 하면 될 것인지를 생각하고 새로운 아이디어가 떠오르면 실행에 옮기면 된다.

경비가 약간 필요하면 가장 가까운 사람을 찾아가 사정 이야기를 하고 도움을 청하자. 해보지도 않고 안 되겠지 하는 패배주의에 젖지 말자. 그래서 앞에 달래고개 민담을 소개했다.

죽은 오라비 시체 앞에서 한 번 달라고 부탁이나 해보지 하는 것은, 부탁했으면 어떤 길이 있었을 텐데 하고 안타까워하는 누이동생의

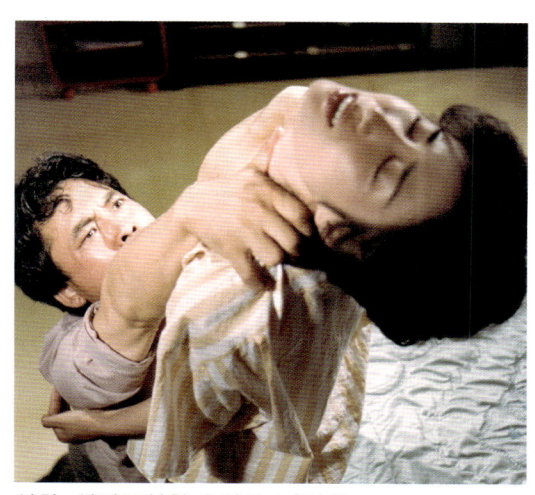

영화, 영점구일칠 유인촌, 나영희

마음은 모르고 극단적인 죽음을 택하였으니 세상에 홀로 버려진 누이동생은 어떻게 하란 말인가! 어떠한 경우에도 포기만큼 나쁜 것은 없다.
신념은 산도 움직인다고 하지 않는가. 진심이 통하면 상대방은 도와줄 수 있는 한 도와준다.

또 도와주어야 한다.
그것이 너와 나의 만남이기 때문이다.
사진관을 다니며 배경을 주문 판매하여 돈이 몇 푼 모이니 또 다른 것을 해보려고 새로운 아이템을 찾으러 다닌다.
때론 나 자신이 아무리 생각해도 잘못된 것이 아닌가 하고 물어본다. 몸도 성치 않고 가족에게도 버림받은 사람이 다른 사람들의 도움을 받으며 사업을 해보겠다고 발버둥 치니 말이다. 사람은 비바람이 불면 잠시 피한다는데, 나는 피할 곳이 없어 허허벌판에서 벌벌 떨면서 서 있다.
함께 비바람을 피해줄 가족도 없다.
우산을 함께 쓰고 비를 피할 친구도 없다.
허허벌판에 서 있다가 벼락이라도 맞을까 겁난다.
아니, 중풍이라는 벼락을 이미 맞았다.
청년의 시대는 준비의 시대이고 중년의 시대는 활동의 시대이고 노인의 시대는 회상의 시대라고 한다.
도장 나무로 가장 좋은 나무는 벼락 맞은 대추나무라고 한다.
나는 벼락 맞은 대추나무로 지나온 날을 회상하며 내 경험을 글로 쓰겠다.
그래서 벼락 맞은 대추나무가 되어 도장을 파는 나무가 되겠다.
피로 쓴 글이라야 남을 감동 시킨 다는데 나는 피로는 못 쓰지만 눈물로는 쓰겠다.

지칠 줄 모르고 앞만 보고 달리는 사람, 아니 달리려 해도 한쪽이 마비되어 달리지 못하고 한쪽으로 비틀거리는 중풍 환자라고 해야 옳을 것 같다.

웰빙 처소 재배에 관한 책을 만들면 시장성이 있을 것 같아 전국 사진관을 찾아다니며 배경을 팔아 그 돈으로 책을 만들기 시작했다.

힘들 때마다 세상이란 내가 고통스러워하는 것을 보기 위해 존재하는 것 같다.

또 나단이 외톨이로 고립된 인생이라고 생각했다.

인간이란 자기가 처한 상황에 따라 느낌이 달라진다고 본다.

돈을 잃어버리는 것은 적은 것을 잃어버리는 것이고, 용기를 잃어버리는 것은 많은것을 잃어버리는 것이고, 신용과 성실을 잃어버리는 것은 인생의 전부를 잃어버리는 것이라고 한다.

할리반이라는 사람은 단두대에서 형 집행관에게 살려달라고 애원하지는 않았지만, 목을 단두대 틀에 넣을 때 목에 생긴 부스럼이 틀에 닿지 않도록 해달라고 애걸하였다고 한다. 이처럼 인간은 큰 재앙 앞에서는 용감하게 대처

영화, 있잖아요 비밀이에요 최수종, 하희라, 이경영

하면서도 하찮은 일에 부딪혀 넘어지고 좌절하는 경우가 많다. 나는 몸을 가늘 수 없을 때도 살아보겠다고 전국을 다녔다. 만일 내가 누가 돈을 빌려주겠나 하고 지레 포기했다면 결과는 어땠을까?

여기서 돈을 단번에 빌려주신 L장로님은 나와 어떤 관계일까? 궁금할 것 같아 몇 자 적는다. L장로님은 국영기업체 임원으로 있을 때 사진책 신간이 나오면, 견본을 한 권 보내면 직장 사진동아리 총무에게 회원들한테 주문을 받으라고 한 뒤 자기 직장으로 나에게 딸을 보내라고 해서 책값을 주고 또 신간이 나오면 그렇게 해주셨다. 사람이란 한번 도와준 사람이 또 도와준다는 것을 알기에 그분에게 전화하니 가까운 곳으로 오겠다고. 내가 몸이 아프니까 직접 오시겠다고 하니 얼마나 남을 배려해주는 것인가! 내가 전화하면 부탁할 것이 있는 걸 알고 왜 그러느냐면서 할 이야기가 있으면 전화로 하라고 한다.

그런 친척이나 친구 그리고 사진인들이 많다. L장로님 모친상 때 병원 영안실에서 밤을 함께 새웠다.

하루는 L장로님이 휴대전화를 달라고 하셔서 드렸더니 송대관의

채소 "아욱"을 수확하는 한국싸이버대학 손병남 박사

"쨍하고 해뜰날"을 입력해주면서 동생도 앞으로 쨍하고 해뜰 날이 있을 거라고 하셨다.

내가 돈이 필요하다고 하면 카드를 주셨다.

결제일에 막겠다고 큰소리치며 약속했지만, 결국 직접 몇 천 만 원을 결제 해주셨다. 또 카드로 날짜에 막기로 하고 돈을 빌려달라고 하면 언제 한 번이라고 약속을 지켰느냐고 하실 텐데 "허, 이 사람 또" 하면 끝이다. 하루는 동생 집에서 쫓겨났지 하셨다. 내 꼬락서니가 그렇게 보여서 일 것이다.

집에서 쫓겨난 사람을 이 정도 도와주었으면 무얼 더 말하랴. 가족도 버린 사람을. 내가 이렇게 생활하는 것은 L장로님의 물심양면의 도움도 있었지만, 기도의 덕분임을 안다. 이 정도인데 내가 성공하려고 노력 안 하겠는가? 거듭 말하지만 가족도 친척 일부와 친구도 버린 사람인데 말이다.

하루는 L장로님이 사무실에 오셨다. 나는 그분 앞에서는 오금이 저려 고개를 들 수 없다. 장로님이 "동생, 옛날에 말한 것 기억 안 나" 하셨다. 도무지 생각이 안 나서 망설이고 있는데, "이 사람아, 20년 전 정년퇴직 하면 작품집 만든다고 한 말 기억 안 나" 하셨다.

참 강산이 두 번 변했는데 이렇게 계획적으로 몇 십 년 앞을 내다보며, 지금은 새마을사업으로 없어진 초가집들을 촬영해 놓은 주옥같은 자료들을 모아 우리나라에서 유일무이하게 작품집을 만들기 위해 몇 십 년 전부터 준비하신 장로님의 계획성에 새삼 놀라며 나는 "그때 지나가는 말로 하신 말씀인 줄 알았는데" 그것이 아니었네요" 했다.

"동생, 초가집에 대한 책을 만들려고 하는데 견적이 얼마나 나오는지 알아가지고 내일 전화로 말해. 계좌로 송금해줄게" 하셨다. "형님, 빨리 가십시오. 형님이 옆에 계시면 숨을 못 쉬겠습니다" 하니 "알았어" 하고 나가시기에 복도 계단까지 배웅하러 따라 나갔다. "자네 숨 못 쉬면 큰일이니 들어가"하셨다.

이튿날 작품집 경비를 나를 믿고 전액을 그 즉시 계좌에 입금해주셨다. 혹자는 그렇게 많은 돈을 한꺼번에 주느냐고 할 것이다. 그러나 이것은 엄연한 사실이고 사진계에서 아는 사람들은 다 안다. 또 장로님의 작품집 《초가집과 대화》가 출판되어 서점에서 팔리고 있다.

돈이 없어 2명의 목사 친구에게 부탁했다가 거절당했다. 누구라면 다 알 수 있는 한 목사 친구는 책 한질 팔아보겠다고 강남까지 가 만나서 책은 못 팔고 피 같은 돈 24,000원 복탕값만 냈다. 그렇지만 사진하는 장로님들은 약값 하라고 여러분들이 도와주셨다. 여의도 박상윤 안과 원장은 한사전 초대 사진작가이면서 교회 장로님이시다. 토요일 12시에 그곳에 갔는데, 1시까지 현금 입금이 15만 원이라며 10만 원을 주셨다. 카드와 건강보험으로 지불받으니 토요일은 현금이 적다고 하면서 말이다.
그리고 초대작가 류재정 장로님은 몸을 흔들거리며 책을 팔러가는 나를

영화, 달빛타는 여자 선우일란, 엄도일

보고 주머니에 있는 돈을 다 털어주시면서 다음에 보자고. 남원시에 서복주 내과 원장에게 책을 팔러갔더니 10만원짜리 책을 사주고 저녁을 같이 하여야 하는데 전주에서 장로님들 모임이 있어서 그러지 못하니 미안하다고 하기에 거절 안 하고 책 사준 것만도 고맙다고 하고 병원 문을 나와 한 참 걷고 있는데 간호사가 나를 부르기에 가보니 서원장이 차비 하라고 돈 5만원과 책을 다른 사람들에게 팔아라고 하며 도로 준다. 차마 자네한테 마음이 아파 책을 못 받겠다고.
어느덧 가을이다. 나무잎들은 정든 가지를 떠나려고 옷을 갈아입고 있다. 곤·광 버쓰가 지나가며, 사람들이 흥에 겨워 춤을 추고 있다. 나도 같이 흔들고 꼽사 춤이라도 흔들거리며 추고 싶다.

광한루에 가 지난날 사랑하는 아내와 아니 그리운 애들 엄마와 함께 거닐던 곳에 가 노래나 불러야겠다. 서럽게 말이다. 이런 글을 쓰는 것은 좋은 일이기 때문이다. 거듭 말하지만, 가족도 버린 사람을 도와준다는

영화. 청춘 스케치 박중훈, 강수연

것은 온전히 예수님의 사랑이다. 왜냐하면 그분들은 주님을 섬기는 분들이기 때문에 예수님 사랑을 실천하기 때문이다.

만일 내가 돈이 많아 병원에 있었다면, 지금까지 그곳에 누워 있을지도 모른다. 그러나 돈이 없는 나는 살기 위해서 몸부림치고 때로는 넘어지면서, 때로는 넘어져 일어나려고 발버둥 치면서, 굶으면서 책을 팔러 전국을 돌아다녔다.

살려고 차가운 시멘트 바닥에서도 잤다. 지금은 나와 같은 삶을 살지 말라고 그 서러운 사연을 이렇게 글로 쓴다.

위에서 말한 책을 만들려면 몇천만 원이 들어가는데 배경 팔아 그 돈으로 만들려고 하니 책 이론을 공부하여 글 써야지, 필요한 사진 찍어야지, 편집해야지, 또 배경 팔아 돈 만들어야지 일인 몇 역을 하려다보니 웬만한 의지력으로는 불가능했다. 하지만 외상도 하고 일부 차용도 하고 틈만 나면 배경도 팔아 두 권에 136,000 원 하는 책을 만들었다. 그

영화, 오세암 김혜수, 심재림

런데 제조업을 하는 사장님들은 잘 알겠지만, 상품이 나오면 판매가 문제이고 제작비 외상도 갚아야 한다.
어렵게 만들었지만, 당장 책을 팔아 외상을 갚으려면 우선 1,000만 원이 있어야 했다.

낙원동에서 전문적으로 미술 서적을 출판사하는 미술공론사 천 사장을 찾아가 사정을 말했더니, 책 도매하는 곳에 수금하러 갈 때 책을 가지고 가서 소개해주겠으니 견본으로 책 한 세트를 보내라고 했다. 견본을 보낸 후 3일 만에 도매상에서 책을 보고 직원들과 의논한 뒤 결과를 알려주겠다고 연락이 왔다면서 조금만 기다리라고 했다.
그리고 3일 째 되는 날 도매상 전무가 한 번 만나자고 한다면서 같이 가게 ㅈ-기 사무실로 오라고 했다. 그래서 같이 송인서적이라는 도매상에 갔다

얼마쯤 기다려서 송석원 전무라는 분을 만났다.
첫인상이 무척 선하게 도였다.
그는 좋은 책 출판하느라 수고가 많았다면서 우선 150질을 선 결제 해주겠다고 했다.
모든 제품이 그렇겠지만 출판은 유통구

메꽃과 나비 〈영천 허브빌리지〉

조가 작가가 원고를 써오면 출판사는 편집·출판을 하여 도매상으로 보낸다.

도매상이 약간의 마진을 붙여 소매상, 즉 서점으로 보내면 서점들은 소매로 팔다가 책이 안 팔리면 도매상으로 반품하고 도매상은 출판사로 반품한다.

그러니 책이 안 팔리면 출판사는 운임 비용으로 손실을 많이 보게 된다. 그러므로 출판사가 성장하려면 독자들이 책을 많이 사서 읽어야 한다. 우리나라가 일본이나 다른 나라에 비해 독서량이 적다는 것은 다 아는 사실이다. 일부 독자들은 책을 읽으려 해도 읽을 만한 책이 없다고 한다.

출판사는 책을 많이 사서 보아야 유능한 작가를 발굴하여 출판할 것 아니냐고 말한다.

그러면 여기서 달걀이 먼저냐 닭이 먼저냐의 논란이 생긴다. 이 문제는 다음으로 미루고, 아무튼 여기서 독자가 책이 재미없어 못 읽는다는 말에 일면 나도 수긍한다.

부도내고 서울

자주 달개비

구치소에 있으면서 시간때우기는 책을 읽는 것이다.

사회에서는 보고 싶은 책을 서점에 직접 가서 보고 선택하여 구입하면 되지만, 감방 안에서는 신문에 실린 서평을 보고 면회온 가족이나 친지에게 책을 구입하여 넣어달라고 해서 수형인들끼리 서로 돌려본다.

개천에 비가 내려 홍수가

그런데 신문 서평과 달리 책을 쓰는 의미, 즉 목적도 모르며 아까운 종이만 버리고 더 나아가 독자들과 일부 어려운 수형인들에게 피해를 주는 책이 있다. 감방에서 읽은 모 여류작가의 책이 있다.

여류 작가라기 보다는 사기꾼 작가라고 해야 옳을 것이나 잘못하면 못된 송아지 엉덩이에 뿔 난다고 반성할 줄은 모르고 명예 훼손이다, 뭐다 할 것으로 보아 실명을 적고 싶으나 그런 글을 계속 쓰려면 공부 좀 더 많이 하라고 이번에는 보류한다. 감방에서 영어의 몸이라 뭔가 내 정신이 살짝 가서 그런가 하고 요즈음 서점에 가서 그 책을 찾으니 절판이란다. 그래서 그 작가의 다른 책을 구입하여 프로필을 보니 그 책 이름은 머리카락 보인다.

꼭꼭 숨어라. 코빼기도 안 보인다.

이쯤 되면 다른 사람은 몰라도 작가인지 사이비인지 본인은 알 것이다.
일부 글 쓰는 작가들이여, 제발 잡문을 써서 독자들 주머니 축내지 말고 글 쓰는 목적이 무엇인지 똑똑히 알고 쓰시라.
내가 여기에 써서 가르쳐주고 싶지만, 맨입으로는 안 된다.
나는 책을 사서 보면 책 맨 뒤에다 독후감이랄까 뭐랄까를 쓴다.
나한테 매우 유익했다. 그저 그렇다. 이것도 글이라고 썼냐 하고 욕을 써놓기도 한다.
아마 그 작가가 자기 책 뒤에 써 놓은 글을 보면 뒤로 발랑 나자빠지고 앞의 코가 확 뭉개질 것이다.
왜 뒤로 자빠졌는데 앞의 코가 뭉개졌을까? 그 답은 초등학생 숙제다.
아마 이 글을 읽은 사이비 작가들은 나한테 어떻게 한 방 먹일까 생각할 것이고 존경받는 작가들은 "아따, 중풍 걸린 사람이 오랜만에 해박하게 글을 썼네"하며 3년 묵은 채가 쑥 내려갈 것이다.
맨입으로 글 쓰는 목적을 쓰지 않으려는데, 출판의 목적은 예술성과 오락성, 계도성이기 때문에 일부 잡문쟁이들에게 깨우침을 주려고 한다.
반복하지만, 글 쓰는 목적은, 아니 출판의 목적은 예술성과 오락성, 계도성이란 말이다.
그리고 글 쓰는 사람과 출판하는 사람은 내용을 확실히 알고 쓰고 편집하여 출판하시라. 출판사는 작가가 원고를 썼다며 책임 회피를 하려 한다면, 그것은 아주 잘못된 생각이다. 잘못된 내용이 수록되면 그걸 읽은 독자는 그대로 받아들인다.

그러면 누구 잘못인가. 발행인 잘못이 크다.

아. 미치겠다. 미치지 않으려니 조금 더 써야겠다.
이걸 쓰지 않으면 이 내용이 영원히 진리 인양 여겨질 것 같아서다.
누구를 헐뜯고 비판하고자 하는 것이 아니고 토론을 해보자는 것이다.
구치소에 갇혀 있을 때 무슨 말이 나오면 속된 말로 목소리 큰 사람이 이긴다.
토론이란 너와 내가 만나 서로 나는 이런데 당신 생각은 어떤가 하며 대화로 합일점을 찾는 것인데 말이다.
말문이 막히면 큰소리치다가 그래도 안 되면 너 잘났다고 하며 냉소적으로 끝내려 한다. 어떻게 나는 있고 너는 없는가. 아무리 봐도 잘못되어도 한참 잘못되었다. 하루속히 토론 문화가 정착되어야 한다.
그것도 올바르게 말이다.

우리나라는 언제부터인가 기득권이라는 것이 뿌리박혀 있다.
한번 어떤 자리에 위치를 확보하면, 순전히 권위로 그 자리에서 군림한다.
얼마 전 고졸이 일류대학 석·박사 논문을 대필해 줘 조금도 의심받지 않고 논문이 통과

데이지 꽃

되었다고 한다.

참으로 기가 막힐 노릇이다.

어떻게 학문을 가짜로 그것도 고졸자가 인터넷에 있는 내용을 짜깁기 해서 할 수 있는가. 신문·방송에 한두 번 나오고 그때만 지나면 끝이다.

만일 그 가짜박사가 사회에서 중요한 자리에 앉아 있다고 하자. 그가 한 모든 것은 그래도 일류대 박사인데 하고 그 권위에 주눅이 들어 찍소리도 못한다.

가짜도 사정없는 가짜인데 말이다.

이것은 한 가지 예에 불과하고 어느 분야나 그 사람이 누군데 잘못했다가는 본전도 못 찾고 매장만 당할까 봐 꽁지를 사정없이 내리고 눈치만 살살 보며 피한다.

자, 여기에 권위에 대한 기가 죽어 쩔쩔매는 분들에게 다소 도움이 되고 내가 쓴 글을 보충 설명하고자 이 글을 덧붙인다.

나는 지금껏 여자를 좋아는 해보았어도 존경은 해보지 않았다. 그런데 언제부터인가 한 여인을, 아니 한 작가를 존경하게 되었다.

이유는 그녀의 해박한 지식과 용기 때문이다.

그녀는 이경숙이라는 작가이다.

장독대

우연히 서점에서 《노자를 웃긴 남자》라는 책을 보고 흥미를 느껴 사서 읽어 보니 세상에나 우리나라에서 한의학, 철학박사 그것도 하버드대 그리고 텔레비전의 최고 인기 강사 등 감히 우리 같은 사람은 그 앞에서 권위에 눌려 찍소리도 못하는 도올 선생을 향하여 한 말씀 한 내용이 들어 있었다.

캄프리~풀 전체 그리고 뿌리를 약으로 쓰는 식물

그 내용 일부를 소개한다.

도올은 전 국민이 보는 TV에 나와서 고전 강의를 한 것이 아니라 삼류 개그쇼를 한 판 때린 거다. 개그쇼 라는 게 사람들을 한판 웃겨보자는 거라고 볼 때 우리는 웃어줘야 하는 것 아니겠는가? 지금부터 난다 긴다 하는 개그맨보다 더 골때리는 도올의 명 개그쇼를 감상하면서 웃어보자. 자 이쯤이면 내가 그녀를 존경하는 이유를 알 수 있을 것이다.

이름도 없는 한 여류작가가 우리나라 최고 석학을 향해 말문을 열었으니 이제 둘 중 한 명은 코피 터지겠구나. 아니면 감옥에 가든지. 책 뒤를 10년이 지난 지금 보니 그 때 책을 다 읽고 우리 큰어머님 다음으로 존경한다고 써놓았다.

그런데 지금껏 조용하다.

사람들이 책을 안 보니 이 내용을 몰라서 그러나 싶지만, 그렇다 치더라도 당사자인 도올 선생은 보았을 것 아닌가. 보았다면 여기에 대해 희다. 검다 무슨 말이 있어야 할 것 아니냐는 말이다.

이쯤 해서 끝내고 이경숙 작가의 용기에 힘을 얻어 한 말씀 드린다.
나보다 모든 것을 많이 안다고 까불지 마시라. 가방끈이 짧아 학문에서는 꿀릴지 모르지만, 농사짓고 산에 가서 나무하고 지게질하고 책 만들고 세상사는 이야기는 내가 한 수 위일 수도 있다.
"이경숙 작가의 노자를 웃긴 남자" 책 내용을 여기에 옮기지 못하겠다. 왜냐하면, 하도 기가 막힌 말들이 많아서 옮기지를 못하겠으니 이해들 하시라.

토란대~국거리로 영양 만점

과부 땡빚을 얻다

한국영화 80년을 출간하여 별 재미도 못 보고 여기저기서 돈 빌려 다 갚지를 못해 신용만 더 떨어져 어디서 돈을 융통할 수도 없고 눈만 뜨면 재기의 일념으로 허둥대는 일상이 계속되었다.
그 즈음 나에게 자주 놀러오는 최라는 사장이 있었다.
그는 결혼하여 아이를 4명까지 두었는데 부부가. 서로 의견이 맞지 않아 이혼하고 새로운 여자들과 결혼하여 살다 헤어지기를 몇 번 했다.
그러다가 돈 많은 과부를 만나 11년이라는 긴 세월을 함께 살다가 어느 날 갑자기 편지 한 장 달랑 써놓고 집을 나와 아들 집에서 살면서 시간만 나면 내 사무실에 와서 놀다 가곤 했다.

돌 받침 위의 페튜니아 꽃

하루는 어째서 편지 한 장 달랑 써놓고 바이 바이를 했느냐고 물었다.
이유인즉 사업 자금으로 1억여 원을 빌려다 쓰고 매월 얼마씩 생활비를 주다가 사업이 부진해 생활비를 못 주었더니 날이면 날마다 내 돈 내놓으라고 사람을 달달 볶더니 최근에는 아들과 경찰관을 하는 처조카가 합세해 아파트 열쇠를 내놓으라고 하니 집 나가라는 것이나 마찬가지 아니냐고 했다.
집을 나오더라도 당사자인 부인에게 얘기하고 나오지 부인이 얼마나 야속하게 생각하겠느냐고 했더니 돈 좀 있다고 종 부리듯이 부리고 사람을 무시하여 집을 나왔다면서 아들네 집에서 생활하기는 불편해도 마음은 편하다고 하였다.

그런데 우리 사무실에서 앉아 있다가 어디서인가 전화만 오면 쏜살같이 갔다 오기에 처음에는 무슨 일을 보느라고 그러겠지 했다.
하루는 어떤 여자에게 전화를 걸어서 한번 만나달라고 애원을 해도 손자 손녀들을 보아야 하기 때문에 시간이 없다고 거절하는데도 시간만 있으면 전화질을 해대니 상대방이 귀찮아서 전화를 받지 않는다고 했다.
그래서 도대체 어떤 여자이기에 한 번만 만나달라고 애원해도 만나주지 않느냐고 물었다.
최 사장의 자초지종을 듣고 보니 이미 상대 여인은 최 사장 만나기를 포기한 것 같았다.
도대체 어떤 여자인가 하고 호기심이 발동하여 어떻게 아는 사이냐고 물었더니 최 사장은 멈칫 멈칫 하다가 얘기했다. 소개비 30만 원을 주고 결혼 중매센터에 의뢰해 여자를 10여 명을 만나 봤는데, 그중 제일 마음에 들어 계속 만나기를 원해도 그 여자가 만나주지를 않는다고 무척 아쉬워했다.

그리고 그 이야기는 잊고 있었는데, 하루는 최 사장이 나한테 와서 지난번에 말한 그 여자가 자네하고 고향이 같으니 자기 대신 한번 만나보라고 전화번호를 적어주었다. 그렇지 않아도 궁금하던 차에 그녀에게 전화를 걸었더니 그녀는 나보고 어떻게 자기 전화번호를 알았느냐고 물었다.

최 사장이란 사람이 가르쳐주었다고 사실대로 말했더니 최 사장이 만나 달라고 계속 전화해 귀찮아서 받지 않았더니 다른 사람을 시켜 전화했다고 혼잣말을 하면서 지금은 손자 손녀들을 보고 있어 시간이 없으니 시간이 날 때 전화하겠다고 하고 전화를 끊었다.

무심한 세월은 하루하루 집에서 쫓겨나는 수모를 탈피하기 위해 애태우는 내 속도 모르고 자꾸만 흘러만 갔다 그래서 무정세월이라고 하나 보다. 또 누군가는 세월은 덧없다고도 했다.

나는 지금껏 살면서 무엇 때문에 아등바등 성급하게 살아왔을까?

우리 먹거리 이종임 박사 작

누가 뒤에서 쫓아오면서 빨리 가라고 닦달하는 것도 아니고 빨리빨리 성급하게 산다고 남보다 밥 한 그릇 더 먹는 것도 아닌데 말이다.

나는 어린 시절 궁상맞고 처절한 내 신세가 참으로 싫었다.

해방 후 좌우 이념 대립으로 사회가 혼란스러울 때 북한 김일성이 소련의 사주를 받아 남침하여 이민족도 아닌 동족이 얼마나 많은 사람들이

♪ 감옥이 천국입니다

피를 흘렸는가!

그 소용돌이 속에서 아버지는 경찰을 하면서 무등산 및 부근 공비 토벌을 하시다가, 농사 일 때문에 시골 집에 오셔서 잠깐 들러 나를 팔베개 하고 주무시다가 처녀 이모가 형부 형부 개가 짖으니 피신해야겠다고 해도 술을 많이 잡수셔서 인사불성이어서 피하지를 못해 경찰이라는 이유로 무등산 공비들에게 잡혀 새끼줄에 묶여 끌려가셨다.

그들은 아버지를 마을 앞 외갓집 밭 가에 뉘어 놓고 온몸의 살점을 한 점, 한 점 뜯다가 군경이 합동으로 공격 해오니 도망가기에 급급한 나머지 아버지 목에 칼을 꽂고 도주했다.

그때 내 나이가 일곱 살이었는데, 외할머님과 어머니가 아버지 시신 앞에서 통곡하며 울다가 어머니는 끝내 실신하셨다.

무슨 철천지원수를 졌다고 이 세상에서 한 분뿐인 3남매의 아버지이자 한 여인의 남편을…짐승 잡을 때나 목에 칼을 대지 사람한테…처참한 시신 앞에서 모녀가 슬피 울던 모습이 어린 나의 뇌리에 생생하게 지금까지 각인되어 있다.

우리 국민은 6.25라는 전란을 비싼 수업료를 주고 겪었다.

그런데 일부 몰지각한 사람들은 북침이니 뭐니 개 나발들을 불고 있는데 제발 정신들 차리시라.

그리고 비싼 수업료를 주고 배운 것을 깨

알로에~잎의 잴라닌 성분을 화상 등에 이용

닫지 못하는 국민은 망한다는 교훈도 잊지 마시라. 졸지에 남편을 잃은 어머님은 화병으로 우리 3남매를 이 세상에 두고 남편 따라 저세상으로 가시고 말았다. 내 위로 누나, 아래로 여동생 한 명은 졸지에 고아가 되어 큰집으로 가서 살게 되었다.

나는 새 울고 꽃피는 따뜻한 봄날이면 뒷동산 양지바른 곳에 올라가 부모님 생각에 많이 울었다.

여름과 가을이면 잔심부름도 하고 소를 몰고 들에 나가 풀을 뜯기고 시간 날 때는 마을 앞 개울에서 또래들과 어울려 미역도 감았다.

포도는 품종이 다양하고 열매를 이용하는 방법도 여러가지

산에 올라가 나무 해지고 내려오다가 지게 목발이 땅에 걸려 넘어져 상처가 나면 산쑥을 뜯어 쓱쓱 비벼 발라 상처가 나을 만하면 상처에 흙과 물이 들어가 상처가 아물 날이 없는 쓰리고 아픈 생활을 하며 살았었다. 들에 나가 꼴을 벨 때 봄부터 가을까지는 괜찮은데 초겨울에는 풀이 전부 말라버려 어쩌다 돌담 양지바른 곳에 호박넝쿨과 함께 조금 남아 있는 것을 베어 망태에 담곤 했다. 호박넝쿨이 꺼끌꺼끌하여 살에 닿으면 쓰리고 아프기도 했다.

서리가 내려 손이 잘려 나가는 것처럼 시려도 할 수 없이 주어진 시간에 꼴을 베어다가 쇠죽간 옆에 놔두고 부엌 부뚜막에서 두 살 아래 사촌 동생과 함께 아침밥을 먹으면, 왜 그리 부모님 생각이 나면서 눈물이 나오는지 몰랐다.

그렇게 눈물이 범벅이 된 내 얼굴을 보고 옆 동생은 "형, 왜 울어? 한두 번 물어보고는 무심하게 밥만 먹었다. 어린 여동생은 밥과 먹을 것 그리고 벌거벗은 채로 살다가 겨울밤에 추울 때 헛간 멍석〈날실은 새끼로 하고 씨 실은 짚으로 해 엮은 큰 자리로 곡식 등을 말리는데 씀〉속에 들어가 잠을 자다가 추위에 얼어 죽어 생을 마감했다.

평생을 그 동생을 생각하면 마음이 아프고 찢어지는 것 같다.

어린 시절 광주 무등 육아원에서 초등학교를 잘 다니고 있었는데, 숙부님이 고아원이란 선입견으로 나를 그곳에서 데리고 오셔서 학교에 보내려고 하셨는데, 결국 숙부님의 사업이 잘되지 않아서 본의 아니게 어린 시절에 잠시 머물렀던 큰집으로 다시 가게 되었다.

메밀은 통변이 잘 되어 변비를 줄이고 고혈압에 유용한 식품이다

어쩌면 숙부님이 고아원에서 데리고 오신 것은 나에게는 크나큰 잘못된 것이었다. 이 책을 쓰는 것은 내 경험을 교훈 삼아 나처럼 잘못된 전철을 밟지 않았으면 해서이다.

경험만큼 좋은 스승은 없다고 한다.

막걸리 장사 10년에 주전자 꼭지만 남는다고 사진관계 서적을 20여 년 동안 출간하여 사진관 촬영기법 이론서 집필과 편집 출판은 우리나라에서 내가 일가견이 있는데, 그 이론서를 출간하려 해도 이미 여러 번 실패해 신용이 없는 데다가 엎친 데 덮친 격으로 《한국영화 80년》 출판 실패로 권투선수가 KO펀치를 맞고 링 위에 벌렁 드러누운 꼴인데 누가 그런 나를 보고 돈을 빌려주겠는가? 아무리 생각해도 출구가 보이지 않아 답답해하던 차에 지난번 최 사장이 소개해 준 여인이 만나자고 전화를 해왔다.

대파~영양이 많아서 모든 요리에 사랑을 받는 채소

돈이라고 있으면 책만드는 자료준비에 다 쓰고 옷을 못 사 입어 집에서 입은 옷 그대로 쫓겨나서 계절이 바뀌어도 바꿔 입을 옷이 없어 입은 그대로 다방에서 그녀를 만났는데, 내 꼬락서니가 노숙자처럼 생겼으니 의아하게 생각하기에 현재 내 처지를 가감 없이 말했더니 그러느냐고 하면서 나를 어느 정도 이해하는 것 같았다.

그녀의 첫인상은 눈매가 서글서글하고 후덕하게 생겼으며 성격이 활달한 것 같았다.
점심을 먹고 내 사무실에서 커피 한 잔씩 하고 다음에 연락하기로 하고 헤어졌다. 다음에 만나자고 하는 말은 다분히 인사치레 상하는 걸로 알고 기대도 하지 않았다.
이것은 내 분수를 알기 때문이다.
다음 날 최 사장이 사무실에 와서 어떻게 되었느냐고 묻기에 경위를 설명해주었더니 잘해보라고 했다.
그러나 내 처지에서 만나자고 그녀에게 전화할 용기는 나지 않았다.
왜냐하면 결혼소개소에서 소개해 만나는 사람들은 다 나보다 환경이 좋고, 큰 회사 사장에 자기 소개를 거창하게 할 것이기 때문이다.
나는 초라한 노숙자 같은 모습을 보여주었으므로 찬물 마시고 마음을 고쳐먹자고 체념하니 오히려 마음이 홀가분했다.
사람은 자기 분수를 알아야 한다.
그저 노력 않고 남의 등에 올라타 길을 편히 갈려고 해서는 안 된다.
아무리 어려워도 말이다.
나는 천성이 남에게 의지하기를 싫어한다.
길에서 노숙을 하는 한이 있어도 자식들에게 신세를 지지 않았다.
그러려면 자식은 왜 낳았느냐고 하겠지만, 누구나 자기가 살아가는 신념이 있다. 인생은 무대 위에서 연극 하는 배우라고 한다.
나는 내게 주어진 역할에 충실 하려고 한다.
최 사장에게 그녀를 만났을 때 본인을 어떻게 소개했느냐고 물었더니 직원 4~5명 데리고 광고 기획 사업을 한다고 했다 한다.
월 10만 원씩 임대료 내고 남의 사무실에 빌붙어 있으면서 그런 거짓말을 했느냐고 핀잔을 주었더니, 사실대로 말하면 어느 여자가 만나주겠느냐고 오히려 나에게 핀잔을 주었다.
얼마 있지 않으면 모든 것이 탄로 날 터인데, 그때에는 어떻게 하겠느냐고 물으니 그때는 그때 가서 해결하면 된다고 했다.
참으로 편리한 발상이고 내일을 두렵게 생각하지 않는 행동이다.

그런데 최 사장은 날이면 날마다 새로운 여자들을 만나고 와서는 나한테 자랑을 했다. 결혼 중매센터에서는 그야말로 밑져야 본전이니 여자들에게 호감이 가는 인상인 최 사장에게 여자를 계속 소개하는 것이었다.
최 사장은 머리부터 발끝까지 속된 말로 기생오라비처럼 하고 다닌다.
옷은 항상 깨끗하고 멧조롬하게 차려입고 금테 안경을 쓰고 여자들 앞에서는 "아, 그렇습니까?" 하고 살살거린다.
태도 좋지, 인상 좋지, 직원을 네댓 명 거느린 회사 사장이지, 그러니, 흔한 말로 뽕 가지 않는 여자가 어디 있겠는가. 다음은 다음 문제다.
남녀는 자꾸 만나면 정이 들고 불이 붙는다.
불이 붙은 다음에는 상대방이 날탱이어도 할 수 없다. 이미 몸 주고 돈 준 다음이니까 말이다.
최 사장이 결혼소개소

장미꽃, 옛날부터 인류에게 가장 사랑을 받는, 꽃, 색, 자태 어느 것 하나 부족함이 없는 꽃

♪ 감옥이 천국입디다 | 213

에서 소개받은 대전에서 양장점 하는 아주머니는 그에게 매력을 느꼈는지 홀렸는지 양장점 일을 내팽개치고 뻔질나게 대전에서 서울로 올라왔다.
최 사장이 혼자 산다고 하니까 밑반찬을 많이 해 가지고 올라와 최 사장을 만나 냉장고에 넣어놓게 최사장이 사는 아파트로 가자고 했다.
최사장이 저녁에 자기가 가지고 가겠다고 해도 최사장에게 사는 아파트에 한사코 가자고 했다.
그러나 이 핑계 저 핑계를 대고 가지 않았다.
최사장이 그녀에게 7,000만 원짜리 아파트에 전세 산다고 거짓말을 했던 것이다. 나는 그녀가 이미 최 사장의 여러 가지를 의심스럽게 생각하기 시작했다고 느꼈다.
그 바쁜 시간에 대전에서 서울까지 와서 아파트에 가보자고 할 때에는 이상한 낌새를 느꼈기 때문이다.
나는 최 사장 덕분에 멸치볶음과 다른 밑반찬을 많이 얻어먹기는 했다.

하루는 최 사장이 우리 사무실에 놀러 왔다가 저녁에 건물 계단을 내려가면서 대전 여인한테 전화하는 것을 우연히 들었다.
"자기야, 밥 먹었어? 잘 자. 안녕" 하고 낯간지러운 말로 전화를 했다. 그 즉시 말하면 무안 해 할까 봐 모른체 했다가 이튿날 나한테 왔기에 "자기야, 밥 먹었어" 하였더니 눈치채고는 여자들

게발 선인장~겨울에 실내를 장식하는 기르기쉬운 식물

소루쟁이~흥분이나 아픔 따위를 진정작용

은 그렇게 자상한 남자들을 좋아한다고 변명했다. 그러면서 그녀가 돈 200만 원만 입금해주면 내일 송금해준다고 하는데 어떻게 하면 좋겠느냐면서 말을 덧붙였다.

그러면서 "실은 자네한테 말을 안 했는데 그 여자가 자기가 1억 투자할 테니 내 아파트 전세금 7,000만 원을 합해서 아파트를 공동명의로 사서 같이 살자고 하는데 어떻게 생각해?" 하고 물었다.

나는 최 사장에게 그 여자의 의중을 말해주어야겠다고 판단하고 "어이, 최사장. 결혼소개소를 통해 남자를 구하는 여자들은 거의 가 돈 많은 남자를 원한다네. 거, 있잖아. 내 사무실에 오는 선배 친구 경찰 간부 하다가 정년하고 직업소개소를 하는데 남자고 여자고 간에 경제력을 첫째 조건이라고 한다네.

우리 같으면 건실한 사람을 택할 텐데 말이야. 그런 생각을 하는데 자네가 아파트 전세 산다고 하면서 한번 그곳에 가보자고 해도 가지 않지. 모든 것이 유행가 가사처럼 아리송 해인데, 그걸 눈치 못 챘겠나.

꿈 깨고 돈 있어 부쳐주려면, 그동안 그녀가 서울 오르락 내리락 한 차비와 반찬 해온 경비로 보내주고 모든 미련을 부산 동백섬에 버리듯 버리소. 그 여자가 긴가민가해서 자네를 테스트한다는 걸 모르겠어? 정히 돈 많은 여자를 원하면 거 있잖아. 혹 달린 여자" 했다.

최사장은 "아, 이 사람아. 그 여자 이야기는 하지 말게. 꿈에 볼까 싶네" 했다.
혹 달린 여자는 최사장이 소개소의 소개로 만난 여인이었다.

혹 달린 그 여인은 최 사장이 인물이 훤칠하고, 옷도 세련되게 입고, 키도 크니까 논두렁에 동삼이 굴러들어왔다고 생각했는지 둘이 점심을 먹고 커피를 한 잔씩 땡기고는 쇠뿔도 단김에 뺀다고 러브호텔인가 사랑호텔을 가서 이번에는 불이 아니라 서로 본드처럼 붙어 메달도 없는 레슬링을 하고 한바탕 회오리가 지나가고 난 다음 그 여인은 누구보다 만족해하며 자기는 아파트도 큰 것 있고 돈도 조금 있다고 했다.

아가씨들 손톱을 붉게 물들인. 봉선화

그러면서 최사장 당신이 좋으니 계속 만나주라며, 당장이라도 자기 집에 가서 살아도 된다고 하는데, 그녀가 살짝 돌아서는 순간 목에 살덩이가 있어 살펴보니 큰 혹이 있었다.
최사장이 자기도 모르게 놀라니까 여자가 울면서 하는 말이 목에 혹이 나서 남편과 이혼하고 혼자 사는데, 만나는 남자마다 목에 있는 혹을 보면 뒤도 안 돌아보고 가버리더란다.

당신이 좋으니 한 달에 한 번씩만 만나주면 고맙겠다고 했다 한다.

최 사장은 인정상 그때는 만나준다고 했지만, 돈이 아무리 좋다고 해도 다시는 만나고 싶지 않다고 했다.
"그러면 그 불쌍한 여인은 어쩌란 말인가?" 물었더니 "불쌍하면 자네가 하소" 했다.
"내가 뭐 자네 후국 먹는 사람인가" 하고 혹 달린 여인의 안타까운 사연을 생각하니 군대 생활할 때 만난 한 처녀가 떠올라 그녀의 슬픈 사연을 적는다. 나는 경기도 파주 28사단에서 위생병으로 근무하였다.
하루는 기상 시간도 안 된 이른 새벽에 불침번이 나에게 와서 사람이 죽어간다고 했다.
병실로 달려가 보니 웬 처녀가 병실 침대에 누워 있고 그 옆에는 하사 한 사람이 안절부절 못하면서 서 있었다.
하사더러 왜 처녀가 여기에 누워 있느냐고 물으니 자살하려고 쥐약을 먹어서 들쳐업고 이곳으로 왔다고 했다. 부모는 어디 가고 혼자 왔느냐고 하니까 내일이면 자기가 월남에 가는데 마지막으로 여관에서 하룻밤을 자면서 제대하고 올 때까지 잘 있으라고 하니 여자가 만일 월남에 가면 죽어버리겠다고

유자~항염증 작용이 있으며, 바이러스 감염증에 보호 작용을 나타낸다

하여 다분히 엄포려니 생각했는데 새벽녘에 이상해서 흔들어 깨워도 일어나지 않기에 들쳐업고 왔다고 했다.

대충 여자를 살펴보니 이미 숨이 끊어진 상태였다.
나는 하사에게 당신 애인은 안타깝게도 저세상으로 갔다고 말하고 군의관이 오면 사망진단서 끊어서 앰뷸런스로 처녀 집까지 시체를 운송해줄 테니 그리 알라고 했다.
그러자 하사는 처벌을 얼마나 받겠느냐고 물었다.
순간 하사를 향해 "아니, 사람이 살아날 수 없느냐고 물어야지 처벌을 걱정하다니?" 하고 쏘아붙이면서 "죽은 사람만 불쌍하지" 하고 그녀의 얼굴을 보니 얼굴에 거뭇거뭇한 반점이 있었다.
설마 처녀가 저런 병에 걸렸을까? 의심하며 아침에 군의관이 출근했기에 "얼굴에 있는 반점이 혹시?" 하니 그렇다고 했다.
대충 시신에 대한 사망진단서를 작성하여 군의관 도장을 찍은 뒤 시체를 앰뷸런스에 싣고 내가 선임 탑승하여 그녀의 집으로 갔다.
그녀 어머니가 다짜고짜 "이 도둑놈들" 하면서 군인인 나를 째려보고 "군인이 우리 딸을 결국 죽였네"라고 대성통곡하며 울었다.

하사가 한쪽으로 가 피해 있기에 내가 "범인은 저기 숨어 있소" 했더니 하사는 고양이 앞의 쥐처럼 벌벌 떨었다.
그녀 어머니가 손에 잡히는 대로 하사를 향해 던지기에 나는 '범인은 저기 있소' 하고 고자질한 죄로 "아주머니, 화가 나시겠지만, 말로 하세요" 했더니 '너도 똑같은 놈'이라고 싸잡아 욕하기에 앰뷸런스 기사에게 빨리 가자고 하여 부대로 돌아와 중대장에게 결과 보고를 했다.
〈당시는 전방에 병원이 드물고 없어서 민간인들의 환자가 발생하면 군부대 의무대에서 처리 했다〉 일상생활을 하다가 그 처녀 일이 궁금하여 동기에게 대민 진료를 가자고 하여 개인 구급낭을 하나씩 메고 그녀 집 앞을 황구처럼 살살거리고 지나갔다.

그녀 어머니가 나를 알아보고 지난번에 '너도 똑같은 놈'이라고 욕한 것이 마음에 걸렸던지, 딸의 시신을 운반해주었는데 고맙다는 인사는 안 하고 욕만 퍼부어댔으니 미안했는지 집으로 들어오라고 하기에 들어갔다.

그녀 어머니는 손님들 접대하느라고 술이 조금 남았다면서 막걸리 한 주전자를 가져왔다. 나는 술을 마시지 않지만, 술을 좋아하는 동기는 입이 째졌다. 그녀 어머니는 나한테 지난번에는 미안했다고 사과하면서 딸의 한많은 사연을 이야기했다.

그때만 해도 파주를

부고~지금처럼 통신이 발달되지 않은 시절에는 사람이 죽으면, 사람이 직접 각각의 집으로 가서 사람의 죽음을 알리는 일. 변소 문에 걸린 종이에 소식을 전했으며, 재수 없다고 집안으로 들이지 않고 변소 문에 걸음, 유일무이한 것 〈사진, 이일로 초가집과의 대화 발체〉 작

전방이라고 하였다.

아침저녁으로 확성기에서 남북한이 서로 비방하는 대남 대북 방송이 나오고 할 때였다.

그녀 집은 농사를 많이 지었다.

그리고 중학교까지 졸업했다.

서울에서 양재학원을 다니고 집에서 쉬고 있으면서 남부러 울것이 없이 살던 그녀가 남자를 알기 시작해 군인을 사귀면서 서로 죽자 살자 하다가도 남자가 제대하여 고향에 가서 연락한다고 해놓고 종무소식이기에 주소로 찾아 가면 형편이 곤란하여 결혼할 수 없으니 미안하다고 하면 끝이었다고 한다.

딸아이가 마음이 모질지 못해 중매로 결혼하라고 하면 그러겠다고 해놓고 마음씨 고운여자 치마 속이 마르는 날 없다고 군인들이 간이라도 빼줄듯이 꼬드기면 넘어가 줄 것 안 줄 것 다 주고 나서 제대만 하면 안녕이라고 하니 괴롭던 차에 이 하사를 만나 결혼까지 굳게 맹세하고 사귀었는데 하사가 갑자기 월남에 간다고 했다 한다.

그때만 해도 월남전 초창기라 전쟁에서 사망하는 경우가 많았다.

그러니 제대하면 안녕이고 월남 가면 영원히 굿바이가 될지도 모르니

방아를 찧는 부부~지금은 보기 어려운 남자의 허리띠가 눈길을 끌기에 충분하다 (이일로 작)

월남을 못 가게 말리다가 안 되자 에라이 이 한 많은 세상 쥐약을 먹고 먼저 내 사랑 굿바이를 했던 것이다.

지금은 처녀들이 연예를 하다가 헤어지던지 심지어 동거 생활을 하다가 결혼을 하고 더러는 애 딸린 과부들도 총각들과 결혼을 하는 세상이 되었지만,〈그 당시는 처녀의 과거가 들통이 나면은 정상적인 결혼은 문제가 있엇던 것이 사실이었다〉그녀의 어머니는 딸의 애닯은 사연을 이야기 하면서 눈물을 흘리면서 은연중 군인들을 원망하고 있는 듯했다. 그녀의 어머니 이야기를 들으니 '너도 똑 같은 도둑' 이라고 한 말을 이해할 수 있었다. 그리고 그녀의 얼굴에 검은 반점이 있었던 것은 곱디고운 처녀에게 하사가 그랬는지 다른 사귀는 군인들이 옮겼는지 성병을, 그것도 고약한 매독을 옮겼던 것이다.
지금 세대들은 약이 좋은데 무슨 걱정이냐고 하겠지만, 그때는 약이라고는 CPX 항생제 주사뿐이었고 그것을 맞으면, 엉덩이에 불이 나는 것처럼 아팠다.
그 뒤 호스타시린이라고 하는 획기적인 항생제 주사약이 나와 이것을 두세 번만 맞으면 매독은 치료할 수 있었다.
넘어진 김에 쉬어 간다고 이왕지사 쓴 김에 역사적으로 남는 글도 좀 써야겠다. 이 글은 호랑이 담배 피우던 시절 이야기다.
군인들이 휴가를 가고 올 적에는 용산역을 통하여 기차로 이동한다. 장병들에게는 운임 할인 혜택이 주어져 그곳을 이용한다.
그런데 문제는 기차 시간이 되기를 기다리며 역 앞을 왔다 갔다 할 때 아가씨들이 나와서 잘해준다고 꼬드기는 것이다.
그렇지 않아도 여자만 지나가면 눈도 코도 없는 것이 성질을 내는 판에 잘해준다고 하니 고향에서 부모님과 친지들에게서 용돈도 받았겠다.

그런데 용산역 앞에 아가씨들이 화장을 짙게 하고 갖은 애교를 다 떨면서 꼬드기니 에라 모르겠다. 삼수갑산을 갈망정 잘해준다는 아가씨를 냄새 퀴퀴나는 방에 따라 들어간다.

하지만 잘해주기는 뭘 잘해주겠나. 바짓가랑이 하나만 내리고 껌 짝짝 씹으며 빨리빨리 눈도 코도 없이 입으로만 숨 쉬는 것 목욕시키고 가라고 한다.
모두 그런 것은 아니지만 70~80%는 그렇다고 보면 된다.
이 정도의 서비스는 그래도 양호하다.
재수 없는 병사들은 목욕도 못 시키고 돈만 빼앗기고 기둥서방한테 얻어맞고 오는 경우도 허다했다고 보면 된다.
민간인 젊은이들도 이런 경우가 허다했다고 한다.
그런데 목욕을 더러운 하수구에 담그고 제대로 씻지도 않고 부대에 귀대하여 2~3일 지나면 눈도 코도 없는 것 입에서 우유 같은 액체가 나오든지 불알 주변에 울룩불룩한 점들이 솟아오르든지 한다.
위생적으로 불결한 곳에서 아가씨들과 배꼽 밑을 건드린 결과는 성병

영화 여 애권. 강용석. 김윤아 외3명

을 얻어온다. 전자는 임질이고 후자는 매독이다.
매독균이 임질균 보다 훨씬 강하여 치료하기가 힘들었다.
모든 병은 초기에 치료해야 빨리 낫는데 군인들은 무슨 병인지도 모르고 있다가 상태가 악화 되어서야 중대장한테 말하면 상말로 안 죽을 만큼 기합을 받고 의무대로 온다.
의무대에서는 교육 차원에서 또 기합을 준다. 다시는 그러지 말라고. 60년대 군대에서는 성병과 겨울에는 동상에 신경을 많이 쓰고 교육도 많이 했다.
그리고 60년대에는 전방에 병원이 없었기 때문에 군부대에서 대민 진료 사업을 하였다.
참고로 의사가 아닌 나는 글쓰기가 매우 조심스럽다.
군대에서 경험한 것들을 일부 적어보았을 뿐이다.

밀은 익기 위하여 이슬이 필요하고 사람은 살고 느끼기 위하여 눈물이 필요하다고 한다.
다시 말하면 빵에는 우유가 있어야 제격이듯이 사업도 자본이 필요한 것은 우유와 빵의 관계와 같다고 본다.
사업하는 사람들 사이에는 우스갯소리로 과부 땡빚이라도 내서 사업한다

영화, 소애권, 강용석, 배수천

는 말이 있다.

돈이 필요할 때 과부가 어렵게 모아놓은 돈이라도 이자를 비싸게 주고서라도 빌려서 사업에 이용한다는 각오의 의미가 다분히 내포되어 있다고 본다.

과부는 은이 서 말이고 홀아비는 이가 서 말이라고 하는 속담도 있다.

나를 만나고 간 인상 좋은 과부 아주머니가 시간만 있으면 내 사무실에 들르기도 하고 전화로 나오라고 해서 식사도 하고 여관에도 가기를 몇 번을 한 달 가까이 하다가 하루는 사무실에 와서 정말로 이혼했느냐고 물었다.

그렇다고 하니 무슨 이유로 이혼했느냐고 꼬치꼬치 물으면서 당신처럼 나무랄 데 없는 사람과 이혼한 여자가 이해가 가지 않는다면서 호적등본 한 통 떼어오고 집 전화번호를 알려달라고 했다. 그래서 전화번호는 알려주고 호적등본은 떼어다 주겠다고 했다.

자존심이 상했지만 과부 땡빚이라도 얻을 수 있다면 이 정도 자존심은 잠시 보류해 두기로 했다.

호적등본을 떼어 놓았다고 전화하니 토요일 오후에 와서 할 일도 많은 나에게 무조건 차를 타고 설악산에 놀러 가자고 했다.

영화, 그 사랑 한이되어 조용필, 유지인

그 상황에서 나에게는 선택의 여지는 없었다.

호적등본을 확인한 그녀가 "당신 부인한테 전화했는데…"하면서 웃었다. 아무 말도 하지 않았더니 당신하고 살 테니까 앞으로 절대 상관하지 말고 사업 자금도 대어주어 성공시킬 테니까 그리 알라고 했다고 한다.

영화 금홍아금홍아. 김갑수. 이지연

순간 나는 아차 싶었다.

이유야 어쨌든 서로 사이가 나빠서 헤어진 것도 아니고 빚쟁이 등살에 못 견뎌 잠시 집에서 쫓아 냈는데 썩을 놈의 인간이 그 사이를 못 참고 딴 여자와 놀아나면서 간섭하지 말라는 말까지 들었으니 얼마나 모멸감을 느꼈을까 생각하니 애들 엄마가 불쌍하고 미안한 마음에 쥐 구멍에라도 들어가고 싶었다.

나더러 집에서 나가라고 할 때는 가정의 평화를 위해서 그런 것인데 하며 배신감에 괴로워할 애들 엄마 생각에 견딜 수가 없었지만, 이왕지사 이렇게 된 것 그 떵빚을 얻기 위해서는 참는 수밖에 없었다.

♪ 감옥이 천국입니다 | 225

과부댁은 모든 심사를 끝내고 아침에 사업 자금이 얼마나 필요 하느냐고 하기에 3,000만 원정도 필요하다고 했다. 다음 토요일에 만나서 돈을 주겠다고 하기에 이왕 해줄 거면 하루라도 빨리 해 주었으면 좋겠다고 하니 그러면 기회를 봐서 서울에 나올테니 그리 알라고 하기에 기다리고 있었다.

일요일에 와서 저녁에 자기 아파트로 가자고 했다.

그 땡빛 때문에 할 수 없이 따라 갈 수박에 없었다.

땡빛녀는 큰 아파트에서 혼자 살고 있었다.

앞으로는 여기 와서 지내라고 했다.

참 인간이란 이상한 존재다.

때로는 감정을 이해하지 못할 때도 있다.

사무실 쇼파에서 웅크리고 자다가 아파트라니 횡재도 이런 횡재가 없을 텐데 도무지 기분이 찜찜했다.

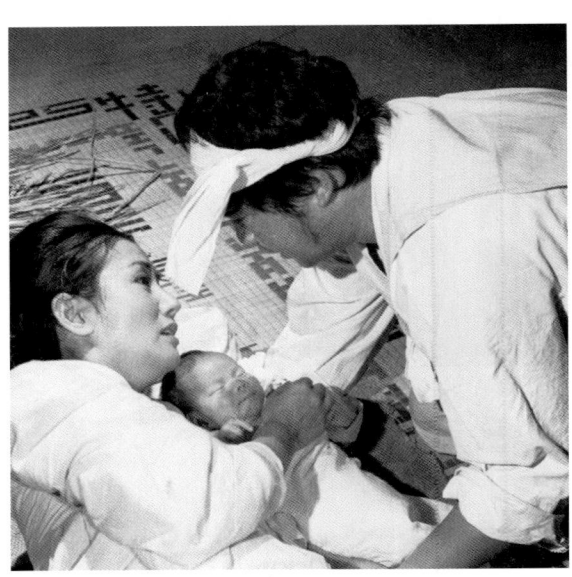

영화, 과부 고은아, 김희라

내 집이 아닌 이런 호화판 아파트에서 자는 것보다는 웅크리고 잘 지언정 사무실 쇼파가 편한 것 같았다. 이유는 내 아파트가 아니기 때문일 것이었다. 사실 내가 만들고자 하는 책을 출판하는 데는 1억 원이 필요했다. 5,000만 원만 있으면 나머지는 책을 출간하여 판 뒤 외상을 갚으면 되었다.

이미 3,000만 원은 거래처에서 일로 해주기로 했으니 그녀가 돈을 3,000만 원만 빌려주면 부러진 날개를 고쳐서 다시 날 수 있는데 하며 기대 반 걱정 반 하고 있는데, 그녀가 사무실로 돈 3,000만 원을 가지고 왔다.
그리그 5,000만 원짜리 차용증을 쓰라고 했다.
"아니, 돈은 3,000만 원인데 왜 5,000만 원짜리 차용증을 쓰라고 하지?" 했더니 이 돈을 가지고 1억 원도 벌고 3억 원도 벌 수 있다면서 이자를 주어야 하지 않느냐고 하기에, 순간 당황스럽기도 하고 일면 그 말에 일리가 있기도 했다.
참으로 과부 땡빚 무섭다.
아니, 그녀가 무섭다.
잘못하다가는 남은 여생 그녀에게 코가 꿰어서 상말로 빼도 박도 못하겠다는 생각이 들었지만, 사업을 성공하기 위해서는 그리고 지금 내 처지에 익은 콩, 안 익은 콩 가려서 먹을 처지가 아니고 신체 포기각서라도 쓰라면 써야 할 판인데 싶어 그 보다는 조건이 좋은 차용증 5,000만 원을 써주고 3,000만 원을 받았다.
그런데 이 과부댁은 3,000만 원의 거금을 주고도 눈 하나 깜짝하지 않는 여장부였다. 그 배포가 놀랍고 존경스럽기까지 했다.
앞에서 말했듯이 사진관 촬영기법 책은 우리나라에서 누구도 만들지 못하는 것을 나만 만들 수 있는 노하우를 가지고 있다고 하였다.
돈이 일부 마련되었고 부족한 돈은 외상으로 하면 되니까 그야말로 부러진 날개를 치료받아 날게된 셈이 되었으며, 나에게는 기적적인 일이 아닐 수 없는 일이었다.

그 기분은 말로 표현하기 어려웠다.

인상사진촬영강좌 전 5권 한 세트에 30만 원으로 기획·편집하여 드디어 책을 출간했다. 그리고 전국의 사진관 영업주를 상대로 세미나를 열어 책을 판매했다. 제작 외상보다는 그녀의 빚을 빨리 정리해야만 내 행동이 자유스러울 것 같아 돈이 들어오는 대로 그녀의 빚을 갚으면서 제작 외상도 일부 갚아 나갔다.

그런데 문제가 생겼다.

그녀의 네 자녀 가운데 아들은 중견기업에 취직하였고 딸 둘은 학교 교사로 재직하고 막내딸은 모 대학 4학년에 다니고 있었다.

이렇게 자녀들 교육을 적극적으로 할 만큼 그녀는 성격이 활달하고 적극적이었다.

그런데 불행하게도 공무원이던 남편과 사별한 뒤 교사하는 두 딸의 아기들을 키우며 살고 있다가 외롭고 쓸쓸하여 결혼 중매센터에서 최 사장을 만나고 그를 통하여 나를 만났던 것이다. 경제적으로는 집이 두 채나 되고 시골에 땅도 꽤 많아 어디 하나 가려울 데가 없었다.

단지 건강하고 건실한 남자를 만나면 되는데, 나는 할 일이 너무 많았다.

그녀는 시간만 있으면 차를 몰고 전국을 여행 하기를 좋아하고 차만 타면 노래도 부르고 크게 소리도 쳐보고 그렇게 행복해할 수 없었다.

문제는 바로 이것이었다.

나는 재기하기 위해서 남보다 몇 배 더 노력해야 하는데 휴일만 되면 놀러 가자고 하니 시간도 시간이지만 경비도 나 혼자 부담해야 하니 그것도 부담스러운 일이었다.

그렇다고 남자 자존심에 경비를 부담하라고 할 수도 없었다.

따지그 보면 수렁에 빠진 나를 건져준 은인이기도 한데 말이다.
그리그 30년을 함께 산 애들 엄마와 성격이 완전히 반대였다.
애들 엄마는 순종적이라면 그녀는 자기주장이 뚜렷했다.
또 애들 엄마와 사이가 나빠서 헤어진 것이 아니고 사업 실패로 본의 아니게 헤어졌기 때문에 항상 애들 엄마 생각이 마음속에 남아 있는데 그녀가 내 마음속에 쉽게 들어오겠는가. 아무튼 빚쟁이들한테 시달리고 괴로울 때는 세상 모든 것 다 잊고 그녀에게 빌붙어 살아볼까 하는 유혹도 받았지단, 그렇다면 지금까지 나를 도와준 사람들의 기대에 부응하지 못하고 실망만 시킨다는 걸 생각하니 한순간 약한 마음을 품었던 나 자신을 용서할 수가 없었다.
전국에 있는 과부 아주머니들에게 감히 한 말씀 드리자면 운명이 기구하여 남편과 사별하든 이혼하든 해서 부득불 재혼해야 한다면 부인과

영화, 분례기 윤정희, 허장강

이혼한 남자보다는 사별한 남자를 선택하는 것이 좋다.
왜냐하면 밉든 곱든 함께 산 조강지처가 있는데, 다른 여인을 마음속에 쉽게 받아들이겠는가! 조강지처를 버린 사람은 더더구나 안된다고 생각한다.
이유는 말 안 해도 알 것이다.

유부녀, 유부남 아주머니 아저씨들, 한번 결혼했으면 상대가 근본적으로 싸가지가 없으면 몰라도 그렇지 않으면 주례사에 검은 머리가 파뿌리 될 때까지 살라고 하지 않았는가 말이다.
어디 별 남자 별 여자 있답디까? 한평생 알콩달콩 살다가 이 세상을 따나는 것이 행복이 아니겠오.
갈 때는 진시황제도 수의 한 벌에 달랑 입고 이 세상의 부귀영화를 다 버리고 갔다 하대요. 거듭 말하지만 웬만하면 참고 사시오.

달리는 할아버지 자전거 위에서 책을 읽는 소녀

특히 자식이 있으면 정말로 헤어진 것은 절대 안 된다고 생각합니다.
내가 혜보니 사업 실패보다 결혼 실패가 더 큰 것 같습디다.
이혼은 정말 하지 말아요. 이것은 순전히 내 경험에서 하는 말이외다.

특히 이혼한 공인들은 부끄러운 줄 아시오. 공인들이 누구요, 국가와 사회에 영향을 미치는 사람들 아니오. 특히 연예인들은 자중해야 하고 방송국도 그들 출연에 신중을 기해 출연시켜야지요. 모범적인 사람들도 많은데 겉만 화려하다고 내면은 안 보고 시청률 올린다고 그런 존재들이 자꾸 나오면 새싹들이 배우고 전염된단 말이오.
자고로 우리나라는 동방예의지국인데 이제는 그 정체성이 무너지려 하니 아니 무너지다 못해 개판이 되었으니 우리 반성하고 대책이 있어야 하지 않을까요?

나는 이 글을 쓰기 전에는 부끄러워서 이혼에 이자도 꺼내지 않았소. 왜냐고요? 부끄러워서 말입니다.
과거 세대들 아니 우리 세대들은 이혼한 사람은 조금 이상하게 보다못해 사람으로 안 보는 경향이 있지요.
아니 조금 이상하게 본 것이 아

영화, 여자는 비처럼 남자를 적신다. 이미숙, 김동현

니고 아주 많이 이상하게 보았다고 해야 옳은 말입니다. 왜냐고요? 해서는 안 될 짓을 했으니까.

말이 여행 갔다 온다고 당나귀 되어 온답디까? 아무리 서양 코쟁이 문화가 들어와서 개판 친다고 반만년 내려온 우리나라 정체성을 훼손해서는 안 된다고 생각합니다.

영화, 가수왕, 남진 외

나를 울린 한국 영화 80년

인간이 살아가는 데 필요한 것은 의식주, 즉 입고 먹고 자는 것이다. 없는 돈에 날마다 밥을 사 먹고 여관 잠을 잘 수도 없고 사무실을 임대하려고 해도 돈이 없었다. 무엇을 하든 연락처와 근거지가 있어야 하는데 이걸 해결하는 것이 나에게는 급선무였다.

사람은 어떤 극한 상황이 와도 좌절해서는 안 되고 하늘이 무너져도 솟아날 구멍이 있다고 그 구멍을 찾아야 한다는 것이 평소의 내 신념이다. 1년 전 제대한 지 30년 만에 충무로에서 장완규라는 군대 사수를 만난 일이 있다.

그 사수는 사업을 하여 크게 성공한 뒤 충무로에 빌딩을 가지고 있다면서 내게 점심을 잘 대접해 주고 해어지면서 언제 한번 찾아오라고 명함을 주며 한 말이 생각났다.

내가 왜 그 생각을 못 했을까 싶어 그

장독대

♪ 감옥이 천국입니다

사수에게 전화를 걸었다. 그리고 만나서 "단도직입적으로 사수님, 건물에 사무실 하나 주십시오. 사무실을 얻으려 해도 돈이 없습니다"
"부도를 내서 갈 데가 없어요." 그러자 사수는 "이 사람이 갑자기 무슨 말이야?" 하면서 몇 시에 자기 빌딩으로 오라고 했다. 시간에 맞추어 가니 반갑게 맞아주었다. 조심하지 어쩌다가 부도를 냈느냐면서 왜 갈 곳이 없느냐고 물었다. 정직이 가장 좋은 꾀라고 사수에게 처음부터 끝까지 사실대로 내 어려운 처지를 대충 들려주었더니 "한번 동지는 영원한 동지" 아닌가.

자네는 조금만 도와주면 그냥 일어날 거야" 하면서 3층하고 6층에 빈방이 있는데 어느 방을 쓰겠느냐고 물었다. "배고픈 사람이 꽁보리밥, 쌀밥 찾겠습니까?" 당연히 6층을 써야지요. 그 대신 "임대보증금은 벌어서 낼게요" 했다. 사수는 "알았어" 하면서 6층으로 안내했다. "대한민국에서 명동 다음으로 비싼 땅이라 임대료를 한 달에 70만 원씩 받는데 자네는 월 25만 원씩 내면 되겠는가?" 하고 물었다.

예, 알겠습니다. 대답하고 "지금 당장에 잠 잘 곳이 없어서 여기서 자려고 하는데 아무것도 준비된 것이 없습니다" 했다. "필요한 것이 있으면 사면 될 것 아냐?" 하기에 "돈이 없

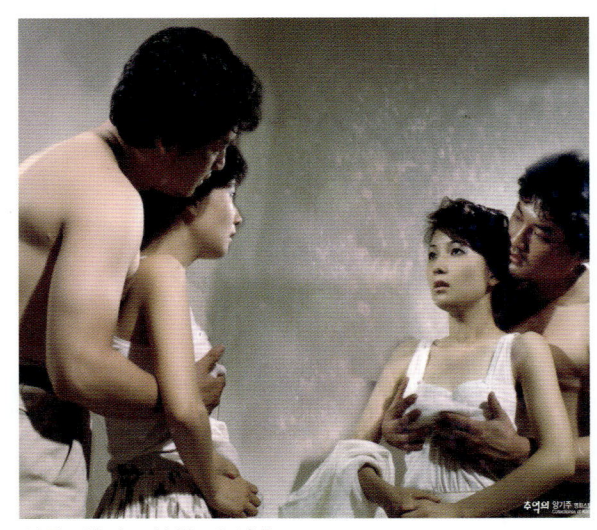

영화, 영점구일칠, 유인촌.

어서 그러니 조금만 빌려주십시오. 열심히 해서 갚겠습니다" 하니 "얼마나 필요한데?" 하지 않는가! 액수가 너무 크면 빌려주지 않을까 봐 "500만 원만 빌려주십시오" 했다. "그렇게까지 망해버렸어? 그 돈이 없게. 오늘은 늦었으니까 내일 회사에 출근했다가 와서 변호사 공증하고 빌려줄게. 오늘은 여관에 가서 자" 하면서 돈을 주기에 "아닙니다" 하고 뿌리쳤다. 사람이 아무리 궁하고 어려워도 받을 돈, 안 받을 돈을 구별해야 한다는 것이 내 신조다.

나는 어렸을 때 큰집에서 꼴 베고 소 풀 뜯어 먹이고 나무하고 심부름할 때도 인정을 받았고 열일곱 살 때 쌀 세 가마니를 받고 머슴살이할 때도 인정을 받았었다. 고등학교에 다닐 때도 그랬고 군대 생활할 때도 모범적으로 지냈다. 나는 지금껏 술 담배를 하지 않는다.
그것도 성실하게 사는 방법 가운데 하나다. 나는 또래들이 가방 메고 학교 갈 때 지게 지고 산에 들에 일가면서 학교 가는 그들이 그렇게 부러울 수가 없었다. 그럴 때마다 어머니가 몹시 보고 싶어 뒷동산 양지바른 곳에서 울다가, 지게에 나무하러 짊어지려고 서툰 낫질을 하다가 다치기도 많이 하였다.

그 어렵고 서글펐던 일들에서 벗어나고자 무척 노력했다.
그런데 첫 선택을 잘못하

도라지 꽃

였다.
부언하면 직업을 잘못 선택하였다는 것이다.
그 이유는 다음에 쓰겠다.
이튿날 군대 사수는 변호사 공증을 하고 500만 원을 빌려주면서 비품도 자기 빌딩에 있는 것을 쓰라고 주었다.
참으로 꿈같은 일이었다.
인간이 한평생 세상을 살아가면서 자기 의지와는 무관하게 남의 권유로 새로운 일을 시작하는 경우가 있다.

어떤 젊은이가 세속에 살면서 사업과 사랑에 실패하고 괴로워하다가 이 세상 모든 것을 다 버리고 절에 들어가 부처님 제자가 되기로 결심했다. 그래서 큰 스님을 찾아가 전후 사정을 말하니, 스님은 큰 주전자에 물과 큰 대접을 가져오라 했다.
스님은 젊은이에게 그릇을 두 손으로 들게 하고 그릇에 물을 계속 부었다. 그릇에서 물이 흘러넘치는 것을 본 젊은이가 "스님, 물이 넘치나이다" 하니 스님이 "지금 당신 마음속에 세상의 애증이 이 물처럼 콸콸 넘칩니다" 주전자 속을 비우듯이 마음을 비우지 않으면 수도 생활을 할 수 없으니 세속의 모든 것을 버리십시오" 라고 충고하였다고 한다.
부도나고 빈털터리가 된 뒤 가족에게 마저 외면당해 모든 것이 억울하고 어떻게 하면 재기할 수 있을까 하는 일념에 사로잡혀 모든 판단을 나에게 유리한 쪽으로 하던차에 사진 관계 원고도 집필해주고 여러모로 조언을 해주던 한국사진작가협회 자문위원이신 고영일 선생님이 안양사진작가협회 우명률 지부장과 함께 좋은 출판 자료가 있으니 세종호텔 커피숍에서 만나자고 연락이 왔다.

나가보니 한국영화 500여 편의 스틸 사진작가 양기주씨가 준비한 자료로 책을 출간하자고 제의했다. 세 사람의 적극적인 권유로 양 작가는 원고를, 나는 모든 출판 경비와 전시회 비용을 부담하는 조건으로 출판 계약을 하고 말았다.

이것이 상처투성이인 나에게 엄청난 암 덩어리를 안겨줄 줄은 꿈에도 몰랐다.

할 수 있는 것이라고는 글 쓰는 것과 편집할 수 있는 것뿐인데 5,000~6,000만 원이나 되는 출판 경비를 어디서 조달하려고 했을까? 지금 생각해보면 어리석고 무모함이 한없이 원망스럽기만 하다.

또 경험을 쌓았다고 자위하기에는 인생 황혼녘에 너무 비싼 수업료를 지불했다. 그것이 너무 회한이 남아 병든 몸이 어느 길모퉁이에 앉아서

영화, 성춘향 구봉서, 전계현

허공을 향하여 허허허 하고 웃다 울다 하려니 서럽다 못해 슬프고 또 어리석은 자신이 한없이 원망스러워 어찌할 줄을 모르겠었다.
사람은 자기 분수대로, 그릇대로 이 세상을 살아가야 한다고들 한다.
바꾸어 말하면 절대 무리하지 말고 근면 성실하면 그저 평탄한 삶을 살 수 있다는 것이다.
하나에 하나를 보태면 둘이라는 것은 누구나 아는 사실이다.

그러나 성냥개비 두 개를 절반으로 나누면 넷이 되기도 한다.
이것은 정해진 규칙에서 약간 벗어난 것이다.
인간의 삶도 마찬가지다.
때로는 곱하기도 하는 삶에서 나는 더하고 빼고 곱하기를 너무 많이 하여 엉망진창이 되어 버린 인생이 되어 버렸다.
지금 와서 아무리 생각해보아도《한국영화 80년》건은 무리였고 무모한

영화, 사랑 만들기 길용우 외

짓이었다. 이것이 내 인생 말년의 족쇄가 될 줄 누가 알았겠는가!

5,000~6,000만 원이나 되는 큰돈을 어디서 구할 수 있다고. 그렇다고 신용이 있는 것도 아닌데 말이다.

출판 경비 중 50%만 준비하면 나머지는 외상으로 책을 출간한 뒤 판매해 갚으면 되는데. 하는 생각이 들었다.

그래 내가 언제 통장에 돈 넣어놓고 사업했나 싶어서 먼저 은행에 있는 사촌형님 아들에게 책 나오면 팔아서 줄 테니 힘닿는 데까지 만들어 계좌에 넣어달라고 부탁했다.

그리고 돈 갚을 때까지는 부모님에게 말하지 말라고 당부했다.

그리고 현대건설 차장으로 있는 이종사촌 동생에게도 찾아가 돈을 부탁하였더니 그렇지 않아도 형님이 어렵다는 소식을 듣고 한번 연락하려 했는데, 잘 왔다면서 형편껏 입금하겠다고 했다.

내가 그 동생이 고등학교 다닐 때 등록금 몇 번 내준 고마움의 표시가 아닐까 싶었다.

그리고 평소에 나를 많이 도와준 전주 권진희 사진작가에게 돈 부탁을 하니 "내가 무슨 돈이 있는가, 우리 집사람한테 부탁해보

영화, 고속도로, 한태일, 김애림

지"하기에 이 돈은 안 되는 것으로 생각하였다.
사람들은 대개 입장이 난처하면, 부인 핑계를 대기 때문이다.
전주에 가면 권작가 집에 들러 하루 저녁씩 묵기도 하였기 때문에 사모님을 잘 알고 있었는데, 사모님이 "우리 집 양반이 좀처럼 이런 부탁을 하지 않는데 이런 부탁을 하시네요. 하며 돈 보낼 계좌를 알려주세요" 하고 연락이 왔다.

그리고 여의도에 연기학원 MTM 김민성 원장을 만나 한국영화 책에 광고를 받아도 돈이 부족해 프로사진작가협회 서울시 이일식 지회장을 찾아가 가계수표를 기일에 막아주기로 하고 700만원을 빌렸다. 또 대전 사진작가 신건이 씨에게서 가계수표를 기일에 막아주기로 하고 1,000만 원을 빌리고 사진작가인 부산 김동준 교수에게서 200만 원을 빌려 《한국영화 80년》을 만들었다.
 그런데 책이 팔리지를 않았다.
사람은 잘나갈 때는 누구나 도와준다.
그러나 부도나고 오갈 데 없는 사람에게 돈 빌려주고 사무실 빌려주고 여기저기서 도와주었는데, 책이 안 팔리니 어떻게 한단 말인가!
 도와준 사람들에게 어떻게 해야 한다는 말인가!
우선 가계수표 빌린 것을 책 팔아 막아주느라고 혼쭐이 났다.
마누라는 빌려줘도 수표는 빌려주지 않는다는 것을 빌려 주었으니 말이다.
외상 제작비와 차용금 일부를 반제 하느라 눈코 뜰 새 없이 시간이 흘러갔다. 《한국영화 80년》 출판해서 재기의 종자돈을 만들려고 하였는데, 오히려 기반만 잃고 말았으니 어찌 하늘을 보고 허허 웃지 않겠는가. 이것을 보고 실성했다고 하는 게 아닐까? 차라리 미쳐서 종로 거리를 활보했으면 싶었다.
공옥진 씨의 병신춤이라도 추며 돌아다니고 싶었다.

그러나 도와준 사람들을 생각해서 용기를 갖고 살아야 했다.
책이 출간도면 영화에 출연했던 당사자는 물론이고 그 자녀들이나 배우 지망생과 각 도서관까지 납품되면 출판이 성공하리라고 보았는데 우리나라 문화를 책임지고 있는 전 현직 문화부 고관들도 구입을 거절하였다. 이들이 매스컴에 나와 저절로 뚫어진 입이라고 문화에 대해 어쩌고 저쩌고 나불대는 꼬락서니를 보면 오장육부가 뒤틀린다.
그런가 하면 전 문화부 장관 유인촌씨의 청담동 집에서 만나 책도 팔고 추천도 받았으며 배우 윤정희 씨와 심형래 씨는 참으로 어려운 출판을 하였다며 두세 질씩 사주며 이렇게 우리한테 필요한 좋은 책을 출판해 주어 고맙다고 격려를 아끼지 않았다.

특히 윤정희씨는 평소에도 공인으로써 모범적인 생활이 그의 아름다운 인품에서 배어나듯이 행동도 많은 사람들의 귀감이 되기에 충분 하였다.
아무튼 나는《한국영화 80년》을 발간한 것이

종로 탑골공원 담벼락에 점심 한 끼를 먹으려고 두 시간여를 기다리고 있다.

출판의 한, 획을 그었다고 자부하지만, 개인적으로는 여러 사람에게서 금전을 차용해서 제대로 반제 하지 못했으니, 그에 따른 피해는 고스란히 신용 타락으로 이어져 재기하는 데 걸림돌로 작용한 것만은 사실이다.

영화, 마음이, 나훈아 윤정희

가까운 사람일수록
금전 거래는 금물?

많은 사람들이 가까운 사이일수록 돈거래는 하지 않아야 한다고 말한다.
구구절절 옳은 말이다.
자칫 잘못하다가는 돈 잃고 사람도 잃을 수도 있으니 하는 말이다.
그야말로 기도 구덕도 다 놓친다는 뜻일 게다.
그러나 그렇기는 하지만, 이처럼 자의적이고 허구적인 말은 없을 것이다.
자의적이라면 자기를 방어하기 위한 편의적 변명이고, 허구적이라면 염소 묽은 똥 싸는 소리, 기차 바퀴 펑크 나는 말도 안 되는 소리라는 것이

영화. 뽕.
이대근
이미숙

다.
염소는 절대 묽은 똥을 싸지 않고 기차 바퀴는 쇠 이기 때문에 절대 펑크가 나지 않는다. 사업을 하면서 돈이 필요할 때 부탁하면, 열에 한두 사람은 가까운 사이일수록 돈거래는 하지 않아야 한다며 거절하는 경우가 있다.
그러면 가까운 사람 아닌 누구와 돈거래를 한단 말인가?
나는 추운 겨울에 몸에 병들어 노동력을 잃고 돈도 없고 갈 곳도 없어 을지로 2가 지하보도에서 신문지를 깔고 지낸 일이 몇 번 있는데 노숙자들이 길가는 사람들에게 라면 하나 사 먹게 천 원만 달라 해도 많은 사람들이 거절을 하고 지나쳤다.
만일 그 사람들 중 지나가다가 잘 아는 노숙자를 보면 모르는 척 그냥 지나가지는 않을 것이다. 물론 모른 척 그냥 지나치는 사람도 있겠지만 말이다.

이렇듯 잘 아는 사이일수록 돈 거래 안 한다는 말은 하지 말기를 바란다.
즉 '돈거래는 친하고 잘 아는 사이일수록 한다'로 바꿔야 한다.
잘못된 것이 진리인 양 통용 되어서

영화. 서울공주 김주승, 강정아

는 안 된다.

거절 못 할 처지가 된 사람이 부탁을 하면 이 돈은 포기 한다고 생각하고 빌려주면 된다.

꼭 받아야 한다고 생각해 마누라를 시켜서 없는 돈을 받으려 하니 돈 잃고 사람 잃는다는 말이 나온다. 포기할 것은 포기하면 피차 서로 좋다고 생각 한다.

노숙자를 보고 사람들은 일하기 싫어서 노숙 생활을 한다고 하는데, 누가 그 생활이 좋아서 하겠는가? 추운 겨울날 해가 지면 아무데서나 하루저녁 보내보면 그런 말이 나올 수가 없다.

나처럼 중풍 환자는 더더욱 그렇다.

중풍 환자는 겨울이면 살이 굳기 때문에 추운 곳은 피해야 한다.

왜냐하면, 추우면, 혈액순환이 원활하지 않아 병이 악화 될 수도 있다.

그런데 찬 바닥에 신문지나 박스 몇 장 깔고 앉아 얼굴을 무릎에 묻고 잠을 청해도 잠은 오지 않지, 배는 고프지, 몸은 춥고 아프지 죽을 맛이다.

신이 나에게 그 세월로 다시 돌아가라면, 차-리리 삶을 마감하겠다.

무엇 때문에 사람이 이 세상에 와서 살다가 그토록 처절한 삶을 두 번이나 살아야 하는가?

가난은 나라님도 어

영화, 산불 윤정희 신영균

쩌지 못한다는 말이 있고 임금이 배부르면 신하 배고픈 줄 모른다는 말도 있다.
서울에 노숙자 쉼터가 있는 것으로 알고 있다.
나도 그곳을 한번 가보고 싶었지만, 자존심이 허락하지 않았다.
또 일부 술 먹은 사람들의 흐트러진 모습을 보는 것은 내 생리에 맞지 않기 때문이기도 하였다.

영화, 마인 박노식, 김지미

새들은 날다가 지치면 가시나무에라도 앉지만, 상서로운 봉황새는 오동나무만 골라 앉는다 하지 않은가. 나 또한 아무리 힘들고 어려워도 자존심 하나로 버티고 투병 생활을 하며 내일에의 희망을 잃지 않고 삶을 아름답게 마무리하고자 그리'고 가족들도 버린 나를 격려하고 도와준 사람들에게 보람된 일로 뿌듯한 정을 나눌 수 있도록 지금껏 살아왔다.
사실 노숙자들도 우리 이웃이고 부모 형제들이다.
그러니 더불어 살아가야 한다고 생각한다.
몸에 병이 든 초창기에 안산에 사는 친척한테 돈 좀 구하러 두 번째 갔는데 나를 대하는 눈치가 별로여서 말 한마디 못하고 전철을 타고 오다가 하도 배가 고파 전철에서 내렸다.

영화, 무릎과 무릎사이 임성민 이보희

마침 그날이 주일날이어서 교회에서 점심을 주는 걸 알기에 부근 교회 식당을 찾아 들어가 염치 불구하고 허겁지겁 밥을 먹으려니 두 눈에서 눈물이 주체할 수 없이 흘렀다.
그래도 뱃속을 채울 수 있으니 이것이 행복이고 밥을 주는 교회와 하나님께 감사할 일이다. 그런데 주일학교 선생인 듯한 아가씨가 화장지를 가져다주기에 다른 사람에게 눈물이 보일까 봐 고개를 푹 숙이고 밥을 먹다가 "아가씨, 미안하지만, 국하고 밥 좀 더 주셨으면 고맙겠습니다" 했다.

아가씨가 국과 밥을 더 가져다주어 맛있게 먹고 교회 식당 문을 나서는데 그 아가씨가 따라 나오더니, 만 원짜리 한 장을 손에쥐어 주면서 "선생님, 강하게 살고 힘내세요" 했다. '내가 무슨 선생님인가. 거지 사촌이지' 하는 생각이 들었다. 그러나 참으로 감사했다.
만원으로 하루 이틀은 허기진 배를 채울 수 있겠구나 싶었다.
이것이 예수님 가르침인 사랑의 실천이리라.
그런데 식당에 있던 늙수구레한 여지가 내가 나가는 것을 보고 문을 잠그라고 했다.
안에서 문을 잠그면 나같은 사람이 들어올 수 없게 하려는 것 같았다.

이것은 예수 정신이 아니다. "예수 누구신고 하니 우는자에 위로와 /없는자의 풍성이며 /천한자의 높음과 /잡힌자의 놓임 되고 우리 기쁨 되시네 /예수님은 누구신가 약한자에 강함과 /눈먼자의 빛이시며/ 병든자의 고침"이라 하지 않은가 말이다.
여기서 말을 보태면 배고픈 자에게 밥을 준다라고 하면 좋을 것 같다.
사람 마음이란 아침저녁으로 변한다고 한다.
방금 전까지만 해도 전철역에 서서 이상한 생각을 할 때 전광판에서 '자살은 당신의 이웃과 가족을 슬프게 한다'는 말을 보아도 별로 공감이 안 갔는데 배가 부르니 그 말이 머리에 와 닿는다.

노숙자 가운데 일부는 교회가 보듬어야 한다.
위에서 말한 바와 같이 주일날만 교회를 개방하여 점심을 주지 말고 매일매일 교회에서 여건이 허락하는 한 노숙자들이 자립할 때까지 숙식만 제공해 주면 그들에게 큰 힘이 될 것이다.
종로 2가 J교회에서 노숙자들에게 점심을 제공해 주어 노숙자들이 건

영화. 성춘향 구봉서, 전계현

물을 으르내리니 세입자들이 그들의 몸에서 냄새가 난다고 항의해서 빵으로 대체했다고 한다.

세입자들은 모른다.

배고픈 설움을. 위에서 말했듯이 임금이 배부르면 신하 배고픈 줄 모른다고. 경제적으로 여유가 있는 사람들과 고관들은 자가용이나 관용차를 타고 다니니 노숙자들의 실상을 말로만 들었지 실제로 보는 일은 드물 것이다.

이런 글을 쓰는 나에게 일부 교인들은 왜 우리가 그 일을 해야 하느냐고 물을지 모르지만. 그래서 가난은 나라도 어찌하지 못한다고 했지 않은가. 어떤 퇴직 목사는 대한민국에서 제일 좋은 외제 차를 타고 다닌다는데, 노숙자들은 이곳저곳에서 벌벌 떨면서 추위와 배고픔을 겪고 있는데, 예수의 제자라는 사람들이 어떻게 하나님의 지음을 받은 인간을 외면하고, 일부겠지만 비싼 외제 차를 타고 다니고 어떻고 한다는 소리가 매스컴에 오르내린단 말인가.

명색이 주의 종이라는 사람들이 추위에 오들오들 떠는 그들을 외면하고 어떻게 따뜻한 방에서 잠을 잘 수 있단 말인가. 주님이 오시는 날 모세의 지팡이로 '나를 빙자해 못된 짓을 하였느냐'고 머리통을 사정없이 얻어맞고 지옥에서 슬피 울지 말고 반성하고 회개할 일이다.

일부 쓰군 목사들은 이 글을 읽고 반성하기는커녕 자기 눈에 대들보는 보지 못하고 남의 눈에 티만 본다고. 내가 사랑하고 존경하는 예수님 말씀을 긋다 붙일 것 같아 다음 글을 쓴다. 70~80년 전에 진실한 크리스찬인 인도의 지도자였던 간디 옹이 자기 나라에 파송 온 선교사들에게 "당신들 우리나라에 뭐 하러 왔소?"

하고 물으니 선교사들은 예수 복음을 전하러 온 사람들이라고 하니 간디 옹은 "예수 복음을 전하러 온 사람들이 예수가 가르친 대로 살지 않는다" 라고 신랄하게 비판하였다 한다.
참으로 옳은 말이다.
만일 지금 간디옹이 우리나라에 오면 누구를 보고 이런 말을 할까? 그것은 보나마나 일부 싹군 목사들일 것이다.

반신불수의 몸으로 책을 팔러 마산역에서 내렸다.
만일 책을 못 팔면 그야말로 밥 굶는 것은 이골이 나 괜찮지만, 저녁잠만은 노숙하면 큰일이었다. 앞에서 말했지만, 중풍은 날씨가 추우면 살이 굳는다.
어디 가서 책을 팔까 궁리하며 힘들게 가는 사람을 누가 불러 돌아보니 "아저씨, 예수 믿으면 병이 나아요" 하며 저만치서 전도지를 주려고 했다.

참 기가 막혔다. 몸을 흔들며 어렵게 가는 사람에게 짐을 들어주면서 아니면 쓴 커피라도 그것도 아니면 따뜻한 물이라도 주면서 전도해야지 자기는 추우니까 역 담을 의

잔디 밭에서 어린이가 비들기와 노는 모습을 구경하는 여인

지하고 예수 믿으면 어쩐다고 하다니. 예수님은 죄인을 위해 십자가를 지고 골고다로 향하셨는데, 자기는 조그만 짐도 들어주지 않는 사람들이 하는 전도가 무슨 설득력이 있겠는가.
더구나 춥고 배고픈 사람들한테 말이다.

대자대비하신 부처님 앞의 여인

빚도 재산이다

구치소에서 나와 빚쟁이들한테 시달리다가 집에서 쫓겨난 뒤 전국을 돌아다니며 책을 판매해 송사리빚을 조금씩 갚아나갔지만, 이런 생활이 계속되면 나이는 들어가지 별 볼일 없는 인생이 되고 말 것 같아 대책이 필요하다는 생각이 들었다.

빚도 재산이라는 말이 머리에 떠올라 빚을 진 사람들을 생각하니 송사리 빚 말고 큼지막한 빚이 세 건 있었다.

두 군데는 어음과 수표 할인한 곳이고 한 곳은 거래처로 거래대금도 있고 어음 할인한 돈도 있었다. 제일 먼저 수표를 돌리지 않기로 해놓고 돌려버린 O사장을 찾아가 수표를 돌려주어 감사하다고 인사하면서 3,000만 원만 빌려주면 책을 출판하여 빚을 갚겠다고 했다.

영화, 아제 아제 바라아제 유인촌, 강수연, 배종옥

그랬더니 며칠만 시간을 달라고 했다.
두 번째 사람에게도 재기하려면 1억 원은 있어야 하니 3,000만 원만 차용해 주면 책을 출판하여 빚을 갚겠다고 했다.
이 사람 역시 생각해보자고 하면서 며칠 뒤 만나기로 했다.
맨 마지막에 거래처이면서 어음 할인을 한 곳을 찾아가 다른 사람들에게 한 것과 똑같은 말을 했더니, 돈을 어디에 쓰려고 하느냐고 물었다.
그래서 배운 것이 도둑질이라고 책을 만들어서 빚을 갚으려고 한다고 말했더니 3,000만 원을 자기가 부담하여 책을 만들어주면 되지 않느냐고 했다.
역시 자수성가한 사람은 다르구나 싶었다.

그는 남의 집 종업으로 시작하여 충무로에 큰 빌딩을 살 정도로 사업에 성공한 사람이다.
나와 초창기 거래할 적에는 내 사무실에 직접 일감을 가져가고 가져오고 하면서도 항상 웃는 얼굴로 예의 바르게 대했다.
약속하면 정확히 지키고 어음 할인도 다른 사람보다 0.5% 싸게 해 주고 근검 성실로 사업을 대성했다.
돈으로 줄 것을 일로 해주면 거기서 이윤을 얻고 빚도 받으니 순간적 판단력이 얼마나 빠르고 정확한가.
며칠 있다가 O사장을 찾아가 지난번 빌려달라고 부탁한 돈 어떻게 할 거냐고 물었더니 이렇게 말했다.
"어이, 동생. 이제 돈은 우리 집사람이 관리하고 나는 용돈만 타가지고 다녀. 경제권이 없어 돈을 빌려줄 수 없네. 미안하네." 그러면 "사업을 해야 형님 빚을 갚을 텐데 빚 갚기는 틀렸네요" 했더니 "자네 구치소에 있을 때 자네 처한테 영수증 하나 없이 8,000만 원의 수표를 돌려 주었을 때는 이미 그 돈 포기했네" 했다.
그동안 내가 준 이자로 원금보다 많은 돈을 받았으니 되었다 싶은 모양이었다. 이걸로 한 군데 빚을 해결한 셈이었다.
"형님, 고맙습니다. 그리고 미안하게 되었습니다" 하고 헤어졌다.
두 번째 돈을 부탁한 사람에게 전화했더니 우물쭈물하면서 전화 받기를 꺼렸다. 돈을 해주지 않으려니 처지가 곤란해서 그런 모양이구나 싶어 그 일을 잊고 10여 일이 지났다.
그런데 집에서 연락이 왔다.
형사가 나를 찾아와서 내가 없으니 출석요구서를 주고 갔다면서 집안 식구들이 놀라서 정신이 없어했다.
전화로 괜찮으니 염려하지 말라고 안심시키고 출석 요구일이 언제냐고 하니 당월 23일이라고 했다.
그래서 경찰서 담당이 급한 일이 있어 출석 기일을 늦추었나 싶었다.
출석하라는 날짜에 S서로 가서 담당에게 가니, 그가 다짜고짜 "당신 마음대로 경찰서에 오십니까?" 하면서 인상을 쓰기에 연기된 출석요구서를 담당에게 보여주었다.
담당이 그것을 보는 순간 "이 사람, 장난했네" 했다.

나도 대충 감을 잡고 "누가 장난을 쳐요, 당신이 쳤지" 하고 대들었다.
그러자 "내가 보낸 출석요구서는 사법경찰관 도장이 있는데 연기된 출석요구서에는 도장이 없고 볼펜으로 표시만 되어 있지 않소?" 했다.
그러면 우리 집에 온 형사는 누구냐 면서 지금이 어떤 세상인데 아직도 이런 못된 형사가 있냐며, 그 형사를 찾으니 출장 같다고 내 눈치만 보았다.
나는 기분이 나빠서 오늘은 조사 안 받고 갈 테니까 담당을 바꾸어 출석

요구서를 다시 보내면 오겠다고 말한 뒤 경찰서를 나와 고소한 S사장을 찾아갔다.

부정수표 단속법 위반은 수표를 회수하고 않 고에 달려 있기 때문에 사법 경찰관에게 불이익을 당할까바 조금도 위축되거나 저 자세로 굽실댈 필요가 없다.

"아니, 고소하였으면 지난번 돈 빌려달라고 할 적에 말하지 지금 와서 경찰서에 조사 받으러 가게 만들었습니까? 당신이 고소할 줄은 상상도 못했습니다.

당신이 나한테 돈 받는 것이 목적이라면 고소를 취하하고 나를 처벌하는 것이 목적이면 고소를 취하하지 마십시오. 만일 고소를 취하하지 않으면 천 원 한 장 못 줍니다"라고 했다.

그리고 그에게 무슨 죄로 고소했느냐고 물으니 사기죄라고 했다.

어째서 어음 할인이 사기죄가 되느냐고 물었더니 검찰청에 과장 친구하

여인은 물동이에 샘물을 퍼 담고 있다

고 경찰청 높은 자리에 있는 친구가 사기죄가 된다고 해서 고소하였다고 했다.

대단한 '빽'을 가졌다고 비아냥 거렸더니 그가 고소를 취하를 하겠다고 했다.

내가 찻값을 내려고 하니까 "조 사장이 무슨 돈이 있어서" 하면서 자기가 찻값을 내고 서로 좋게 헤어졌다.

그리고 5일 후 경찰서에서 또 다시 출석요구서가 왔다고 집에서 연락이 왔다.

사실 사람들은 죄가 없어도 경찰서 앞을 지나가기가 겁나는 것인데 경찰서에서 오라 가라 하면 가족들은 깜짝깜짝 놀랄 수밖에 없다.

경찰서에서 오라는 날 다시 가니 담당이 바뀌어 있었다.

그 담당자는 친절하고 업무도 익숙하게 처리하는 민완 형사였다. 한 시간 정도 조사를 받고 돌아가라고 하여 나오려다가 다시 들어가 "지난번에 우리 집에 온 형사 어디 있어?" 하면서 큰소리를 첫다 안에 있던 조사계장이 "누가 와서 떠들어" 하며 나왔다.

"당신 잘 나왔어" 하면서 보니 안면이 있어 자세히 보니 고향 후배 동생이었다. 그는 "형님. 경찰서이고 다른 사람 체면도 있으니 조용히 좀 해주세요" 했다. 그러면 "일이 있어 그러니 아무개 형사 좀 불러주게" 했다. 왜 그러느냐고 하기에 이유를 말했더니 조사계장은 "그 형사가 잘못했네요. 주의를 줄 테니 나를 보고 참으세요" 했다.

S사장의 고소 내용은 이렇다.

지방 서적판매업자에게 물건을 주고 3000만 원짜리 어음 두 장을 받아 그에게 3부 선이자를 떼고 어음 할인을 하였다.

그런데 지방업자가 사업이 안되어 부도를 내고 말았다.

그러자 S사장이 지방업자와 나를 사기죄로 고소한 것이다.
그 이유는 뜬 지어음을 자기에게 할인했다는 것이다.
그래서 지방업자가 은행거래 15년 한 증거를 경찰서에 제출하여 정상 어음으로 판명이 남으로써 무혐의 처분을 받았다.
따지고 보면 S사장이 범법자다 왜냐하면 어음이나 수표할인은 은행이나 금융권에서 해야지 개인이 하면 단기 금융법에 저촉이 된다 한다. S사장은 정도를 아는 매우 합리적인 사람이다.
괜히 옆에서 고소하라고 꼬드겨 기도 구덕도 다 놓치게 만들었다.
세상에는 기는 놈 위에 나는 놈도 있다는 것을 알아야 한다고 생각한다.
 S사장은 내 사건이 검찰로 송치되고 나서 나에게 변호사 공증을 해주면 고소를 취하하겠다고 했다.
나는 단호하게 이미 때는 늦었다고 말했다.
사건이 경찰서에 있을 때 취하해 주면 열심히 벌어서 갚겠다고. 그러나 고소를 취하하지 않으면 천 원 한 장 갚지 않겠다고 이미 말하지 않았느냐고 하면서 법으로 하였으니 법대로 하자고 했다.

정승집 송아지 백정 무서운 줄 모르고 날뛴다고 주변의 힘만 믿고 생사람 잡으려고 하지 말라는 얘기다.
세상이 바뀌었다.

♪ 감옥이 천국입니다 | 257

5공 때가 아니란 말이다.

지난날 버스가 시외로 나가 후진을 하면서 여차장에게 뒤를 보라고 하였다. 여차장은 오라이 오라이 하다가 차가 위험지역에 도달하니 겁이 나서 스톱 소리를 못하고 어어 하다가 오라이 하고 말았다.

다행이 기사가 상황 파악을 하여 위험을 피하고 버스에서 내린 운전수는 여차장 뺨을 때리며 야 이 쌍년아 죽어도 오라이냐고 하였다 한다.

5공 때 이야기가 나왔으니 기막힌 사연 한 가지를 더 얘기 하겠다.

이 이야기는 순전히 무지막지한 5공 때 있었던 일이다.

출판하는 사람들은 지방에 물건을 주고 대금을 어음으로 받는 경우가 허다하게 있다.

지방에서 받은 어음을 돈 받을 곳에서 제3자에게 받고 보니 지시금지라고 쓰여 있고 그 위에 도장이 찍혀 있었다.

그래서 왜 도장이 찍혀 있느냐고 물으니 지시금지를 해지한다는 표시라고 했다. 그때 그 사람한테 지시금지라는 글자 위에 볼펜으로 두 줄을 그으라고 했으면 괜찮았을 텐데 내가

선인장은 적색, 핑크색, 황색 등의 꽃이 피어서 그 진가를 발휘 한다

자를 대고 두 줄을 긋고 지웠다.
이 어음이 지불 기일에 결제가 되었으면 별문제가 없었을 텐데 결제일에 결제가 안 되고 피사취 부도가 났다.
어음 최종 소지자가 전직 경찰 출신 K였다.
그는 비리에 연루되어 옷을 벗고 출판계에서 소위 해결사 노릇을 하고 있었던 것이다.

나는 이제껏 살면서 이 사람처럼 뻔뻔하고 인간이기를 포기한 거머리 같은 사람은 보지 못했다.
내 사업장이 종로에 있는데 종로서 최 형사라는 사람이 와서 조사할 것이 있다고 함께 가자고 했다.
그래서 따라갔더니 한 시간 정도 조사하고는 유치장에 나를 넣었다.
그래도 죄가 없으니 별일 없겠지 하고 저녁까지 있었는데 구속영장이 떨어졌다고 했다.
버스 차장처럼 어어 하다가 날벼락을 맞은 것이다.
이튿날 아내가 면회를 왔기에 서동영이라는 종로서 대공과장한테 가서 내가 유치장에 있다고 말하라고 했다.
그 친구가 불러서 과장실로 갔더니 그는 어처구니가 없는지 "어쩌서 자네는 인생을 그렇게 경솔하게 사나?" 하면서 담당을 불러 어떻게 된 거냐고 묻고는 한번 구속되면 검사나 판사의 허락이 없으면 경찰서에서는 어쩔 수 없다고 했다.
버스차장은 어어 하다가 따귀 한 대로 끝났지만 나는 고막이 터지는 격이었다. 전직 경찰K와 최 형사가 짜고 나를 유가증권 변조로 구속한 것이다. 그 시절엔 억울하게 엮이는 경우가 많이 있었다.

도장 위에 두 줄을 그었다고 그것이 유가증권 변조란다.
참으로 어처구니 없는 횡포다.
그들이 한 짓거리를 보아서는 실명을 적고 싶지만 이제 늙어빠져 언제 염라대왕한테 갈지 모르는 인간들이고 불쌍한 존재들에게 그럴 가치를 못 느껴 실명은 적지 않는다.
행여라도 이 책을 보거던 반성 하기 바란다.
경찰서에서 서대문구치소로 가 열흘쯤 지났다. 아내를 통해 아는 변호사가 면회를 오게 해 구치소를 빨리 나가는 방법이 무엇이냐고 물었더니 재판받고 나가는 수밖에 없다면서 한 가지 방법이 있기는 한데 그 법은 있으나 마나 한 법이라고 했다.
그 법으로 나가려면 하늘에 별 따기라고 했다.
도대체 그 법이 뭔데 그러느냐고 물었더니 구속적부심인데 아무리 유능한 변호사를 사도 구속적부심으로 나가는 경우는 없다고 했다.
왜 그러느냐고 물으니 정치범과 시국사범들 때문이라고 했다.
나는 그에게 아내가 사무실에 가면 구속적부심을 신청할 수 있도록 도와달라고 하니, 하나 마나 한 짓이지만 그렇게 해보겠다고 했다. 죄 없는 나를 이곳에 가둬 놓는 것은 공권력의 횡포다.
법률은 사소한 일에 관여하지 않는다는데 이건 공권력을 엄격히 지켜야 할 형사가 월권하여 선량한 국민을 괴롭히는 것이다.

아내가 면회를 와 후배 변호사의 도움으로 적부심 서류를 접수하였는데 모두 기대는 하지 말라고 하더란다.
서류접수 후 5일쯤 지나 점심시간에 구속적부심 심사를 한다고 간수가 따라오라고 했다.
소법정에 앉아 있으니 판사 3명이 들어와 앉더니 대충 서류를 보더니 제일 웃 사람인 듯한 판사가 "잘못된 구속이군요" 딱 이 말만 하고 다른 판사들에게 식사하러 가자고 했다.

간수가 변호사를 누구를 선임 했는데 구속적부심을 받느냐고 묻기에 "우리 마누라요" 했다. 5공 때 구속적부심으로 나간 경우는 내가 유일한 경우일 것이다.

물론 돈이 없어 변호사를 선임하지 못하면 억울한 점도 많이 있을 것이다. 하지만 우리나라는 엄연한 자본주의 사회다.

억울하면 출세하고 돈을 벌어야 한다.

5공 대 변호사 선임 안하고 감옥을 나온 사람은 유일하게 내가 아닐까 한다.

그 무지막지한 공권력이 판을 치던 시대에도 죄가 없으니 판사 양반이

해남 대흥사 비구니 스님들

잘못된 구속이라고 저녁에 나가라고 했다.
하마터면 버스가 낭떠러지로 떨어질 뻔했듯이 나 또한 그럴 뻔 하였다.
그러니 전혀 죄 없는 사람을 감옥에 보내지는 않는다고 본다.
이것은 순전히 5공 때 이야기라는 것을 거듭 밝혀두는 바이다.
그렇게 아시라.
빚도 재산이다. 빚진 사람이 잘돼야 빚을 돌려받지 여기저기서 되지도 않는 죄로 고소 고발해서 상처만 키워 결과적으로 채무자가 설 자리를 잃어버리면 누가 손해인가! 둘 다 손해라고 생각한다.

영화, 꼭지단 정보석, 최진실

만공스님

하루는 만공 스님이 시자를 데리고 마을로 탁발을 나간 일이 있었다.
저녁 때가 되었는데, 하루 종일 시주받은 곡식이 많아서 자루가 제법 무거웠던 모양이다.
해는 서산에 걸려 뉘엿뉘엿 넘어가고 돌아갈 길은 먼데, 무거운 쌀자루를 등에 진 시자의 발걸음은 점점 느려져 앞서가고 있는 만공 스님과 자꾸만 거리가 멀어지는 것이었다.
마침 동네 어귀를 지나가고 있었는데, 젊은 처녀가 물동이에 물을 길어 집으로 돌아가고 있었고, 들에서 일을 마친 동네 사람들도 소를 몰고 집을 향해 가고 있었다.
그런데 만공 스님이 물동이를 인 동네 처녀를 와락 끌어안고 입을 맞추고 말았다.
우물가이다 보니, 동네 사람 여럿이 이 광경을 보았다.
저놈 잡아라 동네 사람들은 만공 스님을 뒤쫓고 뒤따라오던 시자에게도 덤벼 들었다.
땀을 뻘뻘 흘리며 쌀 짐을 지고 따라오던 시자도 그 모습을 보고 깜짝 놀랐다.
아니 스님이 저럴 수가 하는 찰나 걸음아 날 살려라 하며 동네 어귀를 벗어나고 말았다.
시자 승도 잘못하면 동네 사람들에게 잡혀 몰매를 맞게 될 판이었다.
있는 힘을 다해서 만공 스님을 따르는 수밖에, 그리고 어느덧 절 일주문이 바라다 보이는 곳까지 오자, 만공 스님은 덜썩 주저 앉았다.
아니 스님 어쩌려고 그런짓을 하십니까?
하고 시자는 스님을 원망하였다.
만공 스님은 껄껄 웃으시며
이놈아, 그렇지 않았다면 지금 우리가 절에 도착 했겠니?
아마 밤새워 왔을거야, 짐도 가볍게 오지 않았느냐?
 이 글은 고도원의 〈못 생긴 나무가 산을 지킨다〉에 실린 것을 인용한 것이다.

나는 이 글을 읽고 그저 누군가가 비유로 했겠지 싶어서 다음 글을 읽고 보니 아니, 만공 스님이 시자를 데리고 직접 한 행동이 잖아 그렇다면 이거 잘못 되도 많이 잘못 됐잖아 이 거 책 제목부터 의문 투성이었는데.
내용 또한 순 엉터리잖아,

그래서 불교에 조예가 있는 사람들에게 물어보면, 모르면 가만 이나 있지 네까- 짓게 무얼 안다고 그러느냐 식이다.
그리고 나를 비켜 간다.
나는 열두 살 때 쌀 한 말을 짊이지고 시골 5일장을 형수님을 따라다니는 일이 종종 있었다.
등짐을 짊어진 사람들은 처음은 등짐이 가벼운 것 같지만 길을 조금 가면 짊이 무거워서 가기가 힘겹다.
힘이 들 때는 둔덕에 지게를 받쳐놓고 쉬었다 가고 또 쉬었다 가고 해야 한다. 그런데 갈길이 바쁜데 한가하게 지게를 받쳐놓고 쉴 수는 없는 일이다.
왜냐하면 시골 장이라는 게 반짝 섯 다가 파장이 되니 주어진 시간에 장에 도착 해야되니 그렇다.

그 시절에는 시골에서 돈이 없으니 쌀이나 곡식들을 판매해서 그 돈으로 필요한 생 필수품들도 사고 가용 돈도 쓰며, 자녀들 학교에 월사금도 내고 학용품도 샀었다.
한국 전쟁 때 미군들이 우리나라에 와서 두 가지를 보고 놀랐다고 한다. 하나는 집집마다 지게가 있는 것을 보고 놀랐고 두 번째는 아낙네들이 힘든 길을 하다가 어린아이에게 젖을 먹이면서 밥을 먹는 모습을 보고 놀랐으며, 그도 그럴 것이 자기 나라에는 집집 마다 자가용이나 여러 가지 농기구들〈트랙타〉 등이 있었으니 말이다.
지게의 발명은 참으로 우리 선조들의 지혜의 보고라고 생각한다.
지난달 농촌에는 운반 수단으로는 지게만큼 편리한 것이 없었다.
특히 산에 나뭇짐을 짊어 지는데는 지게만큼 편리한 것이 없었다.

산길이 가파르고 나무와 풀들이 있는 곳을 다닌다는 것은 참으로 어려운 일이다. 그런데 지게에 나뭇짐을 지고 이리저리 피하면서 다니기란 참으로 편리했다.

그리고 지게의 구조는 청소년과 청장년의 것이 각기 키의 크기에 따라서 다르다. 열두 살 때 지게질을 하면서 걱정스러운 것이 있었다.

신체가 자라고 있는데 무거운 짐을 짊어지면 키가 자라는 데 영향을 받는다고 생각했기 때문이다.

나는 보통으로 키가 자라서 영향을 받았는지 어쩐지는 모트지만, 내 친구 S는 키가 짜리 몽땅 했지만 검증된 바는 없다.

지게에 처음 짐을 지면 그 무게의 중량감에 따라 힘이 듬의 차이가 있다.

처음 짐을 질 때는 가뿐한 것 같지만, 짐을 지고 가면 갈수록 지게의 멜방이 어깨를 짓눌러서 힘이 든다.

열두 살의 나는 쌀 한 말을 지고 마을 아낙들과 같이 담소를 나누면서 가는 형수님을 따라 똥마려오는 강아지처럼 따라가는데, 형수님이 빨리 오라고 손짓을 하면 젖먹던 힘까지 따라가

할미꽃~젊어서도 늙어서도 허리꼬부라진 할미 꽃

도 형수님과의 거리는 멀어져만 갔다.

장에 도착하면 지고 오는 곡식들을 거간꾼들이 서로 사려고 야단법석으로 뺏으려 달려든다.
짐을 거간꾼들에게 주고 그 곡식을 형수님이 처분하도록 내려주고 발 디딜 틈 없는 시장을 구경하고 있으면 형수님이 동지 팥죽 한 그릇을 사 주시면, 나는 그렇게 맛이 있었는데, 형수님은 먹지 않으셨다.
왜 이렇게 맛있는 팥죽을 안 잡수지? 지금 생각해 보면 돈 때문인 것 같다.
그 팥죽을 다 먹고 나면, 등 짐 지고 오느라 그 힘 들었던 것이 어느 정도 풀린 것 같았다.
그리고 나서 또 필요한 생 필수품들을 구입 해 짊어지고 집으로 돌아온다.
눈비가 오거나 왔을 때 한 동 앞 길이 뿌그덕 거리는 길이어서 다니기가 무척 흔이 들었다.
집에 도착해서 밥이나 고구마를 김치나 동치미에 먹으면 하루가 저문다.
이 글을 쓰는 것은 만공 스님과 시자에게 있었던 이야기가 잘못된 곳이 있다는 것을 이해 하는데 도움이 되도록 하기 위해서 이다.
지난날 박모 가수가 황진이 노래를 불러 크게 히트를 친 일이 있다.
흔히 황진이가 태생부터 기생으로 알고 있는 사람들이 많이 있다.
그러나 본래의 황진이는 양가 집 규수였다고 한다.
이웃집에 사는 총각이 황진이를 짝 사랑을 하다가 상사병으로 죽어 상여가 황진이 집 앞을 지날 때 움직이질 않았다.
하여 지고지순한 황진이가 속 적삼을 벗어 상여 앞에 걸어주니, 상여가 움직이었다고 한다.
그리하여 처녀가 속 적삼을 벗어 상여 앞에 걸어주었다고 처녀로써 순결을 잃고 허름한 중고품 처녀가 되었다고 시집을 못가게 되었다.
자기를 사랑하다 상사 병으로 생을 마감한 이웃집 총각의 애닯은 사정을 봐주다가 결국 기생이라는 길을 걷게 되었던 것이다.
지금부터 만공 스님의 글이 왜 엉터리인가를 설명 하겠다.

시자의 발걸음이 점점 느려져 만공 스님과 거리가 자꾸만 멀어지고 있었다.
"마침 동네 어귀를 지나 가고 있었는데, 젊은 처녀가 물동이에 물을 길어 집으로 돌아가고 있었고, 들에서 일을 마친 동네 사람들도 소를 몰고 집을 향해 가고 있었다"
그런데 만공 스님이 물동이를 인 동네 처녀를 와락 끌어안고 입을 맞추고 말았다.

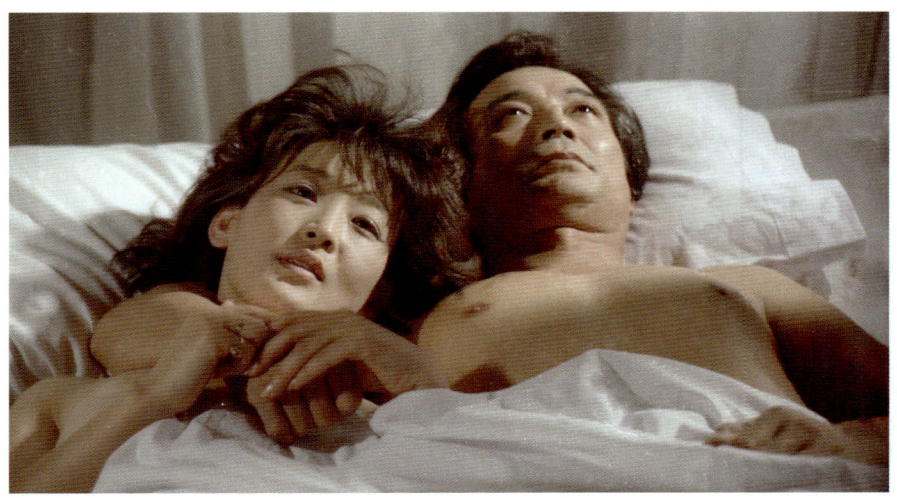

영화, 레태우 신성일, 윤석화

마을 어구가 우물가이다 보니 동네 사람 여럿이 이 광경을 보고 말았다.
마을 사람들은 만공 스님을 뒤쫓고 뒤따라가던 시자에게도 덤벼 들었
다. 땀을 뻘뻘 흘리며 쌀을 걸망에 담아 메고 스님을 따라가던 시자도
그 광경을 보고 깜짝 놀랐다.
아니 스님이 저럴 수가 하는 찰라. 걸음아 날 살려라 하며 동네 어귀를
벗어나고 말았다.
만일 시자승도 잘못하여 잡히면 동네 사람들에게 잡혀 몰매를 맞을 지
경이었다. 있는 힘을 다해서 만공 스님의 뒤를 따르는 수밖에.
그리고 어느덧 절 밑 일주문이 보이는 곳까지 오자 스님은 털석 주저 앉
았다. 아니 스님 어쩌려고 그런짓을 하십니까? 하고 시자는 스님을 원
망했다 한다.
만공 스님은 껄껄 웃으시며.
야 이놈아 그렇지 않았다면. 지금 우리가 절에 도착했겠니?
아마 밤새워 왔을거야. 그리고 짐도 가볍게 오지 않았느냐?
ㅡ이 글은 고도원의 〈못 생긴 나무가 산을 지킨다〉에 실린 것을 수록한
것이다.ㅡ

이 글을 읽고 그져 누군가가 비유로 지어서 쓴 것인 줄 알았다.

그런데 다음 책장을 넘기려다가 아니, 이게 아닌데 만공 스님이 시자를
데리고 직접적으로 한 행동 일뿐더러 실화잖아 그렇다면 내용이 순 엉
터리잖아?
책 제목부터 의문 투성이었는데 내용 또한 그렇다고 생각 했다.
잘생긴 나무가 산을 지키지. 못 생긴 나무가 산을 지킨단 말은 다음에
설명하기로 한다.

앞에서 이웃 총각이 황진이를 보고 상사병에 걸려 알다가 생을 마감하여 상여가 황진이 집 앞에서 꿈쩍 달삭도 하지 않아 속적삼을 벗어 상여 앞에 걸어주니 상여가 움직였다고 했다.
하여 황진이는 처녀가 순결을 잃어 허룸 하게 되었다고 해서 결혼을 못하고 기생으로써 한많은 생을 살았던 것이다.

지난날 우리네 여인네들은 정조라는 테두리에 얽메어 행동에 많은 제약이 따랐던 것은 사실이다.
그런데 백주대낮에 마을 앞 우물에서 물동이를 이고 가는 처녀를 와락 끓어 않고 입맞춤을 했다고? 앞에서 황진이는 속적삼 한 번 벗어 상여에 걸어주었다고 여인으로써 순결을 잃었다고 결혼을 못하고 기생이 되고 말았다고 했다.
이렇게 도덕과 윤리적으로 속박에 살고 있는 시기에, 물동이를 이고 가는 처녀를 많은 사람들이 보는 앞에서 입맞춤을 했다고? 이런 막중한 시기에 물동이를 이고 가는 처녀의 입술을 훔쳤으니 이 처녀의 운명은 수천 길 낭떨어지로 떨어질 위기에 처하고 말았다.

군대 생활 할 적에 N이라는 동기가 있었다.
훈련을 받다가 잠깐 쉴 때에 구수한 이야기들을 곧잘들 했다.
N이 고등학교에 다닐 때 이웃집 누나가 마을 선배와 결혼을 했단다.
하루는 그 누나가 놀러 와서 아랫목에 깔아놓은 이불속 따뜻한 곳에 발을 넣고 누워 있었다.
치마 입은 여자만 보면 마음이 심숭생숭 해서 주체할 수 없는 나이에, 여자가 옆에 있으니, 삼수 갑산을 갈지언정 예라이 모르겠다 하고 그녀의 배 위로 올라 갔다 한다.

그런데 뿌리치지 않고 "너 그럴줄 알았다"
하드란다.
그럴줄 알았으면 어떤 조치를 취했어야 하지 않았을까?
엄연히 남편이 있는 유부녀가 날 잡아 잡수쇼 하며 가만히 있었느냐 말이다.? 야 동생아 내 중앙청 청소 좀 해주라는 무언의 행위라고 본다.
물동이를 인 처녀가 스님 그럴 줄 알았소!
하며 그렇지 않아도 몸 이곳저곳이 근질근질하니 골고루 좀 만져 주세요! 했을까?
정상적인 처녀라면 아마 스님 콧 잔댕이를 물어뜯고 물동이의 물을 스님에게 부었어야 옳다.

그리고 물동이가 땅에 떨어져 박살이 났을텐데 그에 대한 아무런 말이 없으니 에이 재수 없게 스님에게 입술을 빼앗겼네 하며, 처녀가 미친 개에게 물렸다 하고 체념하고

장독대 위에 앉은 페튜니아

집에 갔을까?
천만의 말씀이다.
그 시대의 황진이는 속적삼 한번 벗어 상사병 들어 생을 마감한 이웃집 총각의 상여 앞에 걸어 주었다 하여 허름한 중고품이라고 결혼을 못 하고 기생이 되었다는 것은 다 아는 사실이다.
하물며 입술을 빼앗겨서 온동네 방네에 소문이 나면 이 처녀 또한 황진

이의 처지와 다를 바 없게 된다는 것은 불을 보 듯 뻔한 것이다.

그리고 스님의 행동이 마을에 소문이 나면 종교적으로 포교에도 많은 어려움이 따르고 만일 마을에 탁발을 갔다가 자칫 잘못 하다가는 큰 봉변을 당할 수 있다는 것은 너무도 자명한 일이다.
아니, 스님 어쩌려고 그런짓을 하십니까? 하고 시자는 스님을 원망했다고 한다.
어린 시자에게 그런 행동을 보여준 것은 도덕적으로나 교육적으로 문제가 많이 있다고 본다.

이것은 시자의 말에서 알 수 있다.
또한 탁발한 곡식이 많아 무게가 무거워서 가기가 힘이 들면, 예비 바랑에 나누어 짊어져야 옳았다. 그런데 어린 시자에게만 짐을 짊어지고 가라 한 것은 엄연히 아동 학대다.
아울러 짐을 지고 간사람과 지지 않은 사람과 길을 가면 황새와 뱁새의 걸음 걸이 이다.

그런데 이놈아, 그렇지 않았다면 지금 우리가 절에 도착 했겠니?
아마 밤새워 왔을거야. 그리고 짐도 가볍게 오지 않았느냐?
참 만공 스님 웃겨도 많이 웃긴다.
그리고 허구의 글을 말했단 말이다.
아니, 짐을 지고 안 지고 간 사람의 차이는 황새와 뱁새 차이라고 했다.
빈 몸으로 간 스님과 짐을 지고 간 시자가 어떻게 같이 갈 수 있단 말인가?" 그런데 절 일주문까지 어떻게 같이 올 수 있느냐 말이다.?"
다시 말하면, 스님과 시자가 같이 절까지 왔다고 한다는 것은 언어도단이라 하겠다.

황새와 뱁새가 같이 가면 뱁새의 쫙 째지고 털난곳이 쫙 째져서 너덜 너덜해 질 것이란 말이다.

여기서 현명한 시자 같으면 스님 짐을 지고 도저히 따라갈 수가 없을뿐더러 간일 마을 사람들에게 붙잡히기라도 한다면 뼈도 못 추릴 정도로 얻어닺을 것 같아 쌀자루를 언덕 베기 밑에 잘 숨겨놨으니 내일 날이 밝으면 찾아오면 됩니다 라고 말을 했어야 옳았다.

아니면 만공스님이 그렇게 하라고 시키던지 했어야지 고명하신 스님이 시자 앞에서 마을 처녈를 끌어안고 입술을 훔쳤다는 것은 아주 잘못된 행동이다.

그런데 이놈아 그렇지 않았다면 지금 우리가 절에 도착 했겠니?

아마 감새워 왔을거야!

그리고 짐도 가볍게 오지 않았느냐?

아마 스님은 시자가 붙잡히면 혼이 날것이 두려워 달리느라 짐의 무게를 잊고 달려서 빨리 따라 왔다는 뜻인데, 짐을 짊어진 시자가 그리고 시자는 지게가 아닌 걸망에 곡식을 담아 지고 갔을텐데, 달리면 걸망이 튿렁거려서 발걸음은 부자연스럽고 뛸 수가 없다는 것은 짊을 져본 사람들은 다들 아는

탑골공원. 점심을 먹으려고 기다리는 사람들

♪ 감옥이 천국입다 | 273

사실이다.

그리고 최인호 작가의 〈아직도 나는 스님이 되고 싶다.〉에서는 만공 스님이 아니라 경허 스님이 월면, 침운 두 제자와 함께 부산 범어사를 가면서 위와같은 행동을 했다고 하는데, 경허 스님과 만공 스님은 스승과 제자 사이로 알고 있다. 그러면 한가지 사건에 두 사람이 등장하는데, 도대체 누가가 한 행동인지 밝혀져야 옳다고 본다.
여기서 독자들의 이해를 돕기위해 조금 쓰겠다.
하루는 월면 침운 두 제자와 함께 부산의 범어사를 몇 일을 걸어서 가다가 제자들이 피곤하고 힘이 들어 걸을 수가 없어 하니, 경허 스님이 제자들에게 빨리 걷는 축지법을 가르쳐 주겠다고 했단다.
제자들이 빨리 가르쳐 달라고 성화를 하는 찰라, 마을 어귀 공동 우물에서 물동이를 이고 오는 한 처녀의 양 귀를 붓잡고 쪽 소리가 날 정도로 입을 맞추었다.
순간 이 광경을 목격한 마을 사람들은 "저 중놈들 잡아라"하고 쫏기 시작했다 한다.
여기서 최인호 작가는 책에 경허 스님의 행동을 장난으로 표현해 놓았는데, 이것은 매우

낙안 민속촌에서 연꽃밭 촬영 중 넘어져서 일어나지 못하고 있을 때, 일으켜 세워주면서 "괜잖으세요" 하는 고마운 자매

부적절한 표현이다.

앞에서 황진이가 이웃집 총각의 상여 앞에 속적삼 헌번 벗어 걸어 주었다고 해서 순결를 잃었다는 오명으로 천 길 낭떨어지기로 떨어지고 말았던 사건을 말했다.
아무 영문도 모르고 물동이에서 흐르는 물을 손으로 뿌리며, 가는 처녀의 의지와는 아무 상관 없이 느닷없이 성희롱의 행위를 보고 장난기로 표현함은 매우 부적절 했다고 본다.
남이야 죽던지 살던지 자기만 좋으면 된다는 사고는 어불성설이다.
경허 스님과 만공스님 두 사람 중 누가 이 행동을 했는지 의문이 들어서 최인호 작가에게 문의를 했더니 내용을 펙스로 보내라 해서 보냈었는데, 유감스럽게도 최인호 작가가 암으로 유명을 달리해 아무런 대답을 못 듣고 말았다.

그리고 만공은 시자를 데리고 탁발을 했다고 하고, 경허 스님은 제자 두 명과 함께 범어사를 갔다고 했다.
아울러 만공스님은 물동이에 대해 이렇다 저렇다 말이 없지만,
경허스님은 물동이가 깨지고 그 물동이 물에 옷을 적시었다고 했다.
행여나 목적을 위해서 수단과 방법을 가리지 않는다면 더 이상 무슨 할 말이 필요가 있겠는가?
그 당시 일상적인 안목에서 보면 경허〈성우〉스님은 파계승이라 할만큼 괴이하게 여겨질 정도의 일화를 많이 남겼다.
문둥병에 걸린 여자와 몇 달을 동침 하였고, 마을에서 여인을 희롱한 뒤 몰매를 맞기고 하였으며, 술에 만취해서 법당에 오르는 등 낡은 윤리의 틀토서는 이해할 수 없는 행적들을 남겼다.

이렇 한 잘못된 글들이 오늘 날에 와서는 진리인양 되어서는 안된다.
후 세대들을 위해서 바로 잡아져야 한다.
행여 종교적으로 비방을 하려고 한다는 오해는 없었으면 한다.
불교에서 존경받는 성철 스님은 어린 동자승들에게 평소에 이 이야기를 많이 하셨다고 한다.
이것 역시 어린 동자승들에게 말했다는 것은 교육적으로 매우 불합리한 것이라고 생각한다.

신성일, 윤정희 배우와 유현묵 감독

못생긴 나무가
산을 지킨다

산중에 있는 나무들 가운데
가장 곧고 잘생긴 나무가
가장 먼저 잘려서 서까래 나무로 쓰인다.
그다음 못생긴 나무가 큰 나무로 자라서 기둥이 되고
가장 못생긴 나무가 끝까지 남아서
산을 지키는 큰 고목 나무가 된다.

못생긴 나무는 목수 눈에 띄어 잘리더라도
대들보가 되는 것이다.
너희들도 산중에 수행하는 사람이 되려면
가장 못난 사람, 재주 없는 사람이 되어야 한다.
그래야 산을 지키는 주인이 되고
불교계의 거목이 되는 것이다.
부디 초발심에서 물러나지 말아야 한다.
-효림 스님, 〈힘든 세상, 도나 닦지〉 중에서-
  청아출판사 고도원의 어록에서 발췌-

잠깐 여담 한마디를 쓰겠다. 일제강점기에 전남 순천 어느 면에서 일어난 일이다. 하루는 칼을 찬 순사가 지나가다가 머슴과 주인이 수상하게 보였던지 왜놈 순사가 머슴과 주인을 보고 "좃도마때" 하니까 머슴과 주인은 눈도 코도 없이 입으로 숨만 쉬는 것을 서로 맞대고 있었다.
왜놈 순사가 머슴과 주인의 하는 짓이 하도 괴이해서 "빠가이야로" 하니까 머슴과 주인이 동시에 "예? 어따 박아요?" 했단다.

우리 민족의 슬픈 여담이다. 아무리 칼을 차고 육혈포를 들고 염병 댄스를 해도 정신을 차려야 하는데. 지레 겁을 먹고 모르면 가만히 있지 알아 듣지도 못 하는 말을 우리말과 비슷하다고 그렇게 행동하는 머슴과 주인. 차라리 당신네 말을 모른다고 했더라면, 망신이나 사지 않았을 텐데 말이다. 웃자고 그리고 다음 이야기를 이해 하는데 도움이 되었으면 해서 적어 보았다.
아울러 모르면 모른 대로 해야지 알지도 못하면서 아는 체 행동 했느냐 말이다.
나는 기회만 있으면 물 좋고 인심 좋은 내 고향 순천에를 자주 간다.
특히 몸에 병이 들어서는 매월 가다시피 한다.
그곳에 가서 남들은 어린 시절을 부모님 사랑을 받으며 자랄 때 무명베에 검은 물을 들여 큰어머님이 지어준 양복을 입고 지게가 내 키만큼 한 것을 짊어지고 시키는 대로 일해야 했던 어린 시절을 회상하면서 여생을 보람된 일을 하고 마감해야겠다는 새로운 각오를 다짐하게 된다.
그런데 고향에 갈 때마다 아쉬움이 많다. 어릴 때 우리 마을은 75호 정도 살던 옥천 조씨 집성촌이다.
우리 대소가에 어른이자 마을의 어른인 진주 할아버지라는 분이 계셨다.
마을에서 제일 부자이기도 했다.
날씨가 따뜻한 날은 마을 앞 때 등이라고 하는 높은 곳에 앉아 논에서 일하는 일꾼들을 바라보셨다.

그리고 긴 담뱃대를 물고 계시면서 우리를 보면 어디 갔다 오느냐, 밥은 먹었느냐고 물으신다. 우리는 괜히 잘못한 것도 없으면서 그분 앞에서는 오금을 못 펴고 인사를 정중히 하고 지나갔다.

그 할아버지가 젊은 시절부터 남다르게 마을 앞에 나무 가꾸기를 하셔서 앞 냇가어 약 1킬로미터 정도 보기좋은 풍치림을 가꿔 놓으셨다.

그 나무 중에 밤나무가 있어서 가을 아침에 꼴 베러 가다가 실안개 피어

영화, 내 아내여 최무룡 윤정희

오르는 냇물에 큰 알밤이 떨어져 있으면, 그야말로 횡재한 것이었다.

밤송이는 거의 알이 3개 들어 있고 자주색이기 때문에 주변을 잘 살펴보면 잔물결 돌 사이에 알밤들이 있다.

그 밤을 껍질만 벗기고 비늘째 먹으면 떫어도 고소한 맛이 최고였다.

마을 입구에 샘 등이라는 곳이 있었는데, 그곳에는 큰 버드나무가 있었

다. 마을이 생기면서 심은 나무인지 큰 나뭇가지는 다 부러져서 없고 드문드문 잔가지만 남아 있는데 냇물에 뻗어 있는 뿌리가 나무 덩치보다 넉넉하게 자리 잡아 가을이면 옆으로 도랑을 치고 물을 품어 내면 뿌리 속에 들어 있던 고기들이 꾸물꾸물 움직이면, 바구니에 주워 담아 붕어나 다른 고기들은 추려내어 따로 해 먹고, 추어만 골라내 시래기 넣고 빨간 고추와 마늘, 들깨를 함께 확독에 갈아서 푹 끓이면 영양 만점 추어탕이 되었다.

그런데 고기들 중 중태기라는 고기가 있다.

다른 고기들, 즉 피리, 게, 붕어, 미꾸라지 장어, 찡검사리, 새우 등 고기는 다 먹는데 유독 중태기만은 중이 죽은 넋이라고 먹지를 않았다.
그런데 붕어나 피리는 물에서 나온 지 몇 분 지나면 숨을 할딱거리다가 죽는다. 잡은 즉시 고기 배를 따 놓아야 부패하지 않는다.
그런데 도대체 우리 선조들은 다른 고기는 다 먹으면서 왜 중태기 고기는 먹지 못하게 했을지를 생각해보았다.

붕어나 피리들은 배가 하얗고 피리는 피부가 약간 붉은빛이 돌지만 붕어와 비슷하게 생겼다. 하지만 중태기만은 배가 거무스름하고 피부도 다른 고기들에 비해 밝지 못 해 보기에 좋지 않다.

영화. 특등비서 구봉서 송 해

고기맛은 먹어보지 않아서 모르지만 언제 한 번 고향 냇물에 가서 잡아 먹어 보려고 한다.

시골에 가면 구렁실 논이라는 게 있다. 모 심으려고 들어가면 몸이 정확히 허벅지까지 빠진다.

나는 어렸을 때 구렁실 논에 들어가면 이상하게 허벅지까지만 빠지지 더는 안 빠졌다.

이 구렁실 논 부근에는 둠벙이라는 곳이 있었다.

이곳에 물을 가두어 놓았다가 가뭄에 인근 논들에 물을 공급하여 벼가 자라도록 해주는 역할을 했다.

이 둠벙 바로 옆에 있는 벼들은 오종종하니 자라지 않는다.

그것은 식물도 찬 것을 좋아하지 않는다는 의미다.

가을이면 이 둠벙을 막고 물을 품어내면 붕어나 피리들은 몸을 꿈틀거리며 물이 있는 곳으로 모이지만 미꾸라지는 뻘속으로 숨는다.

그러면 손으로 뻘을 뒤집으면, 배는 누르스름하고 등은 시커먼 미꾸라지들이 잡힌다.

미꾸라지를 잡으려고 뻘을 뒤집다가 장어처럼 생긴 들앵이라는 물고기가 나온다.

상추는 종류가 다양한 쌈채소의 대명사

♪ 감옥이 천국입니다 | 281

그것은 사람을 물지도 않고 그야말로 온순한데 우리는 그 들앵이를 무척 싫어했다.

중태기처럼 먹지도 않았다.

그런데 문제는 세월이 흐른 지금 내 고향의 그 들앵이들이 씨가 말랐다는 것이다.

그걸 먹고 여자들의 쎈타를 청소해 주면 여자들이 미치고 환장 하고 깜박 간대나 어쩐다나. 그건 그렇고 중태기도 먹고 누구를 깜박 가게 한다고 말을 퍼뜨리면, 지금껏 천대만 받던 중태기도 귀한 대접을 받을지 모른다고 생각하니 웃음이 절로 나온다.

샘등이라는 곳에 가죽나무 키가 얼마나 큰지 밑에서 보면 끝이 안 보일 정도였다. 그 가죽나무 밑동이 ㄴ자로 구부러져 신기할 만큼 예술적이었다.

그 밑에는 언제나 맑은 샘물이 철철 흘러서 지나가다가 목이 마르면 언제라도 돈 안 주고 엎드려 물을 마시기도 하고 동네 누나들이나 아주머니들이 고구마를 씻다가 지나가는 우리를 보고 하나씩 주면 생고구마를 그대로 먹어도 맛이 최고였다.

그리고 가죽나무는 초여름에 연한 잎을 따서 말려놓았다가 풀을 쑤어 깨와 고춧가루를 풀과 함께 섞어 마른 가죽 잎에 발라 말려놓았다가 먹으면 아삭아삭한 맛이 최고의 로 일품이었다.

그렇게 진주 할아버지가 잘 가꾸어놓은 마을 앞 풍치림이 어느 해 여름에 비가 많이 내려 마을 한쪽이 침수되는 바람에 피해를 보았다.

그렇다고 나무는 다 베어버리고 그곳에 시멘트를 발라놓았다.

백번 이해하려고 해도 개천 바닥까지 시멘트를 발라서 생태계를 파괴했는지 이해할 수가 없다.

행정적으로 군청에서 시멘트를 많이 주어서 그랬다는데 참말로 어이없는 일이다.
정히 시멘트 공사를 하려거든 나무를 살려놓고 하는 방법도 있었는데 말이다.
그 좋은 나무들, 그중에 가죽나무만이라도 그대로 놔두었으면 기네스북에 오를 수도 있었고 관광명소도 될 수 있었는데 다 베어 없애버리고 그 자리엔 시멘트벽만 서있으니 고향에 갈 때마다 아쉬움만 남아 마음이 시멘트벽처럼 답답하기만 하다.

그래서 옛날 그 좋았던 마을 정경은 어디로 가고 폐품들만 여기저기 나뒹굴어 넘치면 부족함만 못하다고 아무리 시멘트를 많이 주어서 공것이면 양잿물도 먹는다는데 시멘트를 공것으로 주었으니 이게 웬 떡이냐고

메셈류 낭만옥, 가을에 노란꽃이 옹기종기 핀다

여기저기 발라놔 환경을 파괴해놓았으니 돌아가신 진주 할아버지가 염라 대왕의 출장 명령으로 우리 마을에 오신다면 모르면 몰라도 그런 공사를 한 사람은 담뱃대로 된통 얻어 맞지 않을까 싶다.
생각이 부족한 마을 사람들의 행동에 진주 할아버지 염라대왕에게 다시는 우리 동네 출장 안 간다고 하실 것이다.
속이 좁고 생각이 짧은 마을 사람들의 행위가 나 역시 고향에 갈 때마다 기분 더럽게 나쁘게 한다.
세월이 가면 갈수록 더 그러겠지! 하면, 언젠가는 원상태로 해 놓으려고 하는데 지금 같아서는 요원할 것 같아 마음이 무겁기만 하다.
내가 살던 큰집 뒷산에 조그만 동산이 하나 있었다.
마을에서 가까운 산이라 나무가 없다.
아니 없다기보다는 싹이 자랄 수 없다고 해야 맞을 것이다.
자연의 이치는 참으로 오묘해서 봄이면 민둥산이 온통 새싹으로 덮인다.
그래서 여름이 지나고 가을쯤이면 새싹들을 누가 먼저랄 것도 없이 베어다 말려서 땔감으로 써서 부엌 아궁이에서 재가 되어 나온다.
이듬해 봄 자연은 또다시 불평 한마디 없이 온 산을 푸르게 해놓으면 사람들은 깨끗하게 이발해 놓는다.
그것이 반복되니 언제 자랄 수 있겠는가 말이다.

옛날 속담에 될 성싶은 나무는 떡잎부터 알아본다고 했다.
산에서 나무를 하다 보면 크게 자랄 나무는 처음부터 곧게 자라는 것을 알 수 있는데, 사람들은 우선 먹기는 곶감이 달다고 그 나무를 놔두어야 하는데 베어다가 땔감으로 써버린다.
나는 큰집 뒷동산이 헐벗은 것을 볼 때마다 안 되겠다 싶었다.

그래서 조금씩 자라는 나무들을 마을 아이들이 베어가지 못하게 하고 이듬해 봄부터 될 성싶은 나무는 베지 않고 별볼 일 없는 못생긴 나무들만 베어다 말려 땔감으로 이용했다.

그랬더니 대나무 주변에 있는 나무들이 이듬해부터는 제법 나무숲을 이루었다.

못생긴 나무가 산을 지킨다는 말이 엉터리라고 하려다가 이해의 폭을 넓히려고 힘들게 얻은 내 경험의 일부를 적었다.

못생긴 나무가 산을 지킨다는 것을 혹여 못난 자식이 고향을 지킨다는 말을 빗대어 말한 것 이라면 비유가 적절 하지 못 했다고 본다.

위의 말을 한 스님의 말을 빌리면, 집을 지을 때 산에 가서 잘생긴 나무는 베어다가 서까래를 하고 그다음 못생긴 나무로 기둥도 하고 한다는데 내 경험을 적었듯이 처음부터 좋은 나무가 산에 있는 것은 아니다.

영화. 봄봄 신영균 전계현 최성호

산에 잘생긴 나무, 못생긴 나무가 함께 자라면 될 성싶은 나무는 키우고 못생긴 나무는 베어다가 땔감으로 이용한 것이다.

특히 지난날에는 사람이 죽으면 마포로 된 수의 한 벌 달랑 입고 칠성판에 뉘어져 외로 꼰 새끼줄에 묶여 관속에 들어갔다.
그 관이라는 것이 산에서 제일 잘생긴 소나무를 쓴다.
그 소나무는 눈비 맞으며 60~70년 자라야 관목으로 쓸 수 있다.
아무리 나무가 귀하더라도 사람들은 그 나무를 땔감으로 베지 않는다.
만일 베었다가는 산 주인에게 걸리면 혼이 난다.
그런데 못생긴 나무가 산을 지킨다는 말을 언뜻 생각하면, 그럴듯하고 이은하 노래 가사처럼 아리송 해이다.
하지만, 시골에서 서까래로는 못생긴 나무도 많이 이용했다.
지금 시골에 남은 한옥을 누워서 한번 보시라. 꼭 곧고 잘생긴 나무만 이용했는지 살펴보면 구부러진 나무가 더 많은 것을 알 것이다.
물론 궁궐은 달라서 경복궁, 창덕궁, 덕수궁 기둥은 모두 곧고 좋은 아름드리 소나무로 되어 있다.
하지만 대들보〈상량〉는 조상들이 멋스럽게 하기 위하여 구부러지고 못생긴 나무를 이용했던 것이다.
요즈음 취로사업으로 산에서 나무를 정지 작업하는 사람들에게 좋은 나무는 베고 못생긴 나무만 산에 남겨 놓느냐고 물으면, 물은 사람을 이상한 사람으로 볼 것이다.
시골에서 농사짓고 산에서 나무를 해다가 땔감으로 이용한 사람들은 잘생긴 나무가 산을 지킨다는 걸 잘 알고 있다.
알면서도 그들은 나처럼 글을 쓸 기회가 없고 또 쓸 수도 없다고 해야 옳을 것이다.

내가 쓰지 않고 저세상으로 가면 못생긴 나무가 산을 지킨다는 허구가 진리인 양 후세들에게 전해지게 될 테니, 이를 바로 잡으려고 이 글을 쓴다.

만일 못난 자식 고향을 지킨다는 말을 빗대어 썼다면, 아주 잘못된 글이라는 것을 알아야 한다.

재주 없이 겸손하게 절에 남아 수행하라는, 즉 못난 사람이 되라는 비유를 산의 못생긴 나무에 비유했다면 위에서 말한 '아리송해'이다.

하지만 내 경험을 곰곰이 생각해보면 아리송해가 아닌 '이제야 알았어'일 것이다.

송인서적에서 150질을 선수금으로 매절해주겠다고 하니 나에게는 가뭄에 단비를 만났다. 출판사 하는 사람들에게 물어보라. 1만 원짜리 100권을 사 주는가. 그런데 150셋트를 선매절〈상품을 팔다가 남더라도 반품을 않는다는 약속으로 구입하는 행위〉해주니 말이다. 그런데 정가 136,000

영화, 마지막 편지 신성일 문 희

원 하는 책 150질을 매절해준다는 것은 송석원 전무의 인간적 배려다. 몸이 불편한데도 찾아와 애절한 눈빛을 해서 그걸 차마 외면 못 하는 착한 인간미에서 나오고, 천 사장의 부탁의 발로이다.

그때 사무적으로 책 팔아보고 매절해주겠다고 했으면 내가 지금 이런 글을 쓸 수 있을까? 송인서적이 서울에 있다가 경기도 파주로 회사를 옮겨서 한번은 전철을 타고 월롱역에서 내려 택시비 8,000원을 아끼려고 시골길을 걷다보니 걸음걸이가 한쪽으로 기우뚱거렸다. 4킬로미터 정도 걷다 보니 구두가 돌부리에 부딪혀 찢겨 진 곳이 더 찢어졌.

그곳에 가서 돈 200만 원만선 결제를 해달라 부탁하니, 잔고 장부를 보더니만 안 되겠다고 거절했다.

꼭 그 돈이 있어야 하는데 실망한 표정을 지으며 소파에 앉아 있었다. 그때 송 전무가 내 구두를 보더니만, 경리과에 전화해서 돈을 지블해 주라고 했다. 몸이 아프면서도 추운 겨울날 살아보겠다고 구두가 떨어져도 절약하며 살아가는 내 모습에서 순간적으로 저 사람을 도와준 김에 더 도와주자고 마음이 움직였으리라.

인간이란 상대방에게 진심을 보여야지 겉으

작약 꽃이 만발했다〈화순 동복〉

로 화려하게 꾸미고 다녀도 상대방은 다 안다.
속빈 강정인 것을. 그 후 내가 새로 발간한 책들이 팔려서 다행이다.
그 많은 돈을 지불하고 책이 안 팔리면 큰일인데. 다행히 책이 팔려서 송 전무의 기대에 부응한 것 같아 정말 감사한 일이었다.
상대방이 어려움에 처해있을때 조금만 도와주면 힘을 잡을 수 있다.
거절만이 능사는 아니니 우리 모두 도와줄 수 있으면 도와주며 함께 살아가야 할 줄로 안다.

태화강〈곡성, 석곡〉

동생 비 오는데,
왜 여기 서있어?

비가 온다. 온 세상에 주룩주룩 비가 온다.
어린 시절에 오는 비는 그렇게 좋을 수가 없었다.
그 시절의 비는 들이고 산에 가서 꼴 베고 나무를 하러 가지 않고 사랑방에서 놀 수가 있어 좋았다. 그런데 지금에 오는 비는 이 장애인에게는 무척 싫다.
비를 피해야 하는데 한손으로 우산을 들 수가 없으니 그렇다.
 늦가을에 내리는 비치고는 제법 많이 내린다.
비를 피하려고 충무로 빌딩 처마 밑에 서 있는데, 누가 "동생 비오는데 왜 여기 서 있는가" 한다.
그러면서 "동생 오랫만이야" 하면서 그렇지 않아도 동생을 만나러 여러 곳으로 수소문을 해도 만날 수가 없더니만, 여기서 만났네 그려 하면서 다방에 가서 차나 한잔 하자고 한다.

다방으로 가면서 한 쪽으로 기우뚱거리며 걷는 모습을 보고 내 걸음을 흉내를 내면서 왜 그러느냐고 묻는다.
아따 젊잖으신 분이 흉내도 잘 내시네요?"
말하고 형님 내 소식도 못 들으셨오.
뇌경색으로 떨어져 보시다시피 한 쪽이 반신불수가 되어 이런 모습이 되어 버렸습니다.

했더니 그래서 통 안 보였구만.
그런데 형님이 왜 나 같은 사람을 찾으셨오 했더니.
응 내가 사진 작품집을 만들려고 하는데, 동생이 사진집 만드는 것은 우리나라에서 일인자 아닌가 한다. 야 우리 형님이 이런 말을 다 하시고 사람은 참 오래 살고 볼 것이네요 했다.

작품집을 만들겠다는 민현석 한국사진전람회 초대 작가는 우리나라 대기업 속리산 관광호텔, 속리산 고속뻐스, 신흥제분, 신흥 중고등학교 재단 이사장을 하다가 지금은 은퇴를 하고 사진 촬영만 하고 지내는 분이시다.
과거 사진책을 발간하면 청주에 판매를 가면 거절하지 않고 사 주었었

영화, 13월의 연정 박근형 이영옥

다.
충무로에 나오면 때 되면 식사와 차도 한 잔씩 하며 형님형님 하고 따라 다니는 내가 싫지는 않은 모양인지 부담스러워 하질 않았다.
돈 있는 사람이라고 만나는 사람마다 회장님 이사장님 작가님 하고 만나는 사람들 마다 호구로 알고 덤비는 아부꾼들만 상대 하다가 그렇지 않은 나를 만난 것이다.
사진 작품집을 만들려고 나를 찾다가 만날 수가 없으니 이곳저곳을 찾아 다니며 출판 경비 견적을 알아보다가 나를 만났던 것이다.
다른 기획사에서는 약 5,000만 원 정도 견적이 나오는데, 동생은 얼마 정도 나오겠는가?
대충 계산을 해 보니까 3,500만 원 정도 해도 돈 천만 원은 남길 수 있기에 그 가격으로 만들어 주겠다고 하니 참말로 한다.

아따 형님 맨날 속기만 했다드니 이 아우도 못 믿겠오 하니, 내일 이 시간에 이곳으로 오게나 계약금을 줄테니까 약속하고 헤어졌다.
저녁에 곰곰이 생각해보니 과연 그 의심 많은 사람이 계약금을 줄까 싶었다.
이튿날 약속 장소로 갔더니 나보다 먼저 와 있었다 돈 천오백만 원을 계약금으로 주어서 받고 영수증을 써주었다.

봄에 어미 닭이 병아리들을 데리고 자는 집

형님 다른 곳보다 이천만 원은 더 저렴하게 한줄 아세요 하며 다른 곳에서는 작품 해설 글을 못 쓰지만, 나는 명쾌하게 쓸수가 있으니까요 그래서 내가 자내에게 맡기는것이 아닌가 했다.

사무실에 들어가 고마운 부부에게 책 주문을 맡았는데 대략 편집비가 얼마나 되겠느냐고 물으니 사장님이 더 잘 알으시 면서 그러느냐고 해서 편집비를 계산해 주었다

사장 부부에게 일감을 맡아주니 기분이 날아 갈 것 같았다.

생전 보도 못한 거지 같은 사람을 배려해준 사장 부부가 그렇게 고마울 수가 없었다 그리고 이제 나에게도 희망이 보이는 구나 싶어서 가슴이 터질 것만 같았다.

휴일이나 밤이면 사무실 빌딩 문을 잠궈 버리니 꼼짝없이 갇히는 신세가 되었다. 그렇지만 노숙을 경험한 나는 호텔만큼이나 좋았다.

기획실 사장과 함께 사진 원고를 사무실에 가져와서 보니 작품들이 기대 이하로 형편이 없었다.

춥고 배고푼 내 입장에서는 야 우리 형님 작품 최고에요 하며 아부를하며 책을 만들어주고 돈만 받으면 되겠지만, 도저히 그럴 수가 없었다. 형님 집으로갈 터이니 작품들을 전부 볼 수 있도록 준비해 주세요 했다.

민작가 집에 가서 작품들을 보니 별로 신통치 않았다.

그래서 가족 사진들이라도 넣자고 하니, 이 사람아 누가 가족사진을 작품집에 넣느냐고 한다.

형님 작품사진이 별거입니까 하며 그러면 저 원고대로 만들어 드립니다 그러면 나야 편하지요 하지만, 언제 또 작품집을 만들겠습니까?

인간이란 그 사람의 지위에 따라 사람과의 교류가 이루어진다.

민작가가는 흔한 말로 가진 것이 돈뿐이다.

몇몇 사진인들이 그분과 함께 다니며 당신 작품이 최고입니다. 하며 갖은 아양과 아부를 하면서 금전적 이득을 챙기며 따라 다니는 사람들 때문에 정말로 자기가 최고 인줄을 알고 있었는데, 내가 별 볼 일 없게 대하니 몹시 불쾌해했다. 주변에서 아부꾼들이 흰 것을 희다고 말해 주어야 하는데 그렇지를 않고 그저 민작가의 비위 맞추기에 급급하게 듣기 좋은 말들만 해 주었는데, 나는 흰 것을 희다고 검은 것은 검다고 할 수밖에 없었다.
왜냐하면 작품집을 한 번 만들면 오래도록 보관이 되어야 하기 때문이다.
그리고 어려운 나로써는 하라는 대로 하고 아부하면서 작품집 만들어 돈만 받으면 될 것 아니냔 말이다. 그런데 그렇한 것은 내 생리에 맞지 않았다.

사진을 고르는데 가족사진 앨범을 몇 권 가지고 와서 준다. 앨범 사진들 중 유독 한 여자가 눈에 확 들어왔다.
형님 이 여자 누구입니까" 물으니 우리 집사람이야 한다.
60년대 남정임, 문희, 윤정희 배우와 우리 집사람이 함께 활동하다가 우리 집사람은 결혼을 하고 활동을 중단 했어 한다.
그리고 모윤숙 작가의 "렌의 애가 "주연배우 선발 대회에서 2,000대 1로 주인공으로 뽑혔어 하며 은근슬쩍 웃으며 조금은 겸연쩍했다.
지금까지는 너무 별볼 일 없는 사람으로 대했지만 이번만은 칭찬을 해 주어도 될 것 같았다.
야 형님 최고이십니다.
이런 미인하고 사시니 말입니다.
조금 있으면 밖에 외출하고 들어오면 소개 해 줄께 한다.

사진들을 고르고 있는데 김진규 배우와 같이 출연한 김OO씨 스틸 사진들과 자기 부인이 실린 여성중앙 창간호를 가져와 보여 준다.

형님 이제 됐습니다.

이런 좋은 기념비적인 사진들을 놔 두고 잡다한 사진들을 수록하려 하셨습니까.

이 사람아 내가 하라면 했지 무슨 말이 그렇게 많은가 할 줄 알았다.

그런데 우리 집사람 사진 넣으면 사진 작가들이 이러쿵 저러쿵 말이 많지 않을까 한다.

아니 어떤 위인이 그래요 자기 마누라 배우인 사진작가 있으면 나와보라고 해요.

사실 말을 하자면 이천 대 일의 선발 대회에서 일등으로 당선된 사람을 인정 안 하고 누구를 인정 하란 말입니까.

그랬더니 지금껏 아부하는 사람들만 보다가 어디 한군데 막힘없이 시원시원하게 말하는 나를 보더니 동생 달리 바야겠네 지금까지 이렇게 말한 사람은 자네가 처음이야 하며 흐뭇한 표정을 지었다.

사진 원고가 풍부해 작품집 만들기에 무리가 없다고 생각했는데, 느닷없이 누드사진을 같이 수록해 달라고 한다.

우리나라 정운봉 누드 작

장군〈오줌 장군의 준말〉반구형이며, 배때기에 아가리가 있음

가가 경비 부담을 줄이려고 민작가를 전국으로 같이 다니면서 그져 샷타만 누르게 한 사진들이 많다는 걸 알기 때문에 별로 내키지 않았다.
이들은 순박한 민작가를 여성을 벗기는 흥미로 많이들 이용해 먹었었다.
경제력이 있는 사람이 없는 사람들에게 베푸는 것도 괜찮지 않느냐고 하면 내 할 말 없다.
민작가가 평생 촬영한 슬라이드 필름들을 보니 책에 수록할만한 가치가 없었다.
그런데 누드 사진을 작품집에 넣어 달라고 한다.
형님이 꼭 넣으라면 넣겠지만, 별로 내키질 않습니다.
그렇게 작품이 형편들이 없어?
네 몇점을 빼고는 고깃덩어리이지 예술작품이라 하겠습니까.

발채를 얹은 지게〈지게에 접지 못하도록 만든 발채〉
지게에 발채가 있고 없고에 따라 용도가 다르다.

웬만한 사람 같으면 화도 낼만한 일인데 어느정도 수긍을 한다.
어린 시절부터 부모 잘 만나 온실 속에서 자라 세상 물정 모르고 살다가 형님 회장님 이사장님 하며 따라다니며 아부만 한 사람들만 보다가 자기가 된장찌개 한 그릇 사면 내가 콩국수 한 그릇 사는 족보에도 없는 놈이 옳은 말만 하는 것이 싫지는 않은 모양이었다.
그리고 다른 족속들은 회장님 이사장님 하며 입만 가지고 따라다니는 사람들만 보다가 그렇지 않은 내가 좀 색달랐던 것인 모양이다.
민작가는 항상 속 안주머니에 신권 만 원권 백만 원 두 〈당시 오만원 권 미 발행〉뭉치를 넣어 다닌다. 왜 카드를 가지고 다니시지 현금을 귀찮게 갖고 다니십니까 하고 물으니 나는 돈이 수중에 없으면 힘이 없어서 그런다고 한다.

차도 없고 모범 택시를 이용한다.
어떤 의미에서는 그것은 매우 실용적인 것이 아닌가 싶었다.
주변에 민작가의 지인들에게 보증인도 없이 선 뜻 천 오백만 원을 보증금으로 받았다고 하니 고지를 듣지 않았다.
하지만, 그것은 당신들의 잣대의 생각이지 이것은 엄연한 사실이다.
지금 와 생각 해보니 정운봉 누드집과 한국영화 80년 출간으로 인생이 빌빌 꼬였다.
그러나 어쩌랴 첫 사랑 순이는 가고 세월이 이만치 흐른 지금 훗 사랑도 떠나고 머리는 하얗게 되고 몸은 병들은 늙은이가 되었으니 말이다.
나는 여기서 감히 말한다.
사람의 일생은 첫 선택이 중요하다고 그러니 사람을 잘 만나야 되고 매사에 신중을 기하고 특별한 경우가 아니고는 사람을 믿지 말라는 말이다.
그리하여야만, 나처럼 병들은 몸으로 가족 품을 떠나 외톨이 신세가 되지 말라는 이 말이다.
거듭 말한다.
항상 돌다리도 두둘겨 보고 건너라고 말이다.

인생살만큼 살아보니 별것 아니라고 말하고 싶다.
그리고 다만 사람들을 너무 믿지 말라는 말을 꼭 기억들 하시라.
민작가의 작품집을 만든다는 소식을 듣고 청주 김운기 충청일보 사진부 국장께서 연락이 와서 만났다.
내가 젊은 시절 민작가의 아버님 사진들을 좀 가지고 있는데 보라고 준다. 민작가의 아버님께서 젊은시절 농장을 경영 하면서 촬영한 주옥 같은 작품들이었다.

그러면서 민작가의 부친의 지난 시절을 이야기해 준다.
그러면서 이 이야기는 민작가의 허락을 받아야 할 것이라고 덧 붙인다.
무슨 내용이기에 허락을 받아야 하느냐고 제차 물었다.
그의 부친의 머슴살이 한 지난 날 이야기라고 한다.
민작가 부친〈민철기옹〉은 일찍 부모를 여의고 홀홀 단신 고아가 되어

담벼락에 영양 만점인 탐스러운 호박 두 덩이가 주인을 기다리고 있다.

남의집 머슴살이를 하는 신세가 되었다.
그래서 충남 옥천 육영수 여사집에서 머슴살이를 시작했다.
성실한 그는 10년간을 성실히 머슴살이를 했다.
새경으로 받은 것을 장려 쌀〈곡식을 대치 하는데 붙는, 1년에 본 곡식의 절반이 되는 변리〉쌀을 놓아 불려서 청주에 큰 도정 공장을 열었다.
도정 공장을 잘 운영하고 있을 때 박정희 대통령이 혁명을 해 청와대 주인이 도었다.
민철기옹은 당시 우리나라에 제분공장이 동아제분 한 곳만 있어 제분공장을 하면 승산이 있을 것 같아 육영수 여사를 찾아갔다.

청와대 정문에서 경비원들이 육여사를 만나게를 해주지 않았다.
그러면 쪽지만이라도 전해 달라고 했다.
쪽지를 받은 육여사님은 빨리 들어 오라고 해 청와대를 들어 갔었다.
누님 오랜만입니다.
그래 긍금 했었는데 어떻게 지냈느냐고 안부를 물으며 반갑게 만났다.
누님 부탁이 있어 왔습니다.
그래 무슨 부탁을, 청주에 도정 공장을 차려서 운영하고 있습니다.
그런디, 우리나라에 제분공장이 하나밖에 없어서 하나 더 만들어도 괜찮을

휴일에 허브아일랜드에 많은 사람들이 모여들고 있다.

♪ 감옥이 천국입디다

것 같으니 누님이 좀 도와 주세요 했다.
그런 일이라면 내가 무슨 힘이 있냐!
오빠〈육인수 국회 문공위원장〉에게 전화 해 줄터이니 그곳으로 가보라고 했다.
육위원장에게 찾아 갔더니 어릴적부터 자기집에서 살았던 정으로 반갑게 맞아 주면서 부탁한 것을 일사천리로 전화를 해서 처리를 해주더란다.
당시는 제분공장이 하나밖에 없어서 하나가 더 있을 필요가 있었기에 가능 했을 뿐 아니라 당시의 우리나라의 여건으로 안되는 것은 없었다는 것은 다들 아는 사실이었다.
그 후 철규옹은 월남전 부식 납품을 해서 민작가의 말을 빌리면 돈을 갈퀴로 긁었다고 한다.
그리고 청주에 굵직한 기업체를 만들어 크게 번창했으며 그 여유로운 경제력으로 육영 사업과 사회사업을 하여 충청도에서는 존경을 받는 분이셨다.
명절이면 충청도에 기관장들이 문전성시를 이루었다고 한다.
민작가의 주변 지인들에게 자기 아버지의 과거 머슴살이한 것을 아느냐고 물으니 그럼 자기 아버지 과건데 모르겠느냐고 한다.
친구들에게 자기 아버지의 머슴살이한 내력을 부끄럽게 생각하며 일체 말을 하지 않는다고 한다.
만일 책에 철규옹의 내력을 수록하고 싶으면 책값을 안 받으려면 수록하라고 한다.
이런 훌륭한 아버지의 과거 머슴살이 이력을 부끄럽게 생각한다니 참으로 유감스러운 일이 아닐 수 없다.
머슴살이가 얼마나 고달팠으면, 이홍렬 작가의 바위고개 가사 중 "머슴살이 10여 년간 하도 서러워 진달래꽃 안고서 눈물이 난다고 하였을까. 그리고 얼마나 성실하게 머슴살이를 했으면 옛날 주인이 그 성실을 인정해 적극적으로 도와 주었을까. 만일 철규옹이 자기의 과거 머슴살이 이력을 부끄럽게 생각 한다면, 지하에서 어떻게 생각 하실까?

위에서 말했지만 민작가가 꼭 누드사진을 수록 하겠다고 해서 하는 수 없이 모델 두 명을 섭외해 충무로 스튜디오에서 모델들에게 있는 폼 없는 폼 다 잡게 해서 촬영을 해 원고 보충을 해서 작품집에 누드 사진을 같이 수록 한다는 것은 좀 무리가 있는 것 같아서 누드를 따로 한 권으로 만들어야 한다고 하니, 민작가가 돈이 따로 더 들어가면 그대로 하라고 한다.
누드 모델들도 세월따라 많이들 변하기도 하는 모양이다.
80년 대 모델들은 옷을 벗으면서 어딘지 어색 해 하며 여성스러운 면이 보였었다.
그런데 2,000년대 모델들은 남자들이 보는 앞에서 담배를 피우는 것은 보통이고 행동 또한 자유분방함이 충만해 어찌 보면 여성인 것을 포기한 듯 해 신비감이 없어짐은, 그녀들 스스로의 행동에서 품위를 잃어버린 것 같아 씁슬함을 느끼지 않을 수 없다.

그리그 얼굴과 젖가슴

접시꽃

은 뜯어 고쳤는지 쭈쭈빵빵하게들 보인다.

하지만, 어떤 국회의원의 말마따나 자연산이 좋다고 한 말이 일리가 있다고 본다. 다만 말한 장소가 룸싸롱 이어서 문제라면 몰라도, 아무튼 앞으로는 뜯어고친 아가씨들이 자연산을 무시하고 폼 잡고 다니지 않을까 싶다.

어떤 골빈녀는 몇 백만 원을 들여 고쳤다는데, 꼭 밥 뚜껑처럼 펑퍼짐하게 보여서 우리 바지씨들이 만지고 싶은 충동이 일어나지 않음은 왜일까?

비단 나만 그런 것이 아니라 다른 사람들도 내 의견에 동의들을 했다.

모델들을 벼밭에 세우고 허수아비 형상으로 촬영을하려고 세우니 젖가슴이 시펄덩덩하고 밥 뚜껑처럼 보여서 작품 사진으로는 별볼일 없을 것 같았다.

문제는 손을 위로 올리는 포즈를 취하게 하면 유방이 좀 산뜻하게 위로 솟는다.

그렇지만 허수아비가 팔을 위로만 올리고 서 있지는 않으니 문제 중의 문제였다.

책을 잘 만들어 민작가의 이태원 집으로 실어다 주었다.

수고했다고 이백만

까페 "뜰"대표가 취미생활로 다육식물 기르기 〈주암〉

원을 약정 금액보다 더 주었다.
그리고 사모님은 삼백만 원을 더 생각해 주었다.
추석 무렵에 민작가가 갈비셋트 하나와 담요 한 장을 우리 집사람이 가져다 주라고 했다며 갖고와 준다.
그러면서 내가 이런 걸 가지고 다닌 것은 처음이야 한다.
나는 민작가 손을 덥석 잡으며 그러고 말고요 하며 고개를 돌리고 말았다.
추석이 지나고 부인이 점심이나 같이하자고 해 민작가와 류재정교수와 사모는 나 이렇게 이태원 한정식집에서 점심을 먹으려 만나서 책을 잘 만들어주어서 고맙다고 거듭 고마움을 표했다.
몸 아프고 최고의 식사를 대접 받았다.
그리고 약간의 돈을 봉투에 담아준다.
처음부터 돈 있는 사람이라고 이 핑계 저 핑계 대며 돈을 뜯어 먹으려 덤볐다면 의심이 많은 사람이라 계약데로 하자고 했을 것이다.

병영잡감 兵營 襍感

필자는 65년 도 중반에 국가에〈군문〉몸을 저당 잡히려 들어갔다. 또래들 보다 고등학교를 3년 정도 늦게 갔기 때문에 3학년 2학기에 군대를 가야하기 때문에 많은 문제점들이 있었다.

사실 당시에는 병력 인원들이 많아서 가지 않으려면 얼마든지 가능했다.

당시 면사무소 병사 담당이 군 면제를 받으려면 뒷구멍으로 돈을 좀 달라고 했다.

앞으로 사회생활을 하려면 고등학교 졸업장이 있어야 하겠기에 많은 갈등이 있었다.

담임 선생님께 의논을 했더니, 국가가 부르는 일인데 학교에서 졸업장을 주도록 한다고 염려말고 군대에 갖다 오도록 하신다.

염천 더위인 8월에 훈련소를 입소했다.

먼저 군복으로 전부 갈아입고 입고 온 옷은 집으로 보냈다.

훈련은 무척 고달팠다. 조교가 더위고 뭐고 다 소용없고 무조건 적인 규정에 따른 훈련으로 조금만 규정을 위반해도 무지막지한 폭력이 따랐을 뿐만이 아니라 단체 기합도 많이 받았다.

당시만 해도 군대는 무학자들이 많았다.

시골에서 머슴을 살고 일만 하다가 군대에 온 동기들이 많았다.

이들은 아무래도 행동들이 굼떠서 조교에게 많이들 얻어맞았다.

우리 소대엔 소대장과 그를 보조하는 조교 두 명이 있었는데, 꼭 저승사

자처럼 혹독하게 굴어서 그렇게 힘들 수가 없었다.
더위도 더위지만, 먹는 음식이 맞지 않아서인지 입대할 때부터 훈련을 마칠 때까지 배탈이 나서 정말 고통이 심했다.

소대장에게 배탈을 말해도 참으라고만, 하고 약을 주지 않았다.
훈련을 마치고 난 다음 체중이 10km나 줄었다.
멸치처럼 삐쭉 말라서 눈을 감으면 죽은 사람처럼 보였었다.
지금 생각해 보면 죽지 않고 살았다는 것이 기적만 같다.
그리그 학교에서는 100m를 14초에 달렸는데, 훈련소에서는 언제나 내가 꼴등이다.
꼴등도 사정없는 꼴등인데, 훈련하는 조교가 기합을 주거나 폭행을 하

영화. 과부 고은아 김희라〈낙안민속촌〉

엔젤 트럼펫〈천사나팔〉

지 않는 것이 참으로 이상했다.
뭐 개는 짖어도 기차는 간다고 고된 훈련은 계속 되었고 따라서 세월은 갔다.
그런데 속된 말로 촌놈들도 나보다 잘 달리는데 나는 왜 못 달릴까의 의문이 들었다.
그리고 늘 꼴등만 하는 나를 조교가 방관만 할까의 의문이 들었다.
훈련 중 옆 동기들의 달리는 모습을 보니, 철모를 손으로 잡지를 않고 달리는데 나는 철모를 흔들리지 않게 손으로 잡고 달리기를 하고 훈련을 받는 것이었다.

저녁에 옆 동기의 철모를 보니 내 철모와는 달랐다.
동기의 철모 안에는 헬멧이 들어 있었는데, 내 철모에는 그것이 없었다.
그러니 알 철모여서 달릴 수가 없는 것이 아니였겠는가?
소대장에게 헬멧이 없다고 보충해 달라고 했더니 우리 소대에 한 개가 없어졌으니 다른 소대에서 한 개 훔쳐 오라는 것이었다.
다른 소대에서 훔쳐 온다는 것은 거의 불가능했고 화장실에서 볼일을 본 놈에의 머리에 있는 것을 벗긴다는 것도 어려운 일이었다.
하는 수 없이 알철모를 쓰고 훈련을 받고 끝났다.
훈련소에서 훈련이 끝나면 각각 병과를 배정받아 후반기 훈련소로 간다.
나는 운 좋게도 의무병과를 받아 기차를 타고 대구 군의학교로 갔다.
더위인 여름에 입소를 했는데, 세월은 흘러 어느덧 떠나는 계절 가을이 왔다.

군의학교는 훈련소와 달리 분위기가 좋았다.
온 학교 주변에 가을이면 만발하는 코스모스가 온 사방팔방에 피어 훈견 받느라 지친 우리들을 반기는 듯 했다.

자귀나무 7~8월에 수피를 채취해 햇빛에 말린다
보성강변〈순천 주암〉

지도하는 군인들은 간호장교 중위나 대위들이었고 더러는 남자 군의관들도 있었다.
간호장교가 나더러 왜 그렇게 몸이 말랐느냐고 물어서 훈련소에서 부터 설사를 해 몸이 이렇게 해골에 가까워졌다고 하니 알았다고 한다.
먼저 이발과 목욕을 시켜 주었다.
군의학교 주변 환경부터 내부반 하며 사람까지 훈련소와는 확 달랐다.
그리고 먹는 것들도 훈련소와는 너무나 차이가 낫다.
훈련소에서는 구경도 못하는 이민수 고깃국을 알과 섞어서 풍족하게 주었다.
그리고 일렁이는 군의학교 담벼락 옆에 피어있는 코스모스 꽃을 보면, 훈련소에서 피폐해진 마음이 풍요로워진 듯 하였다.

훈련소 교육은 전쟁이 나면 적을 무찌르는 기본적인 교육이라면 군의학

영화, 어둠의 딸들, 김문희 진수경

다육식물 배양살 군산 기쁨이네 다육농원

교 교육은 전쟁이 나면 병사들의 사상자 응급처치와 부상자 후송 등의 임무를 주로 교육을 받았다.
그리고 훈련소에서 망가진 몸을 간호장교의 보살핌과 약 처방으로 몸이 많이 좋아져갔다.
몸이 정상적으로 회복이 되어가니, 살것 같았고 훈련도 교실과 야외 실전에 대비한 훈련을 받았다.
군대란 동기들과 더불어 살아 간다고 하는 말이 딱 어울린다고 본다.
하루는 휴일 날 내무반에서 낮잠을 자고 있는데, 누가 깨워서 일어나 보니 사과 큰 걸 한개 주면서 "나는 줄 것이 없어서"하며 준다.
순간 감정이 일렁인다.
고등학교를 늦게 갔기 때문에 학교 선배가 집에서 돈을 가지고 으지않아서 동기들이 무엇을 사서 먹을 때 항상 자리를 피하기에 내가 많이 챙겨 주었었다.
군대에서는 하루에 정량이라고 담배를 다섯 개비를 준 걸로 기억한다.

그걸 모아서 부대 철조망 옆에서 사과의 고장이다 보니 사과를 팔기도 하고 담배와 문물 교환을 하기도 했다.
그 선배는 매 일주는 담배를 모아 놨다가 사과와 교환해서 나를 준 것이다.
나는 여기서 인간의 정이란 무엇인가를 생각하니, 눈물이 하염없이 흘렀다. 군대 생활 그것도 군의학교 하면 그 생각이 세월이 이만치 흘렀는데도 잊혀 지지 않는다.
그 선배는 사회에 나와서 고향에서 영농 사업을 잘하고 있다고 한다.
군의학교 교육을 마치고 춘천 소양강 주변에 있는 103 보충대에서 양평의 28사단 보충대로 배치를 받아 첫 보직은 약제계였다.
약제계에서 하는 일이란 군의관이 환자의 인적 사항으로 처방전을 써 주면 그에 따라서 약을 지어주는 일이다.
약을 약사가 지어주어야지 돌파리가 약을 지어준다는 것이 말이 되느냐고 하겠지만. 약대를 나온 약사들은 의정장교로 그에 맞는 보직을 받아 임무 수행을 했다.
그러니 이가 없으면 잇몸으로 산다는 말이 있지 않느냔 말이다.
약제실이 따로 있었다.
약제실엔 말 그대로 갖가지 약들과 장비들이 준비되어 있었다.
당시는 미군들이 의약품과 장비들을 우리나라에 보급해주는 실정이기 때문에 전쟁에 필요한 장비들과 약들이 준비가 잘되어 있었다.
콤"벳이라는 것을 보고 적잖이 놀랐다.

전쟁을 하면서 병사들의 안전을 책임지는 함이다.
만일 전쟁 중 전쟁터 어느 곳이나 "콤벳"을 열고 수술이나 장병들의 부상을 응급 처치를 할 수 있는 약품과 기구들이 하나하나에 스토크 남바가 부여되어 있어서 그 누구도 손댈 수 없도록 해 놓았다.
물론 당시 미군들이 세계의 군대라는 것은 아는 사실이지만, 전쟁에 필요한 물품들을 준비한 것을 보고 많이 놀랐었다.
추운 날씨에 보병들은 야외에서 훈련을 받으며 고생들을 하는데, 나는 실내에서 근무를 하니 몸은 조금 편했지만, 정신적으로 많은 고통을 받아야 했다.
이춘희라는 선임 병장이 있었다.
엄연히 기거하는 내무반이 있는데, 크리스마스 이브에 그 선배와 보병 친구가 같이 와서 술을 많이 쳐먹고 오바이트를 해놓은 것을 나더러 치우란다.
군대이서는 보직〈직책〉이 계급보다는 우월하다.
아무리 계급이 높다 해도 몸이 아프면 약을 받아먹어야 하기 때문이다.
순간적으로 내 선임병도 아닌 보병이 토한 것을 나한테 치우라고 하는가 하는 생각에 더러워서 군대 생활 못해 먹겠네 라고 말하고 말았다.
그 순간 이춘희 선임병은 뭐 이 새끼야 간뎅이가 부은 놈이네 하며 곡갱

영화. 여 애권 강용석 외

♪ 감옥이 천국입니다 | 311

이 자루로 20대를 두둘겨 맞아서 엉덩이가 피떡이 되었다.

당시 군대에서 고참들의 위세가 대단했다.
기합을 받지 않으면 잠이 오지 않는다고 할 정도였으니까. 아무튼 고참에게 말한 마디 잘못했다가 정말 좆배기치도록 얻어 맞았었다.
군대 짬밥 그릇 수가 불어나려는 무렵 우리 부대가 전방과 교체를 한다고 한다.
전 사단이 부대원과 장비 및 모든 것을 가지고 서로 부대를 맞바꾸는 일이었다.
경기도 파주 어유지리라는 곳으로 군 생활 근거지가 바뀌었다.
부대는 바뀌었지만, 병사들이 그대로이니 별다른 위화감은 없었다.
이곳에서는 약제계가 아닌 환자계로 보직이 바뀌었다.
환자계란 몸이 아픈 병사들을 분류해 입원시키고 후송을 보낸 일이었다.
군대란 체계가 잘 갖추어져 평소의 훈련에 따라 보직 수행을 하면 된다.
체제상 군부대 대대에서 연대로 몸이 아파 후송을 오면 체류 기간이 얼마로 정해져 있고 그곳에서 몸이 낫지 않으면 상급 부대인 사단 의무대에서 치료가 되지 않으면 야전병원으로 후송을 하고 그곳에서 치료가 되지 않으면 최종적으로 수도 육군병원으로 후송 처리된다.
정말 군대의 체계란 빈틈이 없이 완벽했다.
맡겨진 임무에 따라 업무를 수행하면 되는 것이다.
그런데 인생살이란 내 마음과 뜻대로 되지 않아 고통의 부대 생활이었다. 의무 중대엔 편제상 군의관인 중대장과 의정장교 인사계와 선임하사 내무반장이 있다.

인간관계란 서로의 안면으로 서로 교류하며 살아간다.
중대장과 의정장교 그리고 선임하사 고참들과는 별 충돌 없이 생활을 잘 할 수 있었다.
그런데 인사계와의 관계가 문제였다.
인사계란 가정으로 말하면 어머니와 같은 존재이다.
즉 병사들의 일 거수일 투 족을 관찰하며 애로 사항이 없는가를 살펴서 처리한다. 전임들은 자기 집으로 먹을 부식들을 부대 식당에서 얻어다가 주었던 것이다.
그 걸 본 나는 절대 가져다주지 못하게 했다.
인사계가 오던 부식이 오지 않으니 평소에 가져다주던 병사에게 왜 부식을 안 가져 오느냐고 물었던 것이다.
환자계 조병장이 못 갖다 주게 한다는 것을 고자질 했던 것이다.

그걸 안 인사계는 너 왜 우리 집에 부식을 못 가져다주게 하느냐는 직접적으로 말은 못하고 일과가 끝난 밤에 이따금씩 내 무반에 와서 간물 정리가 두부모처럼 잘 정돈이 안 되었다고 괴롭힌다.
심지어 일과 시간에도 환자들 돌보는 병

보리가 이때 쯤 되면 농촌에서는 춘4궁기를 면한다

♪ 감옥이 천국입다 ｜ 313

실까지 와서 괜한 트집을 잡으며 엉덩이를 발로 툭툭 차며 따라다닌다.
이렇게 괴롭히면 부식을 가져다줄 것으로 알고 괴롭히는 것이다.
그래 어디 한번 해 보자 네가 이기는지 내가 굴복하는지 말이다.
심지어 휴가를 갔다 오면 인사계에게 담배와 기타 물품들을 가져다주는데 나는 일절 하지 않았다.
내 동기는 괴롭힘을 당하며 괴로워한 걸 보고 적당히 타협하라고 종용을 했다.
야. 친구야 탈영 하고싶다.
만일 탈영하면 네 인생 끝이야 임마 한다.
도저히 괴로워서 견딜 수가 없다.
내가 인사계와 술 한잔 하면서 이야기 잘해 볼테니까 참아라고 한다.
인사계한테 시달리면서도 세월은 누가 가라 하지 않아도 하루하루 잘도 갔다.

하루는 군의관과 인사계와 같이 후반기 교육대에 신병을 인수 갔었다.
신병들을 보니 피골이 상접 해 있었으며 이〈잇과의 곤충으로 1~2cm로 평평한 방추형이며 몸빛은 회백색이며 사람의 몸에 기생 하면서 피를 빨아 먹으며 발진디프스 재귀열 참호열 등을 옮김.〉이 가 옷이며 W볼빽 등에 하얗게 붙어 있었다.
당시 부대에서 이를 박멸하기 위해 고엽제〈D. D T〉를 많이들 살포 했었다.
병사들의 신검을 위해 전부 내무반 침상 위에 올라 서도록 하고 하의를 내리도록 했다.
그런데 한 병사의 아랫도리의 눈도코도 없이 입으로만 숨쉬는 연장이 다른 병사들 보다 유난히 컸다. 인사계가 곁에 가서 손으로 그것을 탁탁

박 두 덩이가 열렸다. 낙안 민속촌

치며 자식 자식 물건 좋다 좋다를 연발 한다.

그 병사는 만져주니 좋아서 그런지 어쩐지 희멀덕하게 웃고 있었다.
아마 병사의 속은 챙피 해서 어쩔 줄 모르겠지만, 군대라 뭐라 말도 못하고 벙어리 냉가슴 앓듯 하며 속앓이를 했을 것이다.
아마 그 병사가 속으로 그래 내 물건이 크다 그렇다고 보태준 것 있니 하며 항변을 하고 싶었을 것이다.
아무튼 인사계의 마누라가 밤마다 눈도 코도 없는 것이 작다고 타박을 해서 부러워서 그랬을 것인지도 모르는 일이다.
사회나 부대나 자식들 교육의 열의는 같을 것이다.
사회에서 일류대학을 나온 우수한 병에게 인사계의 아들딸들을 가정교사를 돈 들이지 않고 무료로 시켰다.
가정교사를 한 병사들의 말을 들으면 그 부인이 상당히 끼가 있는 모양

♪ 감옥이 천국입니다

이었다.

뭐 남편은 밤이면 힘이 없어 비실비실하는데, 싱싱한 병사들을 보니 쫙 째지고 털난 곳이 벌씸 거릴 만도 할 것이며, 그러니 자연적으로 유혹이 있을 수밖에 없는 일이 아닌가.

그리고 남녀 간이란 서로 만나면 불이 붙기 마련이다.

서로 볼일을 보고 깨끗이 씻어 버리면 죽 떠먹은 자리요 한강에 배 지나간 자리라고 하지 않은가 말이다.

뭐 어차피 쫙 째지고 털난 길 고속도로가 번들번들하게 독일 아우토반 고속도로처럼 난 곳을 무료로 가정교사 해준 댓가로 한 번씩 더듬으면 어쩔것이냐 말이다.

서로 좋은게 좋은 것 아니냔 것이다.

자운영 꽃

자기 마누라 안에서 줄줄 새는 줄 모르고 밖의 술집에서 배 맞추다가 파이프가 새니 나 없을 때마다 주사를 맞고 간다 한다.

씨바, 부부 간에 안 에서 밖에서 잘들 노는가 보다.

부대 주변에는 허룸 한 초가집의 술집들이 있다.

그곳에 도가에서 막걸리

한 말을 갔다 주면, 물을 3/1정도 섞어서 양을 약간 늘려서 장병들이나 일반인들에게 판매를 한다.
자고로 술은 여자가 있어야 한다 하잖은가.
허름한 초가집에 운명이 기구해서인지 팔자가 지랄 같아서인지 어김없이 아가씨들이 있었다.
이들은 가족들 생활비나 동생들 학비를 마련코자 와서 술을 팔고 치마도 벗고 하는 경우가 많았다.
"연분홍 치마가 봄바람에 휘날리드라/오늘도 앙가슴 두드리며 산 제비 넘나드는/성황당길에 꽃이 피면 같이 웃고 꽃이 지면 /같이 울고 알뜰한 그 갱세에 봄날은 간다 하고 막거걸리를 주전자에 담아 사발에 부어 놓고 노래들을 젖가락 장단에 맞춰 신나게 불렀었다.
그런데 당시에는 전방에 병원들이 거의 없었다.
아가씨 들 충앙청 청소나 수리를 위생병들이 담당 했었다.
그런데 아가씨들 십중팔구는 쎈타에 성병이나 매독에 걸려 있다고 보면 된다. 간일 이 고장 난 중앙청을 수리를 안하면. 장병들과 배꼽 밑을 맞추다가· 몹쓸 병원균을 옮기는 것이 문제였다.
당시는 주사약이 cpx라는 것이 있었는데 이 걸 맞으면 엉덩이에 퉅이날 정도토 아팟다.

다음 606이라는 주사약이 나왔고 다음은 조금 아프지 않는 호스테-실린 이라는 주사 약이 나와서 보편화 되었다.
나와 동기는 심심하면 개인 구급낭 한 개씩 메고 대민진료랍시고 술집들을 방문했다.
동기는 술을 무척 좋아했다.
자연적으로 아가씨들 중앙청 청소해 준답시고 뭉구적 대다가 술을 주면 좋아서 어쩔 줄을 몰랐다. 아무튼 술이라면 내무반에서도 회식을 하면 제일 좋아했다.

진주 농과대학 수의과를 나왔기 때문에 짐승들 쫙 째진 곳을 고쳐 주어야 한데, 군대라 임시 땜방으로 술집 아가씨들 그곳을 수리했다.
결국 그 동기는 제대 후 술을 좋아해 가축병원을 하다가 결국 나이 62세에 저 세상으로 갔다.
군부대나 사회나 비리가 있는 것은 어쩔 수 없는 것인지 모른다.
지금은 장병들의 전반적인 모든것이 잘 되어 있다고 한다.
당시에는 엄연히 정량이란 제도가 있다.
그런데 먹는 부식을 위에서부터 쳐먹기 시작해서 밑으로 내려오면 정량에 3/1도 안 된다.
그러니 장병들이 먹는 것이 부실하니 삐쩍 말라서 비실비실해 M1 소총도 들기가 버거울 정도였다.
한 참 먹을 나이에 먹는 부식을 위아래서 다 쳐 먹으니 장병들의 건강이 엉망이었다.
의무 중대에서는 취사병들을 위생검열이라는 제도가 있다.
장병들과 취사반 위생검열이란 취지는 백번 옳다.
하지만 위생을 깨끗하게 하려면 목욕 시설이 갖춰져 있어야 씻을 것 아니냔 말이다.
의무대에서 한 달에 한 번씩 취사병들을 의무대로 불러서 신검을 한다.
목욕 시설이 없어 목욕을 하지 못하니 몸 이곳저곳이 지저분한 것은 너무도 당연한 것 아닌가? 그런데 왜 이렇게 몸이 지저분 하느냐고 지적을 한다.
아마 취사병은 그 걸 몰라서 그러느냐고 항변하고 싶었겠지만, 만일 그랬다가는 많은 기합뿐이다.
모든 상황을 다 알면서 취사병들을 심한 트집을 잡은 이유는 단 한 가지이다. 부대에서 장병들의 건강을 위해 간혹 소고기나 돼지 고기가 부식으로 나온다.

위에서부터 또 또 처먹고 조금 배당된 것을 위생병들에게 남겨 놓았다가 주라는 것이다.
그 가져온 것을 중대 인사계에게 상납해야 한다.
그리고 끓여서 우리들끼리 나누어 먹는다.
이렇게 나온 정량을 하이에나처럼 이놈 저놈이 슈킹들을 하니 정작 먹어야 할 장병들은 멀건 국물만 먹는다.
그런 비리가 없도록 상급 부대에서 감사를 나온다.
감사 나와 바야 무엇하나 저녁에 술집에 가서 실컨 퍼먹고 갈때에는 얼

남원시 주천면 덕치리 회덕마을 "샛집"

마간의 돈을 받고 간다.
이렇다 보니 비리가 근절이 되지 않는 것이다.

새벽녘에 내무반에서 불침번이 조병장님 죽은 환자가 왔어요 한다.
일어나 병실에 달려 가보니, 죽은 처녀 옆에 하사 한 사람이 앉자 있으면서, 처벌을 얼마나 받겠느냐를 물었다.
그 하사는 죽은 자의 애인이었다.
당시는 전방에는 거의 병원이 없기 때문에 민간인들도 거의 군부대 의무대로 옮겨졌었다.
지금은 처녀들이 남자와 사귀던지 심지어 동거생활을 하다 가도 비누로 거시기를 싹싹 씻고 나 처녀다 하고 결혼을 하는 세상이지만, 당시는 처

안강읍 양동마을

녀가 연예를 하다가 실패하면 결혼의 큰 약점이 되는 세상이었다.
이 처녀는 전방에서는 비교적 여유가 있는 집안이었다.

하여 중학교까지 졸업을 하고 집에서 착실하게 있는 처녀를 군인들이 여러가지의 달콤한 말로 꼬셔 데리고 놀다가 제대하면 집에 가서 부모님께 말씀 드리고 결혼 하겠다고, 가면 이놈이고 저놈이고 안녕이 나 빠이빠이들을 서너놈한테 당하고 보니 마음 고생이 심하던차에 이 하사가 또 윙크를 하며 수작을 걸어오니 이왕지사 버린 몸 하고 마지막 희망을 걸고 사귀었던 것이다. 결혼까지 약속을 하고 이왕에 헌 냄비를 계속 그에게 물을 데워 주었다.

그런데 이 처녀 이 남자가 마지막 내 사랑이겠지 했는데, 아닌 탐중에 홍두깨식으로 월남전에 파병을 가겠다고 하니 이 처녀 자칫 잘못 하다가는 내 사랑 굿바이가 되겠으니 한사코 파병을 못가게 했던 것이다.

필자가 중학교를 다니던 길에 밤나무가 자라서 꽃을 피워 아픈 나를 반겨 주었다

만일 월남 파병을 가면 죽어 버리겠다고 했단다.
하사는 정말 네가 죽겠느냐 하며 파병을 강행 한다 하니 쥐약을 먹고 이 나쁜놈아 잘먹고 잘 살아라 하고 안녕 했던 것이다.
과거에는 사랑에 실패하고 많은 남녀가 생을 달리하는 경우가 참 많았지만, 작금은 앞에서 말했듯이 뭐 죽 떠먹은 자리요 한강에 배 지나간 자리라고 한단. 심지어 동거생활을 하다가도 사귀던 사람에게 안녕하고 결혼들을 한다니 이것이 정상적인 것인지 모르겠다.

다만 우리나라의 동방예의지국이란 정체성은 유지 되었으면 좋지 않을까 싶다. 행여 젊은 사람들이 웃기고 있네 할지 모른다.
요즘 세상이 어떤 세상인데 그런 구태의연하고 고리타분한 말을 하느냐고 할 지 모른다.
하지만, 요즘 친자 확인 검사를 하면, 친자가 아닌 경우가 30%로 이상이 된다 한다. 당사자들은 물론이고 태어난 애들이 무슨 잘못이 있고 그리고 어쩌란 말이냐?
이 문제로 사회 문제가 되고 있고 뻑하면 이혼을 입에 달고들 산다.
이혼이 전부는 아니다. 이왕지사 만났으면 상대방이 큰 잘못이 없는 한 서로 이해하고 참고 사는 것도 그렇게 나쁜 것은 아니다.
상대방이 문제가 많으면 할 수 없는 일이지만 말이다.
그릭 결혼은 피차간에 의무를 잘 지키는 것이 정도라 생각 한다.
또 한번은 병실 당번이 와서 환자의 상태가 이상하다고 잠을 깨운다.
병실에를 가니, 환자가 몸을 뒤틀면서 괴로워한다. 응급처치를 해도 소용없이 숨이 멎는다.
나는 죽은 사람은 죽은 사람이고 산 사람이나 살아야 한다고 환자의 입원 서류를 조작했다.

대대에서 연대 의무대에 와 입원의 기간이 일주일이었는데 군의관이 오진을 해서 상급 부대로 후송을 안 하고 이십 여일을 입원했기 때문에 규정 위반이었다.

군의관이 출근해서 같이 의논해서 본격적으로 은폐를 해 군의관이 처벌을 받지 않도록 하는 것이 급선무였다.

그런데 헌병대에서 어떻게 은폐를 한 것을 알았는지 나를 헌병대로 연행해 사실대로 말하라고 한다.

사실을 사실대로 말하면 군의관이 처벌을 받는대, 사실데로 말 할 수가 없어서 허위로 말했다.

여인은 무슨 생각을 하고 있을까?

그랬더니 왜 거짓말을 하느냐고 두들겨 패기 시작했다.
하루종일 얻어맞고 밤까지 얻어맞은 결과 온몸이 상처투성이고 얼굴이 퉁퉁 부을 정도로 심한 구타를 당했었다.
사회나 군대나 갖다주면 만사 오케이다.
사단장과 헌병 대장에게 생전 못본 고가의 미제약을 병사들에게 먹이라고 나온 것들을 군의관이 두 사람에게 갖다주니, 좋다고 나를 방면해 주었다.
아무튼 당시의 군대에서 죽음은 흔한 말로 개죽음 같았다.
부모들이 와서 내 아들 살려내라고 울고 불고 해도 한번 죽은 사람은 영영 살아오지 못하는 일이었다.

낙안 민속촌

머슴이란?

우리 민족民族은 머슴의 문화文化라고 해도 무리는 없을 것이다.
민족民族의 비극인 6.25전쟁 이후의 일자리가 없어 많은사람들이 머슴살이를 했던 것이 사실이다. 지금으로 보면 과거過去의 머슴들은 지금의 회사원이라 해도 틀린 말은 아니라고 본다.
참고로 이해理解를 돕기위해 머슴의 유래를 설명說明한다.
머슴의 유래~고용주 집에서 기거하며 새경〈옛 농가에서 머슴에게 일년간 일해 주고 받는는 품삯〉을 받고 노동력을 제공하는 농업 임금 노동자 고공雇工, 고용인 등으로도 불렸다.
1927년에 나온 최세진의 훈몽 자화에 고공이 머슴으로 표기된 점으로 보아 머슴의 어원이 상당히 오래되었음을 알 수 있다. 그러나 임금을 받는 노동자로서의 머슴은 19세기, 특히 1894년 갑오경장 이후에 많이 나오게 되었다.

그를 통해 노비들도 머슴으로 많이 진화 하였고, 호칭도 머슴으로 고정되어 갔다. 머슴은 고용 기간에 따라 분류하면, 일년 단위로 고용되던 머슴, 달 또는 계절로 고용되던 머슴, 달머슴과 반머슴이 있었다. 고지머슴이라는 특수한 형태도 있었었는데, 일정한 토지나 가옥 또는 식량을 대여받고 고용주를 위해 일정 기일의 노동을 하거나 일정 작업량을 수행해주었다.
또 노동력勞動과 농사 경험에 따라 나누면, 상머슴과 중머슴 그리고 보조적인 노동을 하는 꼴 담사리 가 있었다. 이러한 분류는 곧 새경의 차이를 의미한다. 조선 후기 이래 농업 생산의 변동으로 인해 양극적인 농민층 분화가 일어났을 뿐만이 아니라 광공업이 발전하지 못했기 때문에 농촌에는 많은 몰락 농민이 퇴적되어 있었다.
또한 우리나라의 경종耕種위주의 농법은 농번기에 일시적으로 많은 노동력을 필요로 했고 점차 적으로 노동력이 더욱 많이 필요하게 되므로써 노동의 집약화로 나아가게 되었다.
이러한 조건이 많은 머슴들이 창출 되었던 것이다.

우리 민족의 항일기에 들어 일제의 토지 약탈과 인구 증가로 인해 몰락 농민층은 더욱 증가했고 머슴의 수도 상당해졌다. 1930년 통계로 보면 고용주 44만 2908명에게 머슴 53만 7432명이 고용되었다.
머슴들의 수효는 1946년경까지 계속 증가했다고 본다. 그러나 1940년대 이후 지원병과 징병으로 노동력이 차출되고 약간의 공장도 건설되고 경기가 좋았던 만주로 많은 인구가 유출 되었다.
농가에서는 특히 서북 지방의 경우에는 머슴들을 고용하기가 어려워졌다. 머슴들은 몰락 농민이 많던 삼남 지방에 주로 고용되었고 고용주는 지주 외에도 소작농과 순 소작농도 있었다. 대부분의 고용 능가에서 머슴들은 가족 노동력의 보충에 불과하였지만, 경우에 따라서는 상업적 농업을 목적으로 머슴들을 고용키도 했다.

머슴들은 대개 1년을 단위로 고용주와 구두 계약을 맺었다.
이들의 관계는 순수한 경제적인 것 이었지만, 때로는 양반 출신의 지주가 소작농 중 건장한 자를 골라 강제적으로 머슴을 삼는 경우도 있다. 또 새경이 부담되던 빈농 중에서도 머슴을 데릴사위로 맞아들이기도 했다. 머슴이 되는 사람은 대부분 가족이 없는 장년의 남자가 많았다.
간혹 여자도 머슴이 되거나 부부가 함께 고용되던 예도 있었으나 흔하지는 않았다.
고용주의 가족들은 머슴에 대해 하인과 동일시 해 반말을 하는 등의 노골적인 인격 손상행위를 할 수는 없었지만, 현실적으로 어느 정도의 차별 대우를 받고, 머슴들도 그것을 받아 들였다.

머슴은 농업 노동뿐만이 아니라 연료 채취와 같은 가사 노동에도 사역되었다.
하루 노동 시간을 10시간으로 계산하면 머슴은 연평균 225일을, 그리고 고용주와 그 가족은 139일을 노동한 것으로 나타난다.
농번기에는 그들의 노동 시간은 아침부터 잠자기 전까지이며, 노동의 강도도 고용주 가족보다 물론 강했다.
그렇기 때문에 "머슴밥"이라는 엄청난 양의 식사를 하루 5~6차례 했다.
농한기에는 그래도 한가한 편이지만, 퇴비와 연료를 채취하고 가마니를 짜고 새끼를 꼬아야 했다.
머슴의 새경은 통상 현물로 지불되었는데, 처음 구두로 새경을 정한다.
1930년 초반의 경우 현금으로 160원 내외로부터 3~40원 까지도 받았다.

풍성한 향초〈香草〉의 로즈마리

농번기에 계절적으로 고용되는 경우는 비교적 많아서 약 3개월에 60~70원의 보수를 받고 의식주는 자비로 해결 하였다.
이러한 임금은 대단히 낮은 것으로 5~10년의 머슴살이를 하고도 한 푼의 돈도 저축 못하고 머슴으로 전전하는 자가 대부분이었다.
머슴이 오랫동안 고용주에게 봉사하여 신뢰를 얻는 등 양자 간의 온정적 관계가 이루어졌을 때는 고용주는 머슴을 자기 딸과 혼인시키고 약간의 토지와 가옥을 마련해 독립시켜 주는 것을 도리로 생각하기도 하였다. 해방 후에도 머슴은 존속되어 1950년에는 남한만 해도 27만 578명의 머슴들이 있었다.

그리고 6,25를 겪은 다음부터는 더욱더 증가했고 1960년 통계에 따르면 21만 9천명, 고용된 머슴들의 수가 24만 4577이나 되었다.
이러한 고용 농가는 전체 농가 호수의 약 1할에 달하는 숫자였다.
따라서 1950년대를 통 털어 적어도 이 정도의 고용 농가의 머슴이 상존 하였음을 알 수 있다. 1950년대 중반 31개리里를 대상으로 한 머슴 고용 실태 조사에 따르면 노년층과 청소년의 머슴이 35%를 차지했고 5년 미만을 경험을 가진 머슴이 60%였다는 점에서 1950년대의 머슴 고용의 특성을 엿 볼 수 있다.
머슴이 된 동기에는 고아

향기 그윽한 4년 키운 로즈마리

와 무의탁 흉년과 농촌 경제에의 파탄에서 비롯되는 급박한 생활 유지의 필요성과 고리대금 채무 변재 그리고 그들이 보은이라고 표현하는 예속관계 등이 있었다.

일단 머슴이 되면 계층의 상승 이동이 어려워 머슴 522명 중 15년 이상을 머슴살이를 한 자가 35명이었고 그들의 아버지도 머슴이었던 자가 198명 되었다. 이러한 사실로 미루어 볼 때 머슴은 반세습적 강제적 예속관계에 있었던 것이 아니라 철저한 경제적 수탈로 인해 상승이 좌절되었다고 할 수 있다.

머슴이 빈농에 고용 되었을 경우에는 중농 이상의 가구에 고용된 머슴보다 노동의 강도, 인간관계와 생활 형편 등의 면에서 상대적으로 열세에 있었다.

머슴은 대계 현물로 새경을 받았는데 상머슴은 3월 입가 때의 들 새경

라벤다 꽃밭에서 환희에 젖은 여인

때의 날새경이 5석이었다.

이 밖에도 식사와 의복을 제공받았다. 이러한 머슴 고용 비용은 광공업 노동자의 평균 임금 수준에도 미달 되는 형편이었고 이것마저도 고용주의 계약 위반으로 근대적 문물에 접한 머슴의 반발을 샀다.

생활이 고달프고 희망이 적었던 머슴들은 노름과 술에 쉽게 빠져들었다.

그러나 1950년대의 머슴은 이전 시대보다는 새경도 많아졌고 대접도 나아졌다고 생활 양상도 많이 향상이 되었다.

이러한 머슴의 고용 형태는 산업화가 시작된 1960년대 중반에 들어서 점차 변화하기 시작했다.

분에 담긴 로즈마리 거창 허브 민들레울

새경도 광업 부분과 비슷 해졌고 제조업 부분 보다는 훨씬 높아졌다.
그러므로 중농조차도 머슴의 고용이 큰 부담이 되었다.
또한 머슴들도 약 절반 정도는 약간이나마 토지를 소유했고 가족들도 있었다. 예컨데 벼 9석을 받는 머슴이 세대 주일 때는 가족들 식량으로도 부족했지만, 비 세대 주 머슴은 상당량을 저축을 할 수 있었.
그리고 특히 머슴과 고용주의 관계는 평등 해졌다.

호칭도 씨 서방 일꾼이 가장 많았다.
서방은 고용주의 나이가 많거나 머슴이 행세를 제대로 못하였을 때 쓰였다. 고용주 대다수는 머슴을 어렵게 대하였고 잔소리가 심하다고 고용주 집을 나가는 머슴도 있었다. 머슴들 대다수가 학교 교육을 받지 못했고 30대 전후의 머슴들은 예외 없이 군 복무를 마쳤으므로 과거의 머슴들처럼 굴욕적인 대우를 감수하기에는 그들의 의식 수준이 너무 높아졌다.

이러한 변화의 원인은 산업화였다. 그로인해 농촌인구의 이동이 활발해져 머슴과 같은 노동력을 구하는 것이 쉽지 않았다.
따라서 임금이 계속 상승하였으므로 고용 농가의 영농비를 압박했다.
그러므로 머슴은 점차 사라져 갔고 현재는 순수한 임금 노동자들만 있을뿐이다. 〈한국민족문화대백과사전에서 인용〉

머슴살이

우리나라 사람들은 알아야 할 것을 소홀히 하는 경우가 간혹 있다고 본다. 우리 민족은 어쩌면 머슴의 슬픈 문화가 엄연히 존재하고 있었다고 본다. 그것은 새경〈선새경〉을 먼저 가져다 먹고 섣달 그믐날은 빈 몸으로 집에 돌아가 처자식들과 처절한 생활을 하다가 또 새해에 선새경을 갖다 먹고 섣달그믐날은 반복되는 생활을 했던 머슴들의 슬픈 삶이 존재했던 것이다.

그런데 오랫동안 내려오는 전통을 알려고 하지 않는 것인지, 아예 모르니 알려고 하지 않는 것인지 모르는 일이다.

아마 신은 나에게 머슴에 관한 글을 쓰라고 이 세상에 태어나게 하셨는지도 모른다. 그리고 몸에 병이 들어내 삶의 패턴을 완전히 바꾸어 놓으셨는지도 모르는 일이다.

어린시절 무등산 공비들에게 아버지를 잃고 어머니는 그 충격에서 벗어나지 못하고 생을

순천 주암. 카페 "주암뜰" 대표가 여가 선용으로 다육식물 기르기를 하고 있다.

마감 하셨다.

그 후 그달픈 삶의 연속이었다.

육아원에서 초등학교를 조금 다니다가 큰집에서 꼴 머슴처럼 일하다가 청소년 시절에 일년 머슴살이를 하다가 중학교 고등학교를 다녔다.

어린 ㅅ 절의 나로써는 그 힘든 머슴살이를 하지 않아도 되는데, 말이다.

당시는 양친이 계셔도 초등학교 중학교를 다니기가 어려운 시절이었다.

그런데 나는 부모님이 안 계실뿐 아니라 몸을 의지할 곳조차 어려웠다.

그런데 언감생신焉敢生心 고등학교까지 다녔다.

이것은 기적에 가깝다 기적은 신만이 할 수 있다.

그러니 이것은 신의 섭리가 아니고 무엇이겠는가? 반문에 반문을 안 할 수가 없는 노릇이다.

그리고 온갖 역경을 겪게 하고 경험에 의한 "머슴살이" 글을 일부라도 쓰게 된 것이 어찌 신의 섭리가 아니고 무엇이란 말인가?

어린 ㅅ 절 육아원 원장이 목사님이셨다.

육아원에서 먹고 자고 학교 다니며 뛰어놀고 하나님의 말씀을 듣고 배웠다.

그런데 성인이 되어 사업을 한다고 천방지축으로 설쳐 대다가 몸에 병

봄, 가을형종 10일에 1회 물주기

♪ 감옥이 천국입니다 | 333

이 들어 오갈데 없는 천혜의 거럼 뱅이 신세가 고달퍼서 삶을 포기하고 싶었다. 처자식들이 외면해 병든 나로써는 노숙자나 다름없는 생활을 하지않으면 안되었기 때문이었다.

그런데 kbs아트비전 대표이신 사진작가 이일로 장로님의 물심 양면의 도움과 기도로 오늘날의 내가 존재할 수가 있게 되었다.
그리고 누구도 쓰지 않는 머슴살이의 글을 경험에 의한 것을 쓴 것은 장님 코끼를 만지는 것과 같다고 보면 된다.
즉 코끼리의 몸을 장님이 만지는 곳에 따라 각기 설명이 다를 수가 있듯이 내가 쓰는 머슴살이도 단편 적일 수밖에 없음을 이해 하셨으면 한다.
머슴살이를 가기로 결정하고 제종 형하고 복다라는 마을로 갔다.
가다가 중지하면 아니 가는 것만 못하다는데. 과연 "머슴살이" 일년을 무사히 마칠 수 있을까의 의문을 갖고 말이다.
처음 소개를 받은 곳은 약국집이라는 남자들은 다 세상을 떠나고 여자〈과부〉두분과 중학생 손자 한 명이 있는 집이었다.
그런데, 일을 시키는 어른이 없기 때문에 절기에 맞춰 내가 알아서 모든 일들을 해야 하는데, 나로써는 무리였다.
그리고 쟁기질이

라벤다~보라빛 꽃이 풍성한 허브의 여왕

나 장군〈오물통〉을 짊어질 수도 없기때문 그 집에서 한 달을 살다가 다른 집으로 옮겼다.

옮긴 집에서 소개해준 사람과 대림상이라고 음식을 푸짐하게 차려 주었다. 주인 영감이 젊은 시절 머슴살이를 해서 일을 시키는 것은 조금도 빈틈없이 시켰다. 아마 주인은 네가 얼마나 우리 집에서 사나 보자였을 것이다.
아무튼 저녁 잠자는 시간만 빼고 일을 빈틈없이 시켰다.
그리고 큰아들은 위가 아파서 일도 못하고 골골했다.
그 부인이 온갖 집안일들을 남편 대신 하는 착 하디 착한 전형적인 한국의 여인상이였다.
그런데 아들을 못 낳고 딸들만 네 명을 내리 낳으니 집안에서 아들 못낳는다고 마음고생이 심한 것 같았다.
당시 아들을 못나면 문제가 많았을 뿐만이 아니라 집에서 쫓겨 나기도 했다.
주인 막내 아들은 나보다 두 살 아래인 중학생이었다.
3~4월은 봄볕에 개나리 진달래가 피어날 무렵 목련도 피기 시작한다. 만나면 헤어지듯 피면 떨어지는 꽃잎이야 어쩔 수 없는 꽃잎이지겠만. 목련꽃은 피기가 무섭게 떠나 가는가 하면 그 모습 검으튀튀하게 볼상사나움은 많은 생각을 갖게 한다.
매일 산에 나무 해다가 땔감으로 이용하고 농번기에 사용하려고 땔 나무를 해다가 차곡차곡 저장을 했다.
그리고 농사를 지으려고 준비들을 한다.
나는 쟁기질을 못하기 때문에 매일 산에 가서 땔감을 해 날라야 했다.
그런데 지금처럼 산에 땔감이 많이 있는 것이 아니라 거의 민둥산 뿐이었다.

그렇지만, 무엇이 던지 오전에 한 짐 오후에 한 짐을씩을 해야만 했다.
지금은 깨스의 등장으로 산림 장려가 잘되고 있는 것은 농촌에는 연료 혁명 중의 혁명이라 할 수 있다.
당시는 땔감이 없기 때문에 산에서 마르지 않는 생나무나 가시에 손을 찔려도 그것들을 베어서 짊어지고 와야 했다.
지금처럼 내복이나 옷들이 있어서 따뜻하게 입을 수도 없기에 홀태바지 저고리를 입고 추위에 떨어야만 했다.
만일 몸이 아파도 주인 눈치 보느라 참고 일을 해야만 했다.

하루는 산에 나무하러 갔다가 냇가에 수북이 마른 풀들이 있어서 이거 웬 떡이냐고 그걸 베는데, 날씨가 가문 탓으로 먼지가 많이 일었다.
먼지가 있건 없건 그걸 베어서 한 짐 지고 왔다.
풀을 베면서 먼지를 많이 먹어서 감기몸살에 곤욕을 치렀지만, 펄펄 끓는 몸 그대로 일을 했던 것이다.
당시 시골에는 개미들이 집을 나뭇잎이나 풀들을 땅에 흙이나 나뭇가루 등을 이용해 수북히 쌓아 놓아서 집을 지어 놓았던것이다. 그런데 개미집을 건드려 놨으니 개미들이 기어 나오기 시작하고 몸에 붙어서 물기를 시작 했다.
개미 중에서도 몸이 붉은빛을 띠는 불개미가 훨씬 공격력이 심했다.
잘 자란 풀을 베어가지 않은 것은 개미들의 공격 때문이었다.
그렇지만 나는 개미들의 공격은 개의치 않고 풀을 베었으니 개미들의 공격은 말로 표현키 어려웠다.
개미들의 공격이 옷 속에서 계속되었고 몸은 상처투성이었지만, 참을 수밖에 없었다.

아무리 새경을 받고 머슴을 산다고 해도 가끔씩 농가에서 머슴들의 수고를 위로해 주기 위해서 음식을 대접하며 즐기도록 하는 날을 머슴날이〈음력 2월1일〉라 하고 일꾼 날이라고도 했다. 가을 추수가 끝난 다음, 머슴들은 겨울 동안 크게 힘드는 일이 없이 평안하게 지냈으나 2월에 들어서면서 농사 일들을 준비해야 한다.

그래서 고된 일이 시작되기에 앞서 일꾼들을 하루 쉬게 해 즐겁게 놀도록 하는 것이다.
그리고 머슴들에게 약간의 돈을 주어 쓰도록 하며, 음식을 장만해서 배불리 먹고 취흥에 젖도록 한다.
그리고 정월 대보름에 세웠던 볏가릿대를 내려서 그 속에 넣었던 곡식으로 송편 등의 떡을 만들어 머슴들에게 먹게 했다.
머슴들이 이 떡을 나이 수대로 먹으면 좋다고 하며, 이날을 머슴들끼리 모여 풍물놀이를 하며, 노래와 춤을 즐기도했다. 경남 의령군이나 양산군에서는 머슴날이 성인식成人式의 의미를 지니기도 했다. 소년들은 신체가 건강해도 어른들과 노동력을 맞교환하는 품앗이〈힘드는 일을 거들어 주어서 서로 품을 지고 갚고 함〉를 못하는데,

산목을 한 로즈마리 1년 기르기한 5만 그루

당년 20세가 되는 청년들은 머슴날에 동네 어른들과 일꾼들에게 술과 음식을 한턱낸다.
그리고 그해부터는 성인으로 인정을 받아 어른들과 품앗이를 하게된다. 만일 머슴날에 이런 성인식을 하지 않았을 때는 두레〈농사꾼들이 농사철에 협력키 위해 이룬모임〉날에 하는 수도 있다.
머슴날은 평소에 대접받지 못했던 머슴들에게 위로와 용기를 주어 그 해의 농사에 전념하도록 하려는 의도에서 베푸는 농경의례의 하나이다. 이밖에도 진달래꽃 필 무렵 꽃놀이나 철엽이라 해서 하루씩 쉬기도 했다.〈한국민족문화대백과사전인용〉

먼 산에 아지랑이 어른거리고 진달래꽃 필 무렵이면, 우리처럼 청소년들은 힘든 일들을 감당못하고 일부는 주인집에서 도망들을 갔다.
만일 도망을 가면 지금까지 머슴살이한 새경은 한푼도 받지 못했다.
그것은 구두로 계약을 했지만, 약속 위반이기 때문이다.
어쩌면 새경을 하나도 받지 못함은 너무도 당연한 일이다. 왜냐하면 농사철을 대비해서 일꾼을 들였는데, 힘들다고 주인 집을 나가 버리면 그야말로 일년 농사는 폐농을 하고 만다.

보성강변에서 촬영을 하고 있는데, 어디서인가 향기가 진하게 나서 주변을 살펴 보니, 버려진 솥에 심어진 로즈마리가 향기를 발하고 있었다.

다행히 나이 지긋한 머슴들은 일 년을 눈이 오나 비가 오나 참고 주어진 일들을 묵묵히 했다.

만일 이들마저 가버리면 정말 농사철에 일꾼들 구하기가 하늘에 별따기이기 때문에 주인집으로써는 큰 낭패이다.

그리고 이들도 인간인데, 왜 힘든 일을 하고 싶겠는가. 간혹 농사철에 주인집과 트러블이 있어서 일을 하지 않고 누워 있으면 주인은 협상을 해서 일을 할 수 있도록 했던 것이다.

머슴살이 한 복다라는 마을은 약 30호정도 되었는데, 머슴들은 대략 7~8명인 것 같았다.

결혼을 한 사람은 자기 집에서 잠을 잤지만, 결혼을 하지 않는 사람들은 몇몇씩 끼리끼리 모여 잠을 자며 여러 가지 일어난 일들을 이야기한다.

하루 종일 힘든 일을 하면, 거의가 잠에 곯아떨어진다. 그런데 강삼열 형이라는 분은 어쩜 그렇게 옛날 이야기들을 구수하게 잘하는지 놀라울 정도였다.

그런데 월남전쟁에 갔다와 제대 후 고향에 돌아와 결혼해 생활하다가 세상을 안녕 하였다고 한다.

지난날 반란군들이 인근 마을을 비롯해 많이들 있어서 잠복대들의 소탕작전과 기타 이야기들을 소상하게 알고 있어서 글을 쓰려고 찾아갔더니 이미 북망산천으로 가버려서 다른 사람들에게 물어도 속 시원하게 대답 해준 사람이 없어 안타까움만 있었다.

나는 형들보다 4~5년 나이가 어렸지만, 편의상 너덧 명 이서 한방에서 잘 수탁에 없었다.

아무래도 성장한 사내들이라 음담패설들을 많이 했다.

난 자는 척하면서 이야기들을 다 들을 수 있었다.

이야기는 언제나 삼열이 형이었다.
특히 형은 마을 주변의 대소사 일들을 소상하게 이야기했다.
형의 이야기 중 기억에 있는 이야기를 적겠다.
이웃 마을에서 처녀총각이 결혼 적령기가 되어 결혼을 했었다.
당시 결혼을 하면 신랑에게 신부가 양복을 한 벌 해주는 관습이 있었는데, 신부집 형편이 넉넉치 않아 해주지를 못했다.
그런데 신랑은 모처럼 양복을 한 벌 얻어 입고 폼 한 번 잡으려 했는데, 양복을 못 얻어 입으니 낮이나 밤이나 양복을 해오라고 닦달을 하니 여자는 친정집에 가서 하소연을 해도 해결 방법이 없으니 에라 한많은 세상 잘들 살아라 하고 물에 빠져 생을 마감 했던 것이다.
당시 이 사건이 사회의 큰 문제화가 되었다고 한다.

그리고 기윤이라는 형은 밤이면, 눈도 코도 없이 입으로만 숨 쉬는 것이 유난히 큰 것을 잠을 잘 때에는 그것을 손으로 꼭 움켜쥐고 잔다.
왜 그러느냐고 물어도 씩 웃기만 하지 말이 없다.
정말이지 눈도 코도 없는 것이 꼭 징채처럼 끝이 펑퍼짐해서 지금 같으면 카바레에서 사모님 한 번 땡기실까요? 하고 이리저리 움직이면 뭇 골빈 여자들이 아이고 나 죽어 할지도 모르는 일이다.
세월이 저만치 흐르는 다음 그가 사는 곳이 외갓집 부근이어서 그 형의 근황이 궁금해서 찾아 가 보았더니 결혼을 해서 아들딸 낳고 잘살고 있었다.
그래도 같이 머슴살이 한 정을 생각해서 점심을 잘 얻어 먹은 일이 있다.
그런데 물건이 좋은 형과 같이 사는 여자는 어떨까 싶었지만, 그렇다고 형수한테 남편과 잠자리가 어떻느냐고 물어 볼 수도 없는 노릇이었다.

외갓집 갈 때마다 그 형의 안부를 물은 결과 세상을 일찍 떠났다고 말했다.

그런데 머슴살이 하던 형들이 세상을 왜 일찍 떠나 북망산천으로 수의 한벌 달랑입고 가는 것인지 이유를 모르겠다.
어쩌면 못 먹어서 영양 부족인지도 모를 일이다.
김치에 보리밥만 먹고 힘든 일들을 하고 피곤한 몸으로 잠자리에 들었는데, 여편네가 옆에서 눈도 코도 없는 것을 만지 작 거리니까 에라이 모르겠다 우선 먹기는 곶감이 달다 하잖은가 하며 삼수갑산〈함경남도의 삼수의 갑산이 교통이 불편한 오지라는 뜻으로 "몹시 어려운" 지경을 이르는 말〉을 갈 망정 마누라 배 위로 올라간 후유증으로 여자보다 일찍 세상을 떠난 지도 모르는 일이다.
아니, 그렇다고 보면 된다.

영화, 잃어버린 계절 신성일, 문 희

물론 남자가 여자보다 수명이 7~8년 짧다고 하지만, 그렇다더라도 너무 빨리 떠나는 것은 분명 문제가 있는 것은 확실한 것 같다.
농촌의 4계절 중 나무 잎이 푸르기 시작하면 모를 심기 위해 모자리를 해야 한다. 논에 물을 대고 논바닥에 약 2m정도의 둑을 만들고 그 위에 볍씨를 뿌리면 볍씨가 싹을 내어 자라면, 그것을 쪄서 너덧 자락씩 간격에 맞추어 심고 3번 정도 논을 메주면, 추석 무렵 벼 알이 누렇게 익기 시작한다.

벼를 심기 전 가을에 심은 보리를 베어내고 퇴비〈풀〉를 넣고 물을 채우고 쟁기로 갈고 써래질을 해 논을 편편하게 고른다음 논둑 양쪽에서 모줄을 잡고 인부들이 모여서 모줄 잡은 사람의 신호에 따라 심어 나간다. 그런데 작금의 농사법과 과거의 농사법은 달라도 너무 많이 다른 것 같다. 과거에는 모를 심은다음 호미로 벼 뿌리 옆을 파준다.
이유는 뿌리에 산소 공급이 잘되기 위해서라고 하는데, 오히려 뿌리를 건드려서 성장에 장애가 있었을 것으로 추론해 본다.
현재는 모를 심기 전 제초제를 뿌리던지 심고 난 다음 제초제를 뿌리던지 해서 벼 농사를 수확 한다고 한다.

현재의 농법이 과거에 비해 기계화 뿐만이 아니라 모든 면에서 간편해진 것만은 사실이다. 일부에서는 우렁이를 넣어서 제초제를 없앤다고도 하는데, 우렁이가 벼를 갉아 먹어서 피

뻐꾸기가 오목눈이 집에 탁란을 해 태어난 새끼를 자기 새끼인줄 알고 지극정성으로 먹이를 물어다 먹이고 있다.

해를 입히는 경우가 있어서 그 농법을 이용하지 않는다고도 한다.
아무튼 농촌 일꾼 부족과 높은 임금 문제에 있어 기계화 영농법은 우리 농사에 있어 획기적이고 혁명적이 아닐 수 없다 하겠다.

농민들은 모를 심으면서 피로를 덜고 흥을 돋우기 위해 모심기 노래들을 불렀다.
모심기 소리~모를 심으면서 부르는 농업 노동요〈모내기 소리〉이양가라고도 한다. 농업 노동요의 기본적인 형태의 하나이며, 모내기가 전국적으로 보급되었을 때부터 널리 퍼져 어디서나 거의 같은 모습으로 전해지고 있다.
몇 편이 한시로 번역 되었을 따름이고 문헌에는 더 이상 남아 있지 않으며, 오늘날의 현지 조사를 통해서 실상을 밝힐 수도 없다.
작업의 순서를 보면 모내기를 하기에 앞서서 모판에서 모를 찌는 과정이 있는데, 그 때 부르는 것은 〈모 찌기 소리〉이다.
모 찌기 소리는 모심기 소리와 같은 형식이나 사설이 아주 한정되어 있다. 모내기가 시작되면 함께 일하는 사람들이 두 패로 나뉘어 "모심기 소리를 한 줄씩 주고 받으며 교환창交換唱으로, 일일이 노래가 계속되는 만큼 사설이 여러가지로 구비 되어 있다.
지방에 따라서는 남자 패와 여자 패가 나뉘는 것을 관례로 삼기도 한다.
사설은 아침소리 낮소리 저녁 소리로 나뉘어져 있으며, 주위의 풍경과 일의 과정에 따라서 내용이 다르다. 한줄씩 주고 받는다는 조건이 문화적인 형식을 결정해서 "모심기소리" 4음보 두 줄로 이루어져 있다.
그다음에 이어서 다시 부르는 사설로 독립된 내용이다.
두 줄은 바다 같은 이 논배미 반달만큼 남았구나/내가 무슨 반달이냐/그믐 초승달이 반달이지" 하는데서 볼 수 있듯이 서로 맞물려 있고 '방실방실 웃는 님을 못다 보고 해가지네/걱정말고 한탄마소 새는 날에 다시 보세."에서처럼 대화로 이루어져 있다.
서정적인 함축성이 있는 민요의 좋은 예이며, 연가戀歌라고 할 수 있는 것도 적지 않다. 한국민족문학대백과사전인용

각 지역에 따라서 부르는 노래와 풍속이 각기 다르게 표현 되기도 했다. 그리고 벼 밭에 난 김을 멜 때에도 지역에 따라 농요들을 다르게 불렀던 것을 알 수 있었다.
그리고 수리 시설에 따라서 농사 짓기에 영향을 많이 받는다.
지금은 수리 시설이 잘되 있어서 괜찮지만, 지난날에는 물 때문에 많은 어려움이 따랐다.
머슴들은 벼가 자라고 익는동안 농번기에 이용할 땔나무와 벼 베어내고 갈 보리 논에 퇴비를 만들기 위해 산에 가서 풀을 해다가 작두로 풀을 숭굴숭굴 썰어서 짐승이나 사람들의 인분을 섞어서 숙성을 시켜서 벼를 베어낸 논에 보리 갈이에 이용 했다.

허브아일랜드 식물원에서 꽃 화분 정리

사실 당시의 일들 중 보리 타맥과 담배잎 따기만큼 힘들일은 없었다. 보리 타맥은 마을에 타맥기가 몇 대 없어서 순서에 따라서 하기 때문에 밤과 낮이 없이 해야 했다.
그런데 보리는 바늘 침처럼 까슬가슬한 것이 있어서 타맥을 하면 바람을 타

고 사람에게 달라 붙으면 날씨가 더워 땀과 범벅이 되여 곤혹스러웠고 담배잎은 찐득찐득한 니코틴 액이 묻어서 사람을 무척 힘들게 했다.

여름밤에는 멍석이나 새끼를 꼰다.
그리고 벼 추수와 보리갈이가 끝나면 농한기로 산에 가서 나무나 하고 겨울을 보내고 섣 달 그믐날 일 년치 새경을 받고 주인집을 나와서 각기 집으로 돌아가 있다가 새해에 다시 살던 집에서 머슴살이를 하던지 말던지 결정들을 한다.
우리 마을에 김샌이라는 분이 계셨다.
사람들은 김샌을 고자〈생식기가 완전하지 못한 남자〉라고들 했다.
이분은 동생과 그의 딸이 있는데, 머슴을 살아서 새경을 받아 동생과 조카를 먹여 살리고 동생은 완전히 백수였다.
그런데 이 고자 양반 산에 가서 나무를 하던지 풀을하던지 하면 예술적

4년 째 로즈마리를 기르기한 것이다. 5년 째 분재로 양성하 보급하려 했는데, 잘 알지도 못한 인부 (여자)가 왕겨를 로즈마리 뿌리 브근에 덮어주면 월동에 좋다고 하여 그 결과 4년간 키운 로즈마리가 전부 말라 죽었다(월동을 하기 의해, 비닐을 씌워준 결과 식물이 전부 말라 죽었다

4년간 기르기 한 로즈마리 분재

♪ 감옥이 천국입니다

으로 나무 짐과 풀집을 해 지고 내려왔다.
특히 풀집에는 진달래를 꺽어서 꽃고 짊어지고 내려 오곤 하였다.
그리고 설날이나 추석 등 마을에서 지신地神밟이〈각 지방에서 음력 설이나 정월 보름 경에 행하여 온 민속놀이의 하나, 사대부, 팔대부, 포수로 가장한 일단의 농악패를 거느리고 집집 마다 돌며, 지신을 위로하면, 집주인은 술대접과 돈 곡식 등을 내어줌〉를 하면 언제나 그분이 상쇠〈농악패, 걸립패 굿중패 따위에서 꽹과리를 가장 잘 치는 사람으로, 그 패의 앞잡이가 되어 전체를 리드하는 사람, 뜬쇠, 상쇠 제비〉 역할을 맡아서 한다.
그런데 농악놀이에서는 신들린 사람처럼 놀면서 누가 나더러 고자라고 놀리느냐 하는 식으로 신바람이 난다.
찌들게 가난한 사람은 일년 살 새경을 먼저 당겨서 식구들이 먹고 살아서 섣달 그믐날은 맨몸으로 주인집을 나가고 또 그러기를 반복하는 삶을 사는 박복한 사람들도 간혹 있었다.

나는 주인의 시키는 일을 눈이 오나 비가 오나 성실히 하고 섣달 그믐날 새경으로 쌀 세가마니를 받아 제종 형과 손수레에 싣고 큰집에 실어다 놨다.
그런데 한바터면 큰일이 날 뻔 했다. 쌀 가마니를 싣고 가다가 그 무게를 이기지 못해 손수레의 앞 손잡이가 부러지고 말았다.
지금 같았으면 새것으로 사달라고 했을 터인데, 주인이 면 소재지 대장간에 가서 쇠로 고정 시켜서 사용할 수 있었다.
참으로 고마운 사람이었다. 그 쌀 세가마니 중 한 가마니는 사범학교에 다니는 여자 조카의 졸업비를 내주면 학교 선생으로 발령 나면, 돈을 주겠다고 형수가 해, 주었는데, 나 학교에 다닐적에 연필 한 자루 사주지 않더라. 지금도 그 생각만 하면 억울하다.
그 힘든 머슴살이 한 3/1의 수고비를 허비한 것 같아서 말이다.

주암댐 긑 징검다리(지금은 주암댐으로 인하여 수몰 되었음)

식자우환 識字憂患

 꿈 많던 젊은 시절에 서울에 상경해 출판을 한다고 온갖 일들을 겪었다. 그리고 인생 황혼에 접어들어 병든 몸으로 고향에 내려왔다.
시골에 내려온지가 엊그제 같은데 어언 일년이란 세월을 뒤로 하려 한다. 이래서 사람들은 세월은 물처럼 빠르게 흐른다고 한가보다.
 잔설이 스러지는 산마루의 꽃샘 바람을 타고 쑥이 돋는 봄부터 가을이 오기까지 아침 6시에 일어나 저녁 어두워질 때까지 일을하는 고된 일상의 일을 하다가, 추석 연휴를 맞아 그동안 쌓였던 피로를 풀기위해 늘어지게 잠을 자고 있는데 전화 벨이 울린다. 밤 늦게 전화를 하는것은 급한 일 때문에 하는 경우가 많다.
전화를 받아보니, 신문학 김영순 사무국장이 사진 몇 점을 부탁한다.

그렇지 않아도 원고를 부탁해도 시간 관계상 거절을 한터라 떡본김에 제사 지낸다고 사진 보내면서 글도 한 편 보내는 것이 회원의 도리라고 생각이 들어서 한 편 써서 보내기로 하니,
내 마음은 머리 풀어 날리는 민들레 꽃털처럼 가벼워진다.
 글을 쓰기위해 일어나 보니, 계절의 흐름을 알리기라도 하 듯 방문 앞 화단에 바랭이 풀에 추색이 찾아드는 그 위에 가을 비가 추적 추적 내리고 있다.

인동초(허브빌리지

이 바랭이 풀은 볏과의 한해살이 풀로 밭이나 길가에 흔한 잡초로 잎에 연한 털이 나고 여름과 가을에 녹색과 백색 꽃술이 핀다.
이 바랭이 풀이 집 주변에 온통 점령군이 되어 버렸다.
그러나 그것들이 싫지만은 않음은 왜 일까?
청소년 시절 소 꼴 베던 추억이 묻어있어 그렇지 않을까 싶다.
소 꼴로서 이 풀이 단연 으뜸으로 소들이 즐겨 먹는 풀이다.
정에 약한 사람은 떠나는 계절에 마음이 흔들린다고 한다.
따라서 글을 쓰는 사람들 역시 이 계절에 글을 쓰고 싶은 마음이 충만할 것이다.

그러나 이것은 한가하고 배 부르는 사람들의 이야기 일 뿐이다.
글이란 다른 사람들이 읽고, 읽는 사람들에게 감동을 주고 읽고난 다음. 아! 이 글은 나에게 유익 했다고 생각하는 그런 글을 써야 한다고 평소에 생각하는 사람이다.
대단히 미안 하지만, 돈을 주고 산 것이라 돈이 아까워 글을 읽고난 다음 에이 이것도 글이라고 썼느냐는 소리를 들으면 안된다.
 그리고 읽는 사람들에게 참 유익한 글을 오랫만에 읽었다는 마음이 와 닿는 그런 글을 쓰려고 나는 노력하는 사람으로 남으려 한다.

그런데 몸에 병들고 경제적인 문제가 있어 쓰고 싶은 글을 마음데로 쓸 수가 없으니 참으로 애닯고 슬픈 일이 아닐 수 없는 일이다.
목구멍이 포도청이라고 먹고 살아야 하기 때문이다.

영화, 내 한을 풀어다오 이예춘 외

먹고 살려면 무엇을 하든 해야한다. 놀고 먹을 수는 없는 노릇이 아닌가? 나는 부모 복이 없어서 가방끈이 형편없이 짧다.
하지만 로마에 가면 로마의 법을 따라야 한다고 시골에 왔으니 시골에서 할 일들을 찾아야 한다.
시골에서 나한테 맞는 일이 무엇이 있을까? 청소년 시절에 농사 일을 해 보았으니? 농사 일을 해 볼까?
그러나 나이 칠십이 넘었고 뇌경색으로 한 쪽이 마비된 허름하고 볼품없는 노인의 몸으로 쉬운 일이 아니다.
하여 내가 할 수 있는 일이 무엇이 있을까?
열 일곱살 청소년 시절에 새경으로 쌀 세가마를 받고 머슴도 살았지 않나? 그렇다고 노동은 할 수도 없는 노릇이 아니냔 말이다.
그래 내가 할 수 있는 일이 무엇이 있을까?
서울에서 출판사를 하면서 발간한 책들 중 허브와 분재 기르기 책을 발간했다. 약용식물 중 허브 중 로즈마리라는 향초가 있다.
〈Herb〉란 라틴어로 "헬바"즉 풀이란 뜻이다.
 그리고 인간 생활에 도움이 되는 유용한 식물이라는 것이 그 정의이지만, 이 말에는 보다 넓은 의미를 함축하고 있다.

허브라는 말 속에는 의식주 다시 말하면 인간이 생활 하는데 필요한 "향초"즉 향기가 나는 식물이라고 인식되고 있는것이 우리나라의 일반적인 인식이다.
 따라서 지중해에서 자생하는 자소과의 식물. 예를들면, 로즈마리 캐모마일 민트 라벤다 장미 등 이런 식물들이 우리나라에 대표적인 허브 식물로 알려져 있다.
유럽이나 미국에서는 곡물과 채소 과실까지도 허브로 다루어지고 있다.

약용식물 중 로즈마리라는 향초의 유용함을 알고 있었고 실제로도 인간에게 매우 유용한 식물인 것은 사실이다.
로즈마리를 키워서 분재로 만들면 좋을 것 같아 고향 친구에게 의논을 했더니 자기 하우스를 쓰라고 천 여평을 빌려 준단다.
청소년 시절에 그리고 머슴살이 했던 경험을 살려 겁도없이 시작했다. 허브 기르기와 분재 만들기의 이론은 어느 정도 알기에 별 어려움이 없을 줄 알았다.

 못 생긴 나무가 선산〈고향〉을 지킨다고 어릴적 불알 친구가 있다.
성격이 유순하고 등치는 무척 컷다 그리고 우직했다.
집안 형편이 어려워 공부를 못했다.
어릴적 친구들은 거의가 객지로 떠낫거나 이미 북망산천으로 가 잠들어 있기도 했다. 일가인 친구는 젊은 시절엔 객지에 나가 있다가 중년에 고향에 내려와 농사 일을 하고 있다.
처음 허브 작물을 기르기를 한다니 고향의 많은 지인들이 농작물 기르기가 쉬운줄 아느냐 하며 말린다. 친구 역시 몸도 성치 못한 사람이 어떻게 할려고 하며 말린다.
확신이 있어 꼭 해보고 싶다면. 자기가 작물을 기르기한 하우스와 농토를 빌려 준다고 거듭 말 한다.
그래 한번 해 보자 마음을 먹고 먼저 로즈마리의 삽목을 구입해야 했다. 개똥도 약에 쓰려면 없다고 삽목을 구입 하기가 어려웠다. 우선 남원 허브 시험 연구소에서 구입하고 이곳저곳에서 조금 씩 구입을 했다.
식물은 개체를 분리해 흙에 꽂으면 거의가 6개월이면 뿌리 발이를 한다. 그런데 로즈마리리는 그 해에 자란 연한 순이라야 삽목이 가능하다. 겁도 없이 삽목을 포트에 오만 그루를 했다.

친구가 처음은 조금해 보고 경험을 얻어 다량으로 기르기를 하라고 권유를 한다.
하지만 하려면 왕창해서 승부를 내야지 하고, 잘 자라면 향초 분재를 만들어 승부를 내려고 했다. 처음은 이론을 따라 순조롭게 된 듯 싶었다.
하지만 이론과 실제는 많은 차이가 있었고 의문점들이 많이 있었다.
로즈마리의 품종 중 분재로 만들기에는 포복성인 크리핑이라는 품종이 있다. 꽃이 보라색으로 올말졸망하게 필 뿐 아니라 향기 또한 매우 독특하다. 그런데 유럽에서는 추위에 약하다고 알려져 있다.

식물 전문 박사에게 이곳 순천으로 초대해 월동이 가능한지 자문을 받았다. 이곳 기후가 다른곳 보다는 따뜻해서 월동이 가능하다고 했다.
 사람들은 흔히들 송충이는 솔잎을 먹어야 한다고들 한다.
청소년 시절에 경험한 것을 지식이라고 믿고 겁도없이 도전을 했다.
처음은 원칙대로 삽목한 것을 소형 포트에 하나씩 옮겨 심었다.
그리고 자란 것을 밭 이랑에 옮겨 심었다.
옮겨심은 식물은 여름 이랑과 포기 사이의 풀만 잘 관리해 주면 잘 자랐다. 그런데 풀들이 주체할 수 없을 정도로 잘 자랐다.
작물이 자라면 나무 가지를 정전해 주어야 하고 수형도 만들어 주어야 한다.
날마다 풀들을 뽑는것에 많은 시간이 들었으며, 그에 따른 인부들과 인건비가 많이 들었다. 인건비가 남자는 십오만 원, 여자는 팔만 원 정도이다.
그리고 오전 오후 새참과 중식을 제공해 준다. 그런데 작금에 있어 농촌에 일꾼들이 없다.
과거와는 다르게 먹을 것이 없어서 본인과 가족들의 목구멍에 풀칠을 하기 위해 품삯을 받고 일들을 다녔지만, 지금은 그렇지 않다. 인부들이 팔십이 넘었거나 간간이 칠십을 넘긴 사람들이다.
그리고 사람들의 의식구조가 과거와는 판이하게 다르다.
즉 순수함을 거의 상실하고 좀 뭐한 말로 발랑 까진 사람들이 거의다.
까진다는 말은 인간성들이 거칠어졌다고 해야 옳을 것 같다.
 다시 말해서 점심을 먹으러 식당에 가면, 어떤 여자는 어느 식당에 무슨 음식이 맛 있다고 그곳으로 가자한다.
밥값이 칠판천 원이다.

맛 있는 것이라는 음식 값은 훨씬 비싸다.
 비싼 음식은 오리탕이나 로스구이 종류다.
값을 지불하는 입장에서는 값이 저렴한 것이 보편적인데 비싼것은 지불이 부담스럽다.
그런데 비싼 음식을 먹자는 여자들의 대부분은 과부들이다.
이 사람들은 남자들이 사준 것들을 많이 먹어서인지 맛집 음식점들을 알기도 잘 알았다. 아무튼 이 과부들은 과거의 순수한 면들은 다 어디로 가고 자기들 좋을대로이다.
새참도 사다주면 마음에 들지 않으면 다른 것들을 사다 달라고 한다.
그러면 하는 수 없이 또 마트에 가 사다 준다.
일을 시키려면 그녀들의 비위를 맞춰 주어야지 별 뾰쪽한 수가 없다.
기르는 식물이 자라감에 따라 분재로 만들기 위해서는 수형을 잡아야 한다.

다른 풀 뽑기나 삽목 등은 인부들을 시키면 되지만, 수형잡는 일은 아무나도 할 수 없는 일이다. 그 일은 내가 하지 않으면 안되었다.

무더운 여름에 뜨거운 햇빛 아래서 작업을 한다는 것은 정말 힘든 일이다. 그리고 비가 온다음의 이랑과 이랑 사이는 미끄럽다.
잘못하여 미끄러 넘어지면 주변에 인부들이 있으면 잡아 일으켜 달라고 하면 되지만, 혼자 있을 때는 일어 날려고 많이 꼼지락거린다.
물론 입고 있는 옷은 흙 범벅이 된다.
마을회관 스피커에서는 폭염 주의보가 발령 되었다고 노약자들은 외출을 삼가 하라고 말 그대로 요식적인 나발들을 불어댄다.
그래 누가 염천 더위에 일을 하고싶어 하는 사람이 어디 있냔 말이다? 하지 않으면 안되는 일이니까 어쩔 수 없이 하는 거지.
 더우니까 윗 옷은 메리야스와 하의는 시골이라 마땅한 것이 없어 5일장 날 후줄그레한 여자 옷 같은 것을 입고 일을 하다가 인부들이 새참이나 다른 심부름들을 시키면 옷을 벗고 입고 하기가 힘들어 입은 옷 그대로 면 소재지의 상점이나 마트에 가면 약간 정신이 이상한 사람으로 오해들을 하기도 한 것 같았다.

다른 사람들이 어떻게 보던지 나 좋을대로 했다. 좁은 지역이라 내 입장들을 소문으로 듣고 이해를 해 주기도 했지만. 더러는 가늘게 먹고 가늘게 싸지 하며 쑥군 대기도 했다.

인부 중 임여인이란 사람이 있다.
임여인은 단골 인부다. 하루 전 전화를 하면 다른 사람 일은 안가지만, 내 일은 특별한 일이 없으면 다른 인부들 보다다 반 시간정도 빨리 온다. 몸은 드럼통처럼 펑퍼짐하다. 그리고 일은 다른 사람들보다 훨씬 잘한다. 여자 몸으로 소를 이백 여마리를 길러서 면 소재지에 있는 논을 오십여 마지기를 사기도 했다 한다..

하루 품삯도 다른 사람보다 이만 원을 더 준다.
일을 그만큼 잘하니 다른 사람보다 더 주어야 한다.
식물이 자라는데 필요한 영향제나 방제에 대한 식견도 탁월하다.
하루는 벌레 몇 마리를 내 손바닥에 놓아 주면서 이것이 응애라는 해충이니 약제를 살포해 방제를 해주어야 한다고 한다.
그 이튿 날 분무기를 메고와서 농약을 사오라고 해서 사다즈니 알아서 농약을 살포해 준다.
만일 방제할 타이밍을 놓쳐 버리면. 해충이 번성해 작물을 망치기도 한다.
그 여인은 점심 때는 내가 사주는 밥을 먹지않고 4Km나 된 집에 가서 남편 밥을 챙겨주고 자기도 먹고 온다.
점심값은 따로 준다. 왜? 밥을 차려놓고 먹으라고 하지 점심 때마다 번거롭게 집에를 가느냐고 물었다.
남편이 언제나 따뜻한 밥을 해 주어야 먹지 그렇지 않으면 먹지 않는다고 한다.
아무튼 임여인이라는 여인은 현대 여성으로써는 남다른 데가 있다.
억척스럽게 소를 키워서 살림을 일구었으며, 당뇨병으로 매일 먹고 텔레비죤이나 보며 백수 인생을 사는 남편을 지극정성으로 떠 받든다.
한 번은 면소재지 미장원 주인이 고스톱을 가르쳐 주어서 처음은 재미로 하다가 주변의 꼬임에 넘어가 치다보니 돈을 잃어서 본전 찾으려 고치다가 늦게 집엘 들어갔다.

어디서 무엇 하느라 이제야 집에 왔느냐고 추궁을 해 고스톱 치다 늦었다 하니 원트쓰리 펀치를 날려 얻어 맞고 얼굴이 퉁퉁 붓게 되었다.
객지에 있는 아들이 알고 요즘 세상에 어머니 같은 사람이 어디 있다고 폭행을 했느냐 면서 경찰서에 대신 고소를 했단다. 과거 같으면 자식들이 부모가 이혼을 할까바 마음을 조렸었다.
그런데 지금은 불합리한 결혼 생활은 묵과하지 않고 이혼을 종용 하기도 한단다.
임여인 아들도 아버지에게 이혼 서류에 도장을 찍으라고 하더란다.
폭행을 당하고 평생을 참고 살아주는 어머니 같은 사람을 두둘겨 패는 아버지의 모습을 보고 살았던 아들이 경찰서에 고소를 한김에 이혼을 하고 자기들 집에서 편하게 살잔다. 경찰서에서는 합의를 안하면 구속을 하겠단다.
자식들 아버지이고 몇 십년동안을 같이 살을 맞대고 산 남편이라 인정상 합의를 안할 수가 없어서 합의를 해주고 말았다.
벌금 삼백 만을 내고 집으로 돌아온 아버지를 아들은 합의를 해주었다고 어머니를 원망하더란다. 참으로 과거와 많이 달라진 이야기다.
남편은 그 다음부터는 폭행하는 버릇은 없어지고 순한 양 같이 되었다.

그런데 그 피 같은 삼백만 원을 벌금 내는데 소비하고 보니 마음은 아팠지만, 폭행하는 버릇은 바로 잡아서 위안이 되었다고 한다.

임여인 그녀는 과거 같으면, 선덕여왕, 논개, 춘향이, 황진이, 심청이 중 누구라고 할까?

역사에 일컬어지는 여인들을 열거함은 다소 생소하게 생각들 할 것이다. 나 또한 그렇게 생각하는 바이다.

허나 과거의 여인들은 지고지순 했다면, 작금의 여인들의 정체성은 마구 흔들린 것 같다.

아니 개판이 되었다고 말하는 것이 옳다고 생각한다.
하여 과거 우리나라 여인들의 귀감이 되는 분들을 열거해 보았다.
어쩌면 젊은이들은 지금 때가 어느 때인데 하고 진부한 사람으로 치부들 할 것이다.

소를 키워서 돈을 만들어 문전옥답을 사고 그 이름을 자기 이름으로 않고 남편 이름으로 했단다.
이것은 지고지순한 과거의 우리네 여인상이라고 해야 할 것 같다.
임여인의 일하는 에너지가 어디서 나올까? 하는 의구심이 든다.
그것은 다름이 아닌 먹는 것에 있는 것 같았다.
다른 일꾼들은 일하는 사이 잠시 휴식을 취하면서 새참을 먹는다.
과거 같으면 계절에 따라서 감자, 고구마 팥죽, 기타 여러가지 음식들을 먹었다.

그런데 세월 따라 새참들도 변화가 있다. 즉 농협 마트에 가면 없는 것이 없다. 빵과 우유나 과일 등을 제공해 준다.
더러는 자기가 좋아하는 것들을 사다 주라고 하기도 한다.
참으로 세월따라 인부들의 입들이 고급들이 되었나 보다.
과거 같으면 보라밥도 없어서 못 먹었는데 말이다.
임여인은 우유나 빵을 다른 인부들의 배를 먹는다.
소화력 또한 불가사리와 견줄만 했다.
하긴 일 에너지를 많이 소비하니, 먹는 것도 많이 먹는것은 당연한 것인지도 모른다.
그래서 임여인의 입장을 알아서 처리해 주니, 불만이 없었다.
 아무튼 초보자의 농작물 기르기에 임여인은 보배로운 여인이다.
임여인 삼남매 중 장남이 어머니가 아버지에게 폭행을 당하는 것이 신경이 쓰여 하루는 이혼 서류를 가지고 와 아버지에게 도장을 찍으라고 했다. 아들에게 과거의 아버지가 아니라고 하면서 아들을 나무라고 남편에게 무릎을 꿇고 잘못을 빌었는데도 남편은 성난 이리처럼 이를 부득 부득 갈면서 몸부림을 치더란다.

과거 같았으면 아들에게 폭력이 뒤 따랐을텐데 허리가 고장이 나서 폭력을 행사하지 못하고 괴로워 하더란다.

과거 같으면 자식들이 부모의 이혼을 적극적으로 만류를 했었는데 그렇지 않고 권유를한 세상이 되었으니 어떻게 설명을 해야할지 망설여 진다. 처음 시골에 와서 월세 삼십만 원씩 세를 주고 임대를 했는데, 교회 장로 한분이 마을 회관을 새로 지어서 구 건물을 십만 원씩에 세를 주고 살아라 해서 월 이십 만원씩 저렴하여서 무조건적으로 짐을 옮겨 놓고 정리를 못하고 미루고 있었다.

임여인이 하루는 오토바이에 수확한 쌀 한 포를 싣고와서 이사짐들을 전부 정리해 주고 청소도 깨끗이 해주고 갔다. 고맙다는 말 외에 더 이상 무슨 말이 필요 하겠는가?

과거 같으면 새참 시간에 어린애들의 젖을 먹인다.
그리고 젖을 먹은 어린애들은 밭둑이나 논둑 나무 그늘 밑에 놀다가 잠이 들기도 한다.

놀다가 지친 어린이들은 일하는 엄마 옆에 와서 칭얼대지만, 일하는 인부들은 주인 눈치 보느라 못 본척 외면들을 한다.

그 시절의 우리네 여인들은 비너스 유방이 아닌 자연산 젖가슴을 누가 보던말든 턱 풀어헤쳐 아이 입에 유두를 물려주면, 한손은 엄마 젖을 만지며 눈으로 엄마와 교감하며 허기진 배를 채운다.

여기서 여인의 젖가슴은 무엇일까?
다소 엉뚱한 질문을 짚고 넘어가야 하겠다.
미국의 저명한 여성학자〈에밀런 엘롬〉은 그의 저서 유방의 역사〈A Histoly of The Breast〉에서 여성의 젖가슴은 "성에의 대상" "육아의 도구" "암과의 죽음의 용기用器"가 아닌 생명 자체의 승리라고 이 질문에 이채롭고 명쾌하게 말하고 있다.
그리고 엘롬은 이런 관점에서 여성의 젖가슴이 갖는 사회적인 의미를 신성한 유방, 에로틱한 유방, 가정적인 유방 등 총 9가지로 나누어 분석 설명하고 있다.
여기서 말하고자한 것은, 성에의 도구는 남녀가 서로 만지고 빨고 그렇다 치고, 육아의 도구는 신이 인간을 창조 하실 때 엄연하게 아기에게 젖을 먹이라고 만들어 주셨는데, 작금의 여인들은 신의 명령을 거역하고 소의 젖을 먹이고들 있다.

소 젖을 먹이는 이유는 일 때문에 그런다는 것은 어쩔 수 없다 하자.
하지만, 몸매 관리를 위해서 그렇다는 것은 젖을 먹이는 어머니로써는 문제가 있다고 본다.
엘롬은 엄연히 육아의 도구 가정적인 유방이라고 말하고 있다.
이것은 신의 명령을 거역한 처사로 생각해 볼 이유가 충분히 있다고 본다. 이십 여년 전 사진 동아리에서 누드 촬영을 한다고 초대가 왔기에 한강 미사리로 갔다.
누드 모델은 20대 초반으로 팔등신 미인이었다.
그런데 유방이 풍만 하기는한데, 자연산이 아닌 것 같았다.
가을 양광이 내려 쬐이는 누렇게 익은 벼밭에 허수아비 형상을 하는 포즈를 취하도록 하고 회원들은 샷타 누르기에 여념이 없다.

그런데 모델이 이왕지사 달고 다닐 것 쭈쭈빵빵하게 고쳐서 폼나게 하고 싶어서 거금 삼백만 원을 주고 고쳤다는데 수술이 잘못되어 시풀덩덩하게 되었고 꼭 밥 뚜껑 업어 놓은 것처럼 평퍼짐할뿐만 아니라 시펄덩덩하기까지 해서 남자로써 만져보고 싶은 충동이 들지 않았다.

엘롬이 말하는 에로틱한 유방이 아니라 좀 혐오스럽기까지 했다.
 아무리 몸매를 가꾸려고 해도 유방은 그 역할을 할 때 유방이지, 그렇지 않고 젖소 부인 바람났네의 큰 유방은 우리 남성들에겐 별로이다.
수술비 빚 때문에 모델일을 한다니 여성들의 일탈된 심리를 알다가도 모를 일이다.

여성학자 엘롬은 몇 십년 후의 여성들의 수술을 예측 못한 것 같다.
 만일 예측 했더라면 가꿔진 유방에 대해 언급을 했을텐데 말이다.
우리 남성들은 거의가 큰 유방보다는 부족한 듯 하면서 촉감이 부드러운, 신이 지으신 오리지날 그런 유방을 선호 한다고 하면 무리일까?
내 몸 내 갖고 마음대로 하는데 무슨 말이 많으냐고 하면 내 딱히 할 말은 없다.
그러나 보기에 거슬리는 것을 어쩌란 말이냐?
감옥에 간 박근혜 대통령을 생각해 보았다.
만일 엘롬이 말한 유방은 성에의 도구, 육아의 도구라고 말한대로 결혼을 해 유방으로써 기능을 다해 어린애들을 너댓 명 낳아서 키우다가 영어의 몸이된 어머니를 구치소에 찾아 가서 울고불고 했으면 마음 약한 국민들은 석방 운동을 할 명분을 충분하게 가졌지 않나 싶은 다소 엉뚱한 생각을 해 보았다.

사실 우리나리에서 천구백 팔십년 대 초 처음으로 누드사진 책자를 만들었다.
그 때만해도 누드 사진집이라곤 외국에서 발간한 것 외에는 없었다.
그래서 누드 사진집을 만들면 많이 팔릴 것 같아서 누드사진 작가 정운봉 작가를 만나 원고를 보니 진부해서 모델 두명과 작가와함께 전국의

명승지를 찾아 다니며 촬영을 했다.
여관비를 아끼려고 모델들과 함께 모텔에서 잤다.
그런데 모델들은 정운봉 작가와는 같이 한 이불을 덥고 자면서 나하고는 거리를 둔다. 정작가는 60대 중반이고 나는 40대 초반이라 자기들 옆에 자면 위험 하다는 것이다.
나는 남자가 60이되면 남자 구실을 못한다고 알았는데, 모델들 말 들으

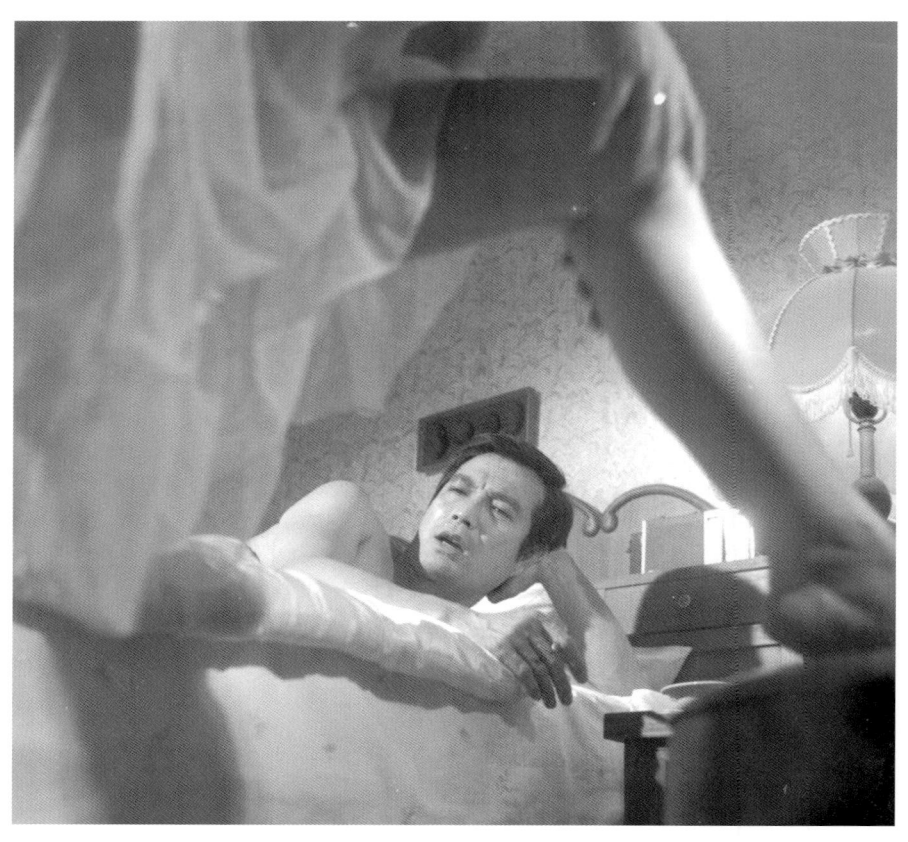

니 그것도 아닌 모양이더라.

전북 완산에 있는 대두산은 노령산맥 김제, 만경 평야를 향하다가 그 산 지역에서 독립된 산군을 이루며, 절경을 이룬 곳이 대둔산이다.
호남의 소금강이라 불리는 이 산은 마천대〈789.1m〉를 비롯해 사방으로 뻗은 여러 줄기가 볼만한 명산이다.
 그 해 10월 달 연휴가 3일간이었다.
일정상 등산객들이 많아도 촬영을 할 수 밖에 없었다.

경치 좋은 자리에 모델을 세워 촬영을 하니 등산객들이 등산은 제처두고 촬영하는 것을 구경 하기에 바빴다.
등산을 왔으면 경치 좋은곳을 구경 다녀야지 남자들은 누드 촬영을 하니, 이거 웬 떡이냐고 이리저리 따라 다니니. 화난 여자들이 산 전투경찰에게 신고를 해 잡혀가서 곤욕을 치룬 일이 있었다. 전국의 명산과 명승지를 찾아 촬영을 해 타브로이드판 350쪽으로 책을 발간해 판매를 하려하니 누드사진이라 사전 검열을 받아야 한단다.
우리나라 법전 어디에도 출판 사전 검열이란 없다.
그러나 때가 때이니만치 검열을 받기로 했다.
당시 5공 시절이라 문공부에서 법 적용을 엿장수 마음데로다.
많은 돈을 투자해 발간한 책을 판매하지 못한다는 것은 막대한 피해가 따랐다.
예술 계장인가 물 뼈다군가 하는 인간이 예술에 예자도 모른자가 뭐 유방이 크다고 그리고 배꼽 밑에 털이너무 진하다고 시비를 건다.
당시 관료들의 일부는 뇌물을 주는 것을 밝히는 족속들이 더러 있었다.
그래 우는 아기 떡 하나 더 준다고 케익 상자밑에 수표를 숨겨서 먹였어도 오케이를 안한다.

아무튼 목마른 사람이 우물을 판다고 두 번 세번 먹여도 허가를 안해준다. 하는 수 없이 사진작가이면서도 대학 교수로로 있는 류재정 교수에게 애로를 말했더니 그런 일이 있으면 진즉 말하지 그랬느냐 하면서 문공부 담당 예술국장이 과거 젊은 시절에 기자 생활을 같이 했다면서 전화를 해 약속 시간을 지정해 주었다.
약속 시간에 국장을 만났더니 누드 사진의 세계적인 동향을 물었다.

이웃 나라 일본은 몇 십년전에 발간이 되여 판매가 되고 있다고 소상하게 말해 주었다.

 류교수가 김국장에게 문공부에서 허가를 안해줘서 책 판매를 못해 파산 직전이란 말을 듣고 문공부 누구에게 허가 처리를 부탁 했느냐고 했다.

기분 같았으면 예술 과장이라고 말하고 뇌물을 처 먹인것을 말하고 싶었으나 후일 불이익을 당할 것을 염려해 입을 다물고 말았다.

예술국장은 책 3권 만 주라고 해 5권을 기증했다.

나는 팔십년 대 초에 출판을 전혀 알지 못해서 중견 출판사에 제작을 의뢰 했다. S출판사 전이라는 사장은 나를 완전히 골탕을 먹였다.

왜 사람들은 자기에게 이익이 있으면 그 이익을 맡아서 상대방을 속일까? 아무튼 전사장에게 경제적인 많은 피해를 입었었다.

그리고 책도 많이 팔지 못했다. 그래서 사업적으로 많은 어려움을 겪었었다. 우리나라는 유교 사상이 많이 남아서 벗은 여자의 알몸에 대해 거부 반응이 많았다.

출판사에 배신을 당함과 경제적인 피해를 입은 일을 일일이 다 쓰려면 한이 없을뿐 아니라 불쾌한 마음을 금할 수가 없어서 줄인다.

 로즈마리를 4년차 길러서 5년차 봄에 분재로 만들어 전국 분재 동호인들에게 판매를 하려 준비를 했는데 전부 죽고 말았다.

식물이 얼어 죽은 것은 다름 아닌 임여인 때문이였다. 식물의 월동 준비를 하면서 식물 뿌리위에 왕겨를 덮어주면 좋다고 권유를 하기에 농업에 경험이 많은 여인이라 믿고 왕겨를 놓아 주었다.

그런데 전부 말라 죽고 말았다. 말라 죽은 원인은 그 왕겨 때문이었다. 이유는 4년동안 얼어죽지 않았는데 왕겨를 놓아준 해에만 말라 죽어 버렸던 것이다.
즉 위에 비닐을 씌워 놓으니 비를 맞지 못해서 말라 죽었던 것이다.
처음 시작할 때 농작물은 아무나 키운줄 아느냐고 주변에서 극구 말렸었다.

허나 "식자우환이라고" 잘 키워서 성공할테니 두고 보란 듯 시작했다.
하지만 결과는 실패하고 말았다. 그리고 경제적인 어려움이 따랐다.
그동안 발간한 책들을 서점에서 판매한 것 전부 투자하고 은행빛과 사체까지 짊어지는 결과를 초래했다.
나이가 젊었으면, 경험으로 치부하면 되지만, 그러기에는 너무 멀리 와 버린 늙은이가 되 버렸소이다.

에필로그〈epilogue〉

"밀은 익기위해 이슬이 필요하고 사람은 살고 느끼기 위해 고난이 필요 하다"고 한다. 몸에 병이 들어 입원을 하면서부터 시련의 연속이었다. 입원 보증인이 때문에 입원 12일만에 퇴원을 하지 않으면 안되었다. 겨우 몸을 움직일 수 있을 때 노숙을 하기도 했다. 그런데 지금 껏 이렇게 생활을 하고 사업도 할 수 있게 된 것은 어떤 존재에 의한 것임의 필연을 믿지 않을 수 없다.

병이 들어 오갈데 없이 방황할 때, L 장로님〈선교 및 교회의 운영에 참여하는 교회의 직분〉이 물심 양면의 도움과 기도의 덕분이라고 생각한다. 그리고 하던 출판을 계속 하도록 도와준 조계완님, 우리 교회에 시무하는 조국현님과 조영식님 등 이 세분들의 지원이 없었으면 오늘의 나는 존재할 수 없을 뿐더러 자식들도 외면하고 병들은 사람을 이렇게까지 도와줌은 신의 은혜가 아니고 무었이란 말인가? 특히 L 장로님은 많은 지원을 해 주셨으며, 때로는 카드로 융통 해 주시고 날짜에 못 막으면 대신 막아 주기를 많이 했다.

또 서울에서 고향에 내려와 허브를 기르기 한다고 많은 돈을 차용을 했다. 중앙식물병원 조근철 장로님의 행위는 도저히 이해 불가이다. 돈을 천만 원을 빌려 쓰고 이자를 2부로 입금해 주었었다.
그런데 돈 갚을 때 3/1을 탕감 해주었다.

나에게 왜 신은 몸을 병들게 하셨을까?
남자들은 중풍으로 떨어지면, 거의 왼쪽을 못 쓴다는데, 나는 오른쪽을 못 쓰게 한 것은 잘 치는 고습툼을 치지말고 "6.25전쟁 전 6권을 만들어 민족 앞에 내 놓으라 하심이 아닐까 싶다.

"감옥이 천국입다", "우리먹거리와 약용식물", "한국영화 153선" 편집을 마치고 출판을 하려는데, 자금이 부족해 고민하던차에 은행서 햇살론 대출을 해주어서 출판을 하게되었다.

내게 있어 은행대출은 상상할 수 없었는데, 대출이 이뤄어 진것은 크나큰 하나님의 은혜라고 생각하며 확신하는 바이다.

특히, 금전적 도움을 주신 분들이 교회의 장로님들 이었다. 이것을 어찌 우연이라 하겠는가? 이것은 신의 섭리의 필연이라 생각한다.

그리고 시골 교회가 내게는 크나큰 안식처이다. 우리 교회 류보은 목사님은 항상 나를 물심양면으로 보살펴 주시며 편견 없이 선대하셨다. 이것이 어찌 교회의 참 사랑이 아니라고 말할 수 있겠는가?

맑은 물이 흐르는 청계천에서 사색하는 필자

민족의 비극인 6.25전쟁의 실상을

사진과 함께보는 **한국전**

1945. 8. 15 해방

우리 국민은 6.25전쟁에서
역사상 가장 비싼 수험료를 내고 얻은 교훈은
자유가 얼마나 소중한 것인가를 배운 것이다.
비싼 수험료를 내고 터득한 체험에서
교훈을 찾지 못하는 국민은 망한다.

전6권

추천 : **황교안**
(제44대 국무총리)

박환인
(예비역 소장, 6.25진실알리기본부 사무…)

민족의 비극이 깃든 격량의, 세계 3대 전쟁 중의 하나인 6.25전쟁 비화는

1950년 궂은비가 내리는 미명未明에, 북한이 적화 야욕을 위해 소련제 T_34탱크를 앞세우고 평화로운 조국 한반도 허리에 포탄을 퍼 부우며 총칼로 조국 산하를 피로 물들이고 상처투성이로 만든 지도 어언 7~80년의 세월이 흐르고 흐르려 한다. 다른 민족도 아닌 동족이 저지른 만행으로 생활 터전은 폐허가 되고 죽임을 당한 동족의 수와 유엔군의 수는 헤아리기 어렵다. 6.25전쟁이 얼마나 처절한 싸움이었기에 세계 인류의

♪ 감옥이 천국입니다

사진과 함께 수록한 역사 자료집

쟁戰爭 비화飛禍
953. 7. 27 휴전

글 : 김석학 / 유관종   편저 : 조연조 / 류보은

" 개전초기의 우수한 장비와 우악스러운 농민들을 훈련시킨 북한군에게 우리국군은 고전을 면치못하고 초기병력의 60~70%를 잃은 아픔을 겪어야 했다. "

우리 국민 모두가 읽어야 할 필독서!!

전쟁사에서 3대 전쟁 중의 하나였을까… 이제 많은 세월이 흘러 그 상처들이 치유되었다고 하지만, 우리 민족의 가슴속에는 영원히 지울 수 없는 앙금으로 남아 있다. 그리고 동작동 국립 현충원에, "중대장님 괴물이 옵니다"고 외치며 탱크에 뛰어들고, 전선 이곳저곳에서 피 흘리며 전사한 청춘의 고혼孤魂 들과 이산의 아픔으로 고통을 당하는 수는 얼마인가?

♪ 감옥이 천국입니다 | 371

한국영화 353 걸작선집

사진 양기주　편저 조연조

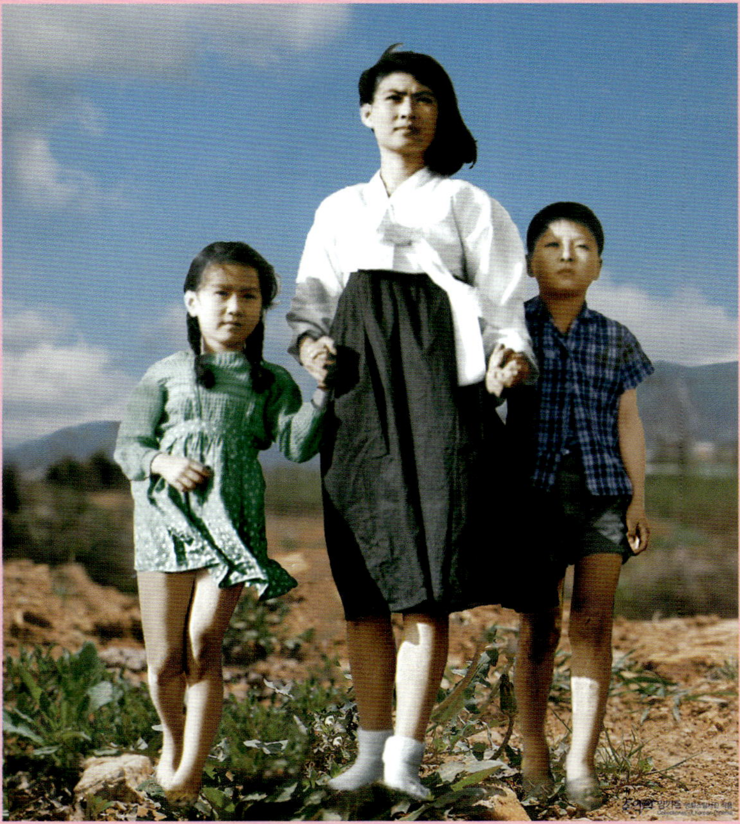

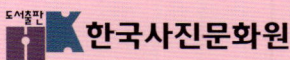
한국사진문화원